The
Young Economists
Book Series

青年经济学者文库

教育部人文社科基金项目：
流动性视角下股价惯性研究——基于国家治理能力的现代化推进
项目编号为17YJC790008

新时代下的流动性、价格泡沫与国家治理

U0645487

著

陈嘉琪

厦门大学出版社 国家一级出版社
XIAMEN UNIVERSITY PRESS 全国百佳图书出版单位

图书在版编目(CIP)数据

新时代下的流动性、价格泡沫与国家治理/陈嘉琪著.—厦门:厦门大学出版社,2020.11

(青年经济学者文库)

ISBN 978-7-5615-8015-8

Ⅰ.①新⋯　Ⅱ.①陈⋯　Ⅲ.①金融危机—研究—世界　Ⅳ.①F831.59

中国版本图书馆 CIP 数据核字(2020)第 235916 号

出 版 人	郑文礼
责任编辑	吴兴友
美术编辑	蔡炜荣
装帧设计	季凯闻
技术编辑	朱 楷

出版发行　厦门大学出版社

社　　址	厦门市软件园二期望海路 39 号
邮政编码	361008
总　　机	0592-2181111　0592-2181406(传真)
营销中心	0592-2184458　0592-2181365
网　　址	http://www.xmupress.com
邮　　箱	xmup@xmupress.com
印　　刷	厦门市金凯龙印刷有限公司

开本	720 mm×1 000 mm　1/16
印张	17.5
插页	1
字数	350 千字
版次	2020 年 11 月第 1 版
印次	2020 年 11 月第 1 次印刷
定价	68.00 元

本书如有印装质量问题请直接寄承印厂调换

厦门大学出版社
微信二维码

厦门大学出版社
微博二维码

摘　　要

　　资产价格异象在全球股市存在已久。研究表明,价格的异象容易诱发系统性金融风险,从而威胁着金融安全。本书依据大量全球经验数据的测试,以中国与世界发达国家为背景,通过规范研究与实证研究相结合、定量研究与定性研究相结合的研究方法对流动性危机的形成机理进行重点解读,研究突发流动性危机事件之后,国家治理能力如何影响惯性超额收益率的波动,进而探讨化解流动性危机的对策,为推进我国金融市场的稳定发展提供理论和实践依据。全书分为两个部分。

　　第一部分以老牌资本主义国家英国为样本,研究流动性指标、流动性共性、系统流动性风险、不同的惯性交易策略、惯性资产定价风险、惯性投资者行为以及金融危机与资产定价异常之间的因果关系。第一部分的研究共分为三章。第一章是综述部分,介绍研究背景、研究目的和主要研究法治等。第二章实证检验流动性共同因子下的标准 Sharpe-Lintner CAPM 模型、Fama-French 三因子模型以及 Carhart(1997)的四因子模型。结果表明,各项非流动性代理指标均不优于其他非流动性代理指标,且非流动性代理指标具有系统的共同非流动性主成分。结果还表明,在资本资产定价模型中加入非流动性因子对解释股票收益的横截面变化具有重要作用。第三章详细阐述股票的惯性收益与股票市场流动性不足的关系。研究发现,市场总非流动性指标与惯性超额收益之间存在显著的负相关关系。本章所应用的模型捕捉到随时间变化的贝塔系数的显著反弹;研究分析还指出,在系统性危机事件的冲击下,高流动性股票组别比流动性较差的股票组别表现更好。第四章对异质投资者在股价异象中扮演的角色以及他们对经济冲击的反应情况予以实证分析。结果显示,股票市场异象是由个人投资者的锚定和调整偏差以及机构投资者的认知偏差所驱动和主导的。这项发现对英国以外类似市场的个人和机构投资者以及监管机构都有启示作用。实证研究表明,在流动性危机期间,股票的不良表现在一定程度上是可以预测的,投资者可以构建更好地抵御流动性冲击的股票投资组合。对于个人投资者来说,他们可以通过短期持有惯性投资组合来实现利润最大化。对于机构投资者来说,他们可以利用专业知识来获取超额利润。

第二部分重点分析包括中国在内的世界多个国家治理能力对化解股价异象所扮演的角色以及常态化金融危机治理等相关问题。第五章研究股价惯性策略在全球市场上的表现。针对全球股市呈现出的超额回报率持续性现象,本章从国家层面提出了新的系统性解释变量,即政治参与度、贪腐程度以及治理有效性。实证检验发现:股价惯性普遍存在于全球市场,惯性的短期超额收益率显著高于长期;政治参与度和贪腐程度均与治理有效性显著正相关,政治参与度与贪腐控制评分较高的国家呈现更高的治理有效性;在国家层面,政治参与度、贪腐控制程度以及治理有效性均对股票市场的超额收益率有显著的影响,国家治理能力的提高影响着各国市场的超额收益率。本章研究结果对进一步了解定价机制、平滑价格异象波动以及提高股票市场稳定性提供了新的启示。第六章重点回顾了我国资本市场的历史和发展,总结我国资本市场的成效和存在的问题。第七章在对比研究的基础上,实证计算了我国股价惯性的情况。第八章以我国资本市场为背景,探讨制度环境和治理能力对股价崩盘风险的影响。本章引入宏观治理变量,进一步探讨制度环境对非效率投资以及股价崩盘风险两者关系的影响。研究结果表明,企业的非效率投资程度与股价崩盘风险显著正相关,这意味着非效率投资程度越高,企业管理层越有动机向外界隐瞒非效率投资行为产生的负面信息,随着负面消息的不断累积,企业的股价崩盘风险不断增大。在引入制度环境的治理作用后发现,较高的市场化进程、较低的政府干预程度和完善的法治环境都有助于抑制由非效率投资行为引发的股价崩盘风险。第九章总结诸多实证研究结果,探究金融危机的成因,并对中国资本市场的有效安全的治理提出建议及展望。

Abstract

The asset pricing anomalies have existed in global stock market for a long time. Existing research shows that price anomalies tend to induce financial risks that threaten the financial security. This book compares China and the world capital market, applies both qualitative and quantitative analysis different liquidity measures, liquidity commonality, systematic liquidity risk, different momentum trading strategies, asset pricing risks with momentum, investor behaviours with momentum and the causal link between financial crisis and asset pricing anomalies using various methods and tests. The first empirical chapter examines the performance of the standard Sharpe-Lintner CAPM, the Fama-French three factor model, and the four factor model of Carhart (1997) both with, and without, the first component of multiple illiquidity measures. The results show that no individual illiquidity proxy outperforms the others, and further that the illiquidity proxies have a systematic common illiquidity component. The results also reveal that the inclusion of the illiquidity factor in the capital asset pricing model plays a significant role in explaining the cross-sectional variation in stock returns. The second empirical chapter analyses the relationship between momentum profits and stock market illiquidity. This study finds negative and significant relationship between aggregate market illiquidity and momentum profits. The model applied in this chapter captures significant bounce in varying beta coefficients changing over time. The analysis also indicates that the stocks associated with high liquidity performs better relative to illiquid stocks under systemic shocks. The final empirical chapter investigated momentum anomaly and the hypothesis that individual investors trade differently from institutional investors and significantly overreact to economic shocks，creating de-stabilising effect in the stock market. The results reveal that stock market inefficiency is driven and dominated by individual investors' anchoring and adjustment biases as well as institutional investors' cognitive biases.

There are several implications for this work. The findings may be useful for both individual and institutional investors and regulators in China. In this study，we show that abnormal stock performance during liquidity crisis is，in part，predictable，and investors can construct portfolios of stocks that better withstand liquidity shocks. For individual investors，they can maximize their profits by holding momentum portfolios at a short horizon. For institutional investors，they might take advantage of professional expertise in making abnormal profits. Policy makers are expected to pay special attention to the differences in trading by financial institutions and individual investors.

目　录

第一章　流动性与资产异象
——基于英国资本市场的研究

1.1 研究背景

　　20 世纪 90 年代的互联网泡沫以及 2007—2009 年全球金融危机,都给人们敲响了警钟,使得价格泡沫现象难以被忽视。在文献历史上,股权溢价之谜在资产定价模型的背景下引起了大量的文献关注(Carhart,1997;Fama 和 French,1993,2015;Sharpe,1964)[1-3]。尽管文献中提出了几个可能的解释,研究人员还没有就一个令人满意的解释达成共识。因此,这项工作的重点落在了探索和解释两个最常见的市场异象上:流动性和价格惯性。这两个异象通常被重新定义为股票超额回报的主要因子(Fama 和 French,2015)[4]。

　　在过去几年里,流动性指标在资产定价中的作用越发得到重视。流动性被视为投资环境和宏观经济的重要特征。最近的研究发现,各种流动性指标在多种资产中具备相关性(Gissler,2017;Korajczyk 和 Sadka,2008;Mancini,Ranaldo 和 Wrampelmeyer,2013)[5-7]。此外,流动性对证券收益的重要性已被大量的实证研究所证实,因此流动性是投资决策中的一个重要考察因素。然而,使用基于流动性因子进而对资本定价的解释并不简单。基于流动性的解释一个重要的难点在于,股票流动性是一个主观概念,很难被观测和衡量。然而,尽管流动性是一个难以捉摸的概念,但大多数市场参与者都认为,流动性通常反映了以较低的交易成本,在不太影响市场价格的情况下,快速买进或卖出足够数量股票的能力。因此,目前主要针对流动性的测量方法都是基于流动性的程度进行估计的。

尽管人们普遍对流动性在股票市场中所起到的作用,尤其是流动性对资产定价所起到的作用越来越感兴趣,但由于流动性的普遍定义仍然不够清晰,造成了流动性度量这一基本问题没有被解决。举个例子来说,Hasbrouck(2009)以及 Goyenko,Holden 和 Trzcinka(2009)相继发现这些流动性指标本身具有不同的性质[8, 9]。他们发现不同的流动性指标对股票收益的影响并不一致:Amihud(2002)的流动性指标采用价格与成交量的比值进行度量,该指标经过实证研究表明会对股票的超额收益产生重大影响[10];与此同时,Pastor 和 Stambaugh(2003)提出的流动性指标却对股票的超额收益影响甚微[11]。事实上,如果实证结果仅仅基于一个特定的度量标准,那么就很难确定结果是由该标准的流动性成分驱动的,还是由被度量的的低流动性的一些常见成分驱动的。因此,笔者认为,通过将所有现有的流动性指标整合为一个综合流动性指标来调和文献上的矛盾是很有必要的。因此,本章的研究重点是解决传统资产定价模型中的流动性指标的测度难题以及低流动性的定价能力。

另外,惯性现象和策略是自 Jegadeesh 和 Titman(1993)首次发现之后,金融文献中另一个令人费解的市场异象[12]。人们针对股价的惯性现象进行了许多研究,试图弄清楚这种反常现象是否全球性的,其发生的潜在原因究竟可能来自何处(例如,George 和 Hwang 2004;Jegadeesh 和 Titman,1993;Lewellen,2002;Moskowitz 和 Grinblatt,1999;Novy-Marx,2012)[13−16]。价格惯性产生的超额收益有许多不同的来源解释:既包括与风险相关的解释以及数据挖掘等方法,也包括行为金融方面的解释。总的来说,学术的争论最初集中在对风险方面的解读上,具体表现为经济学家认为宏观经济风险是导致惯性超额收益的主要原因(Avramov 和 Chordia,2006;Bansal,Dittmar 和 Lundblad,2005;Conrad 和 Kaul,1998;Fama 和 French,1996;Griffin,Ji 和 Martin,2003;Liu 和 Zhang,2008;Pastor 和 Stambaugh,2003)[11, 17−22]。然而,这场辩论很快就转向了对更广泛话题的探讨:通过重新审视投资者的自我归因及过度自信来解释惯性超额收益率的行为学解释(Avramov 等,2017;Baker 和 Stein,2004;Barberis,Shleifer 和 Vishny,

1998；Hong，Lim 和 Stein，2000)[23-26]。研究人员尚未达成共识的原因可能在于：一方面，文献上心理学方面的解释往往忽略了驱动惯性因素的风险因子；另一方面，从风险机理上进行理论解释极具挑战性。这是因为我们很难解释为什么近期股价上涨的股票，其风险会更大。事实上，许多研究并没有找到足够的证据来证明究竟是风险驱动了惯性的产生还是人们为了追求超额收益而承担更高的风险。基于这一背景，行为金融学通过心理模型提供了几种可能的解释，例如观测到超额惯性收益率的信号模型(Daniel 和 Hirshleifer，2015)[27]。行为金融学的模型主要根据人们的行为建立：一些模型基于投资者的心理偏见，即投资人在构成信念和偏好时犯了系统性的错误；还有一些模型则是建立在各类投资者的相互作用上。模型一般分为两类：一类是基于投资者对新信息的反应不足，另一类是基于人们对突发新闻的反应过度。根据有效市场假说，对于新信息的反应不足体现在股票价格变动的滞后上；相反，对新信息的过度反应会导致股票价格变化比预期强烈得多。这两种偏差都反映在模型中的股票价格逐渐向平衡点移动。基于前人研究，本书第一部分重点从风险和行为学两个维度讨论惯性超额收益率，并探讨低流动性与惯性超额收益率之间可能存在的联系。

在解释惯性超额收益时，过往文献往往忽略了个人投资者和机构投资者之间的差异。事实上根据国家统计局数据，截至 2012 年年底，个人投资者持有伦敦证券交易所上市公司 10.7% 的股份。这些投资者经常因其非理性的投资决策而受到批评。例如，Barber 和 Odean(2008)报告称，个人投资者倾向于过度交易股票，这导致了更高的交易成本[28]。也有人认为，由于资金有限，个人投资者更有可能持有非多样化的投资组合(Statman，2004)[29]。事实上，由于个人投资者不断的决策失误，他们被视为噪声交易者(De Bondt，1998)[30]。这与 Barber 等的研究结论一致：他们记录了个人投资者在台湾的投资组合表现在总体上平均每年损失 3.8%[31]。

然而，尽管个人投资者被证明在技术方面处于劣势(Barber 等，2009；Gao 和 Lin，2015；Li，Wang 和 Rhee，2017；Tekce，Yilmaz 和 Bildik，2016)[31-34]，事实上文献倾向于忽视个人确实获利这一事实。个人投资者的分散特征表明,惯性交易策略对这个群体更有利,因为这种策略不需要投资者具有广泛的金融知识。投资者只需要根据典型的策略进行买卖。因此,建议散户严格遵循惯性交易模式。此外,由于现有的研究多集中于机构投资者,他们在投资组合中选择了大量的股票。显然,中小型投资者不属于这一类人群,他们不具备如此大规模的资金状态。在这一点上,Goetzmann和 Kumar(2008)研究表明美国个人投资者在每个投资组合中平均只持有三到四只股票[35]。本书第一部分以英国为例,研究了英国股票市场中这两类投资者的行为,并进一步探讨了股价的惯性现象。以下部分介绍了英国股票市场的背景。

1.2 英国股票市场概述

伦敦证券交易所(LSE)成立于 1773 年,是欧洲最大的股票交易所,排名位于泛欧交易所之前。它运作着四个独立的的交易市场:主板市场、专业证券市场(PSM)、专业基金市场和另类投资市场(AIM)。作为欧洲最大的证券交易中心,伦敦证券交易所的规模位居世界第三,是世界上历史最悠久的证券交易所。与新兴证券交易所不同的是,伦敦证券交易所有着浓重的保守色彩。为了突破陈规旧习对证券市场的负面影响,提高竞争力,伦敦证券交易所在 1986 年 10 月进行了一次重大改革。这次改革包括:改革固定佣金制;新规允许大公司直接进入交易所场内进行交易;放宽了对会员的资格审查;允许批发商和经纪人兼营;证券交易全部实现电子化,与世界各大交易所联机,实现了 24 小时全球交易。这些改革措施使得英国证券市场发生了根本性的变化,巩固了英国证券市场在世界市场中的地位。此外,伦敦证券交易所颇受外国投资者的喜爱。多年来,在伦敦的外国股票交易额经常高于其他市场。这反映了外国公司占据着伦敦证券交易所业务当中的核心地位。事实上,伦敦证券交易所交易的外国股票常年来超出英国本土的股票。这也丰富了英国市场的流动性,有利于资本市场的健康发展。

本书主要研究的是在主板市场上市的公司,其中包括规模较大、较成熟的旗舰公司。主板市场代表着每一家获准进入并在其上交易的公司的质量保证。因此,主板市场上的公司是进行研究的可靠来源。具体来说,本书研究的是富时全股票指数(FTSE All-Share Index)中上市的公司,这是一个资本加权指数,包括在伦敦证券交易所上市的公司。该指数截至 2015 年涉及 627 家公司,占英国所有合格公司全部资本价值的 98％以上。要想获得富时全股票指数的成份股的资格,企业必须在伦敦证券交易所(LSE)有一个完整的上市记录,在 SETS 或 SETSmm 上以英镑或欧元计价,在国际股票自动报价系统(SEAQ 或 seats)上有一个明确的报价。因此,它代表了英国股市的各项特征(Opong 等,1999)[36]。表 1.1 描述了截至 2020 年 5 月,在英国主要市场(一级市场)上市的公司统计(以股票市值计)。表 1.2 描述了截至 2020 年 5 月,英国主要市场上市公司数量分布情况。

表 1.1　英国主要市场统计截至(2020 年 5 月)

年份	公司数			市值(百万英镑)			筹资额(百万英镑)		
	英国	非英国	总数	英国	非英国	总数	新股	增发	总额
2020	916	214	1 130	2 018 858.80	1 085 388.60	3 104 247.30	483.7	9 258.80	9 742.40

数据来源:https://www.londonstockexchange.com/reports? tab＝main－market

表 1.2　英国主要市场上市公司数量市值分布情况(截至 2020 年 5 月)

市值分布范围	公司数量	百分比(％)	股权市值(百万英镑)	百分比(％)
超过 500 亿	17	1.5	1 393 686.59	44.9
100 亿～500 亿	42	3.7	862 299.56	27.8
50 亿～100 亿	41	3.6	279 770.92	9.0
20 亿～50 亿	77	6.8	242 737.44	7.8
10 亿～20 亿	148	13.1	190 436.92	6.1
5 亿～10 亿	76	6.7	46 334.74	1.5
2.5 亿～5 亿	138	12.2	49 321.45	1.6
1 亿～2.5 亿	172	15.2	28 649.02	0.9
0.25 亿～1 亿	167	14.8	9 815.31	0.3
0 亿～2500 万	266	23.5	1 195.38	0.0

续表

市值分布范围	公司数量	百分比(%)	股权市值(百万英镑)	百分比(%)
总量	1 130	100.0	3 104 247.31	100.0
低于 5 亿英镑	734	65.0	88 981.16	2.9
低于 50 亿英镑	301	26.6	479 509.09	15.4
超过 50 亿英镑	100	8.8	2 535 757.06	81.7

表 1.3　英国富时各指数点位信息(截至 2020 年 6 月 22 日)

项目	FTSE 100	FTSE 250	FTSE 350	FTSE Small Cap	FTSE All Share
历史最高点	7 877.45	22 108.29	4 381.12	6 066.18	4 324.41
日期	22/05/2018	02/01/2020	22/05/2018	17/01/2020	22/05/2018
历史最低点	3 287.04	3 801.98	1 627.34	1 621.27	1 593.34
日期	12/03/2003	12/03/2003	12/03/2003	09/03/2009	12/03/2003
年度最高位	7 674.56	22 108.29	4 311.06	6 066.18	4 257.93
日期	17/01/2020	02/01/2020	17/01/2020	17/01/2020	17/01/2020
年度最低位	4 993.89	12 829.70	2 766.23	3 637.83	2 727.86
日期	23/03/2020	19/03/2020	23/03/2020	19/03/2020	23/03/2020
项目	FTSE Fledgling	FTSE All Small	FTSE AIM UK 50 Index	FTSE AIM 100 INDEX	FTSE AIM All-Share
历史最高点	11 376.50	4 215.85	7 325.66	6 512.16	2 924.93
日期	18/06/2018	21/05/2018	11/05/2006	11/05/2006	03/03/2000
历史最低点	1 046.17	1 050.21	1 518.30	1 715.02	373.76
日期	09/10/1998	12/03/2003	05/12/2008	05/12/2008	09/03/2009
年度最高位	9 971.24	4 201.61	5 511.03	5 000.73	975.18
日期	20/01/2020	17/01/2020	03/01/2020	17/01/2020	20/02/2020
年度最低位	5 997.49	2 521.83	3 258.35	3 004.31	589.63
日期	23/03/2020	19/03/2020	19/03/2020	18/03/2020	18/03/2020

数据来源:伦敦证券交易所。

过去几十年,伦敦的金融地位对全球的影响力达到了令人羡慕的水平,并获得了显著的金融影响力。因此,该市场为资本市场的流动性和惯性研究提供了坚实的平台基础。有趣的是,尽管英国股票市场在全球市场中表现突出,但有报道称它常年存在着交易不频繁和不同步的情况(Hon 和 Tonks,2003)[37]。这导致了有效市场研究的偏倚结果(Barnes,2009)[38]。因此,研究这一市场中的股权之谜尤为重要。英美两国的贸易环境和市场结构确实存在差异。在英国,所有的交易都在伦敦证券交易所(LSE)进行,而在美国,股票主要在纳斯达克(NASDAQ)和纽约证券交易所(NYSE)进行。在美国,纳斯达克(NASDAQ)的交易基于订单驱动,而纽约证券交易所(NYSE)则采用混合系统。以英国为例,伦敦证券交易所的交易是订单驱动(set)和报价/订单驱动的混合系统。此外,英国的金融体系是一个基于银行的体系,它比资本市场体系(美国)更容易受到流动性紧缩的影响,因为一级风险是银行的偿付能力,而风险水平取决于金融机构(Hardie 和 Maxfield,2016)[39]。

1.3 资本市场的流动性

流动性在经济活动中有三种含义。第一种含义是指整个宏观经济的流动性,主要体现在货币的供给方面,尤其是经济体系中货币的投放量。它具体表现为货币增长率超过 GDP 增长率。第二种含义是指股票市场上的流动性,即参与交易的资金相对于股票供给的比例。这里的交易资金指的是场内资金和场外资金。场内资金具体表现为已购买了股票的资金,通常指的是总流通市值。场外资金则是指还在投资者的股票账户名下准备入场的资金。当股票的总供给不变,或是交易资金增速快于股票的供给增速,那么即使公司的盈利保持不变,也会导致资产价格的上升,反之亦然。但是这种股价上涨没有业绩的支撑难以持久。流动性本身存在传染问题,即经济流动性过剩会引发股票市场流动性过剩。同样的,当国家整体收缩银根时,股票市场会失去资金的供给,进而出现流动性危机。第三种含义指的是投资者层面的流动性。这里的流动性主要指的是股票买卖活动的难易程度。股票流动性的高低,主要指是否能够很快按照理想的价格卖出,具体表现在流动性好的股票换手率高。通常而言,流动性差的股票一般为小盘股或是高度被控盘的股票,即使股价上涨,依然很难卖出。对于机构投资者而言,流动性较差的股票不容易运作,大量买卖会引起股价的明显变动。对于中小投资者而言,由于资金量少,流动性冲击可能较小。

本书涉及的流动性,指的是资本市场上股票的买卖难易程度。资产流动性的高低与资产的价格关系以及作用机理一直是资本市场理论研究的热点问题。除此之外,资产流动性还是投资者决策的重要依据之一。当股票市场在短时间内骤然失去流动性的时候,流动性危机就产生了。这种流动性危机在一些场合也被称作流动性黑洞。它的产生机理来自市场本身要求的多样性。但是由于风险管理系统的存在,市场参与者行为的多样性往往受到影响而减少。当金融机构在某些时刻大额抛售金融产品时,交易员的投资组合会同时出现大额抛售。当整个市场只有卖方而没有买方的时候,市场流动性会骤然消失。与此同时,被抛售的资产价格急速下跌且卖盘持续增加,导致流动性进一步恶化,进而会造成偿付危机。在证券市场上,越来越多的挤兑事件因此发生。具体的表现形式就是拥有上百亿甚至更高资本的企业在数天内变得没有偿付能力,最终出现流动性被市场吸走的情况,也就是流动性黑洞。流动性黑洞的成因,则是流动性过剩。流动性过剩容易导致资产价格出现泡沫,资产价格泡沫的积累,则容易诱发流动性黑洞。由此可见,流动性与资产价格存在着一定的内生性。本章通过对英国资本市场的实证研究,探讨了流动性指标本身的度量规则,并进一步研究了流动性与资产价格的关系。

1.4 金融危机

金融危机,在大众认知中,是一件发生在"别的时间、别的国家、别人身上的事情"。然而不幸的是,由于经济的高度杠杆化,金融危机会在任何国家、任何时间爆发。那么,金融危机的后果是什么呢?纵观人类 800 年的危机史,金融危机的后果包括资产价格迅速膨胀,杠杆率增加,持续性大额经常项目的赤字增加,以及经济增长放缓甚至衰退等。莱因哈特等(2014)采用了前后对比研究法分析了美国和世界数次金融危机,研究发现,金融危机的持续时间一般而言都很长。严重的金融危机通常有三个共性的特征[40]。第一,资本市场在金融危机过后往往会发生深度且持续时间较长的下跌,包括实际房价平均下跌 35%,持续时间超过 6 年;股价指数平均下跌 56%,持续时间超过 3 年以上。第二,金融危机往往首先造成银行危机。银行危机的后果则与就业息息相关。在历史数次金融危机之后,银行周期下行阶段平均失业率上升约 7%,持续时间超过 4 年;与此同时,产出则平均下降 9%,持续时间约 2 年。第三,金融危机之后,实际政府债务往往出现爆发式的增长,平均相比危机之前增加 86%。政府税收在严重而漫长的产出紧缩之后出现无法避免的骤减是债务剧烈上升的主要原因。历史上最严重的一次危机于 1929 年发生在美国,称为大萧条。据记载,各国花了 10 年时间才使人均产出水平恢复到 1929 年的水平。

综合而言,金融危机对于资产的价格、GDP 产出以及失业率都有持久而深刻的影响。21 世纪的经济总体而言更具备全球化特征,这会导致危机的冲击被放大。这里的放大主要有两方面原因:第一,金融危机波及面广是经济全球化造成的;第二,是由某个共同的因素造成的冲击引起的。

危机传染又分为两种:缓慢外溢和快速而狂热。快速而狂热是指一个事件在很多市场上产生快速显著效应的情况,它的结果通常在很短的时间内完成。这与缓慢外溢刚好相反,缓慢外溢指的是一开始国际市场应对消息不敏感,随着时间的累积慢慢地产生重大经济后果。之所以将金融的危机传染与共同因素冲击区分开来,是因为共同的冲击并不必然都是外部因素。很多国家可能拥有共同一致的宏观经济因素,比如房价的泡沫膨胀,比如资本的不断增加以及公共部门的杠杆增加等。

回顾过去 100 多年的历史,1929 年的经济萧条影响的国家有美国、瑞典、西班牙、葡萄牙、意大利、希腊、德国、比利时、芬兰、法国、阿根廷、巴西、印度、墨西哥以及中国。在 1929—1931 年的三年时期内,实际商品的价格暴跌 51%,而美国的实际利率水平则接近 13%。1981—1982 年的新兴市场国家经济危机波及阿根廷、智利、哥伦比亚、刚果、厄瓜多尔、埃及、加纳、墨西哥、土耳其等国家,这段时间实际商品的价格则下跌近 40%,美国的利率水平上升 6%。这场债务危机持续近 9 年,主要影响低收入国家。20 世纪 90 年代初的经济危机波及范围扩大到发达国家,尤其是北欧国家和日本。在 1991—1992 年间,北欧国家和日本的房地产市场以及股票市场遭受到重创,泡沫破灭。很多国家在这次经济危机中面临国内稳定以及国家制度转制的问题。1997—1999 年的东南亚金融危机则是由大量资本流入发展中国家导致的。主要受影响的均为亚洲新兴市场,如中国香港、菲律宾、马来西亚、印度尼西亚、中国台湾和泰国等国家与地区。

　　最近的一轮金融危机发生在 2007 年。受美国次级房地产市场的泡沫破裂以及其他发达国家的房地产市场泡沫破裂影响,这场金融危机最终席卷了全球。毫无疑问,美国通过与其他国家的直接联系影响其他金融市场。由于国内房地产市场的获利机会有限,具体表现在过低的投资回报上,德国和日本以及更多国家的金融机构都投资美国的次级房贷市场以获得高额的回报率。这为美国本土之外的金融机构积累较高的美国次级房贷的头寸。这是一个危机传染的典型渠道:一个国家的危机通过某种投资在各国之间进行扩散。然而,这只是 2007 年金融危机的一部分情况。在 2000 年之后,其他很多国家都面临着与美国同样的经济问题。其中,有几个共同的因素十分突出,它们导致其他国家出现与美国类似的症状。首先,欧洲与新西兰等国家都产生大量房地产泡沫。其次,美国并不是唯一一个面临着巨量经常项目赤字和持续资本冲击的国家。其中,保加利亚、冰岛、新西兰、西班牙和英国等国家都从国外获得大量的资本流入,从而助推了商业信贷以及资产价格的泡沫。也就是说,不论美国本身发生什么情况,该趋势导致这些国家自身面对资本市场崩盘以及资本流动的转向时,都会十分脆弱。

　　美国次级房贷市场的风险暴露和以上共同的因素导致危机的直接外溢。这些危机中其他标准的传递渠道被进一步加强,尤其是普遍存在的共同贷款人的渠道。比如,一家持有英国风险暴露的西班牙银行,在英国发生经济动荡的时候,不仅会削减对英国的贷款还会削减对其他国家的贷款。

这样,源于英国的冲击就可以通过共同贷款人的渠道传递到西班牙,传递到其他国家。日本的银行在 1998 年东南亚金融危机期间及美国的银行在拉丁美洲债务危机中都扮演了共同贷款人的角色。

　　然而,溢出效应的发生通常比较缓慢,它不会因为突发消息快速发生。因此,它们不会立刻对国家的资产负债表产生不利的影响。但是,溢出效应的最终结果与危机传染的后果一致。在 2007 年的金融危机初期,亚洲经济受到的影响较小,但最终受到来自发达国家经济衰退带来的沉重打击。这当中的主要原因在于亚洲国家比其他国家更为依赖出口,且出口的产品多为产成品,这使得产品需求的收入弹性高于初级产品。与亚洲国家相比,东欧国家并不以出口产品为导向。然而,东欧在此次金融危机中依然受到西方贸易对手经济衰退的严重影响。墨西哥和美洲其他国家也有类似情况。这主要是因为他们与美国高度一体化,且高度依赖对于美国的劳务输出收入。非洲和拉丁美洲则以商品出口为主,它们和一些产油国家一样均受到全球需求疲软的影响。由此可见,金融危机同样影响了商品市场。在 2008 年第三、第四季度的商品市场上,商品价格出现大幅度的下降。因此,北方发达国家的经济恢复速度决定着新兴市场国家外溢效应的高低。随着外汇储备的逐渐消耗以及财政状况的恶化,国家以及个人债务偿付压力增大。由此可见,严重的金融危机是一个漫长的事件。全球金融危机之后通常伴随着商品价格大幅度下降以及主权债务违约率上升。

　　受美国次贷危机引发的诸多金融机构倒闭波及,英国的金融危机更多的来自共同因素冲击,金融系统的流动性遭受了历史性重创,并在危机一开始就出现银行危机。最为出名的是英国的北岩银行出现的挤兑事件。恐慌的存款人对英国政府的存款保险计划不满,在 2007 年 9 月北岩银行门口排队取款,最终造成严重挤兑现象。随着恐慌的迅速蔓延,英国政府被迫接管了这家银行,为该行所有债务提供全面担保。这次挤兑事件被业内认为是英国危机的起点。本书以北岩银行挤兑事件作为金融危机以及流动性危机的外部事件,研究资本市场上收益与风险之间的内生问题,并进一步探讨常态化金融危机治理问题。

1.5 研究目标、动机和主要贡献

第一部分由三个实证章节组成,主要研究了英国市场的资产定价异常现象,分别为低流动性溢价、低流动性惯性溢价和行为偏差惯性溢价。每一章都带有独立的文献综述、研究方法以及实证结果。

第二章讨论股票的低流动性溢价并尝试探索以下几个问题。第一,根据现有的低流动性指标,在资产定价模型中,以英国市场为例,是否存在一个单独的低流动性指标能够显著优于其他低流动性溢价的指标?第二,流动性共性指标在英国市场是否存在?第三,哪种经过流动性调整之后的资产定价模型解释了股票的超额回报率?第四,参数检验和非参数检验的结果是否存在不同。本章研究针对低流动性对英国股票市场资产定价的影响,从几个方面对资产定价的文献做出了一定的贡献。首先,与 Fama 和 French(2015)的间接流动性因子不同,本章中,笔者使用了英国的数据并对低流动性的常见系统性风险因子的价格进行了检验。笔者将"低流动性因素"定义为等权重投资组合的利差收益率因子。这些投资组合建立在文献中常见的七种低流动性指标的第一个主成分的基础上。此外,与传统的资产定价模型的参数检验不同,Hansen-Jaganathan 距离被用来检查诸多资产定价模型的非参数误差水平。这有助于阐明各类模型的效率。

第三章通过分析市场流动性对惯性收益的影响,探讨流动性风险的解释。本章探讨的是来自英国股市的惯性超额收益以及行为金融和风险收益的影响研究。这一章从几个方面解释了流动性不足与惯性收益之间看似矛盾的关系。首先,本章的实证结论与最近关于惯性现象的行为侧理论相一致,这将有助于从理论上帮助构建行为金融的体系。例如,Avramov 等 2017)的研究表明,市场处于低流动性时期的惯性回报率较低[23]。他们认为,在市场衰退期间,过度自信的投资者由于受到卖空限制而决定退出市场。这一行为降低了市场流动性,惯性效应因此变得不那么强大。本章所采用的低流动性测度方法,结合了流动性冲击具备的特征和流动性风险的特征。除了行为层面的解释外,笔者还提供了新的实证依据。研究表明流动性风险提供了超额惯性收益。其次,本研究为变动系数模型的实证应用提供了文献参考。对于惯性回报,现有的文献鲜有考虑金融危机期间的特异影响。不同于现有的文献,大多假设线性模型,本研究采用半变系数模型评估高异质性的数据,使估计的准确性和灵活性大大加强。最后,本章通过研究 2007 年的局部流动性冲击事件,结合样本内和样本外实验,运用双重差分方法探讨了市场流动性不足与惯性超额收益之间的因果关系。

第四章探讨机构投资者和个人投资者在现代交易中的所扮演的角色。本章旨在研究不同类型投资者的锚定和非锚定惯性交易策略。笔者使用 52 周高点惯性策略作为信息不确定性的代理指标来研究两类投资者的行为差异。此外,运用双重差分的方法,本实证研究主要分析了惯性超额收益引发的崩盘风险与负面经济冲击之间的因果关系,以及机构投资者和个人投资者的选择偏差。本章在以下几个方面对惯性理论做出了贡献。第一,笔者考察了个体投资者和机构投资者在惯性策略之间的不同持仓水平。虽然惯性交易策略已经被证明对投资者产生了显著的回报,但是现有的研究大多是针对机构投资者的。值得注意的是,个体投资者往往被忽视,因为他们投资的资金相对较少,交易中更容易出现噪声交易。然而,惯性交易策略非常适合于个人投资者。这项策略不需要深厚的投资专业知识而容易进行(Siganos,2010)[41]。因此,除了适用于机构投资者的传统惯性组合外,本研究还考察了零星组合的惯性盈利能力。第二,本研究在 26 年的样本期内,考察了 3 个月至 5 年的移动惯性收益窗口。研究结果显示,对于英国的机构投资者和个人投资者而言,惯性超额收益的增长势头都是显著且积极的。特别是,个体投资者可以从卖空投资组合中获得更多的利润。即使从长期来看,利润的增长势头也不会被逆转。第三,本研究将当前股价与过去 52 周最高价之比的惯性指标与信息不确定性联系起来,发现价格的惯性收益部分是由个体交易者由于"锚定效应"驱使的。这些投资者表现为对新信息的最初反应不足。在信息不确定性较大的时期,个体投资者比机构投资者更倾向于将 52 周的最高价格点作为锚定,尤其是空方投资者。第四,本研究进一步将分析师的预测与惯性指标联系起来,研究发现有机会获得分析师收益预测修正的机构投资者更有可能提高市场的总体效率。这项发现进一步表明,股市的低效率在一定程度上是由个人投资者推动的。第五,本研究探讨了投资者行为与惯性收益引发的股价崩盘之间的因果关系。研究以金融危机为背景,利用双重差分模型(DID)发现,巨大的负面经济冲击会显著影响并替代投资组合的超额回报率。此外,本章结论还证实机构投资者存在认知偏差的现象。

1.6 主要研究结论

第一部分以英国市场为例,从实证维度研究以下三个问题:低流动性溢价和超额收益;半变系数模型下的惯性收益和低流动性以及惯性交易策略和信息不确定性。每一章的主要结论概述如下。

第二章开展流动性风险对股票收益的时间序列和横截面的实证研究。统计研究表明,没有一个最优的单一个体流动性代理指标。而低流动性代理指标可以度量共性因子。因此,笔者提出一种简单的方法来捕捉低流动性的多维性。分析表明,现有的低流动性指标有一定的共性,这证明了这种新方法的合理性。此外,笔者运用 Amihud(2002)的替代检验方法,采用非参数检验模型研究低流动性指标在资本资产定价模型中的应用。研究发现,在资本资产定价模型中包含低流动性因素对解释股票收益的横截面变化起着重要作用。这种效应在 Fama-French 三因子模型中尤为明显。此外,利用 Hansen-Jagannathan 非参数边界的研究表明,运用流动性因子定价的资本资产定价模型产生的距离误差较小,而其他基于低流动性的模型未能产生经济上合理的距离值。

根据前一章的研究发现,市场流动性对普通股的定价十分重要。在此基础上,第三章分析惯性超额收益与股票市场低流动性之间的关系。研究结果表明,在市场流动性较高的时期,随之而来的是较低的惯性超额收益率,这种回报甚至是负数。在总体流动性不足的情况下,相互竞争的状态变量(例如,市场下跌)的力量趋向于使超额收益消失。此外,本章采用半参数检验、半变系数模型和样本外研究,分析市场低流动性状态在投资组合和个人层面的解释和预测惯性超额收益的能力。研究发现,随着时间的变化,贝塔系数会发生显著的反弹。因此,与线性模型相比,变动系数在估计中获得更精确的贝塔系数。本研究还捕捉到金融危机期间显著的崩盘风险和流动性风险。分析还表明,流动性较低的股票对金融危机更为敏感。

第四章研究惯性超额收益的驱动因素以及惯性策略的盈利能力是否可以用锚定效应来解释。锚定效应体现了个体和机构投资者的行为偏差。本章实证研究表明,个体投资者的交易方式与机构投资者存在显著差异,他们对经济冲击的反应极为敏感。一方面,由于个体投资者的经验匮乏,这给资本市场的稳定造成了一定影响。另一方面,机构投资者则更具有经验:有经验的机构投资者更倾向于不认可惯性交易信号,最终将他们的预测修正转化为真实定价。本章对锚定策略的进一步检验证实,惯性交易策略与半强有效市场假说显著相关。锚定策略使投资者在拥挤交易期间更易造成股价崩盘。信息的不确定性则表明,惯性超额收益随着不确定性的增加而增加。本章研究表明,股票市场的低效率是由个人投资者的锚定和调整偏差以及机构投资者的认知偏差驱动和主导的。

本书的研究技术路线图如图 1.1 所示。

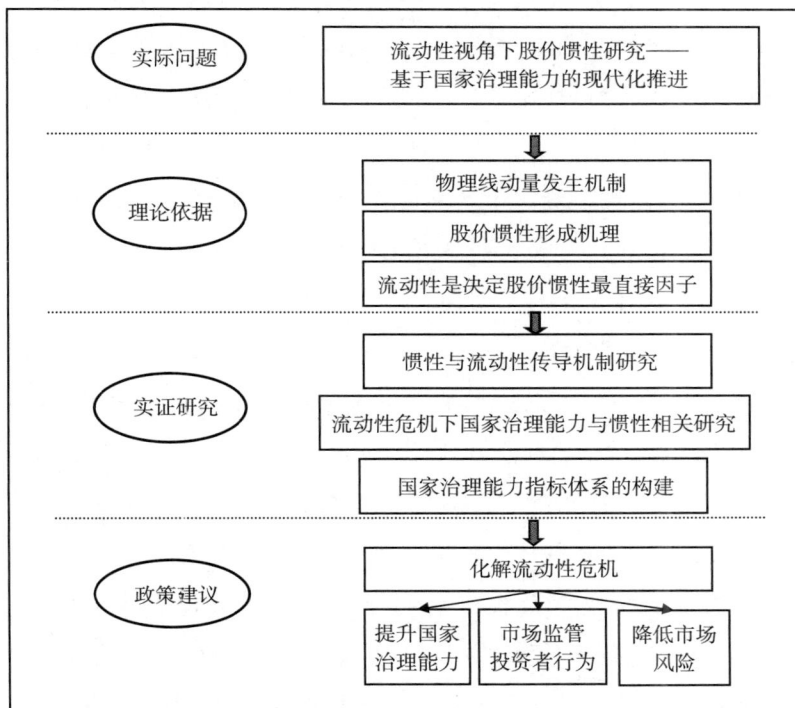

图 1.1 研究技术路线图

第二章 低流动性溢价与股票预期收益

2.1 市场流动性溢价

在资本资产定价的研究中,流动性的作用日趋重要。各项研究都提出了低流动性指标作为定价因子。然而,尽管研究人员检验了他们的股票超额收益与低流动性指标在统计上相关,他们的结论却不尽相同。换句话说,尽管人们普遍对流动性在股票市场中所起的作用越来越感兴趣,尤其是在资本资产定价领域。然而,流动性的普遍定义依旧难以捉摸,如何度量流动性的基本问题仍然没有解决。例如,Hasbrouck(2009)以及 Goyenko,Holden 和 Trzcinka(2009)的研究发现这些度量本身具有不同度量法则,不同的度量方法会产生相互冲突的影响[8, 9]。事实上,流动性是一个宽泛且难以捉摸的概念,它体现在资本市场上通常指的是大规模交易的能力,即数量大,成本低,换手快等。有关文献表明,相当一部分的理性投资者认为他们持有股票是为了获得更高的流动性。

已有实证研究表明,Amihud(2002)提出的量价比流动性指标对股票超额收益有显著的影响,但是 Pastor 和 Stambaugh(2003)的流动性指标gamma 却对超额收益率影响较小[10, 11]。事实上,如果实证研究的结果只是基于某一方面的流动性指标,那么我们将很难判断这个结论是由单一的流动性指标驱使的,还是某种共性的流动性组成成分在起作用。因此,明晰每一种流动性指标的特性以及找出它们的共性因子是非常重要的。在本章中,笔者不仅测度了各项流动性指标,还构建了一个全面的流动性测度指标。这一流动性指标被用于平衡文献中常见的 7 种不同的流动性指标。此外,本章还考察了不同指标测度的流动性风险在资本资产定价模型中是否存在差异。本章采用的流动性指标包括：Amihud（2002）的量价比指标[10]，Pastor 和 Stambaugh（2003）的 gamma 指标[11]，Lesmond，Ogden 和 Trzcinka（1999）的零回报率天数指标[42]，Liu（2006）[43]，Roll（1984）的买卖差价指标[44]，Corwin 和 Schultz（2012）的价差指标[45]，以及 Goyenko，Holden 和 Trzcinka（2009）的有效报价指标[9]。笔者发现以上 7 种指标约有 33％的共性是由第一主成分解释的，这进一步表明低流动性测度中存在系统性的共同成分。

　　本章研究有助于从几个方面理解流动性对资本资产定价模型的影响。一般来说，已有研究关注的是影响传统资本资产定价模型的新因素。比如，Fama 和 French（2015）的五因子模型，同时采用间接因素来测量流动性风险。相比之下，笔者则对低流动性的系统性因子进行定价。英国有着独特的贸易环境和市场结构。在英国，所有的交易都在伦敦证券交易所进行，而在美国，股票交易主要是在纽约证券交易所和纳斯达克（Nasdaq）。其中，纳斯达克的交易主要基于订单驱动，而纽约证券交易所则采用混合报价系统。伦敦证券交易所的交易则包含了订单驱动（set）和报价以及订单共同驱动的混合系统。此外，英国的金融市场是一个由银行业为主导的市场，它比以美国为首的资本市场体系更容易受到流动性紧缩的影响，因为英国面临的一级风险是银行应对流动性的能力，而风险水平则取决于金融机构的稳定性（Hardie 和 Maxfield，2016）[39]。由于大多数关于低流动性溢价和预期股票收益的研究主要基于美国数据，因此在本章中，笔者以英国为例，探讨市场结构和流动性特征的差异是否会产生不同的结果（Foran，Hutchinson 和 O'Sullivan，2014；Huang 和 Stoll，2001）[46, 47]。本章将流动性因子定义为等权投资组合"P10-P1"的收益率之差。这些投资组合建立在 7 个低流动性指标的第一个主成分的基础上。此外，与传统的资本资产定价模型的参数检验不同，笔者采用 Hansen-Jagannathan 距离的非参数检验研究了流动性资本资产定价模型（LCAPM）相关的误差水平。这有助于阐明资本资产定价模型的效率。

　　本章旨在回答以下几个研究问题。第一，根据现有的流动性指标，在资本资产定价模型中,是否存在一个流动性共性指标能够显著优于其他的流动性代理指标？第二,流动性共性指标是否存在？第三,哪种经过流动性调整之后的资本资产定价模型可以解释股票的超额回报？第四,参数检验和非参数检验的结果是否有所不同？本章其余部分的内容如下:第 2.2 节简要回顾关于流动性框架的文献。第 2.3 节简述主要研究方法和模型构建。第 2.4 节为研究数据和变量的构建。第 2.5 节为实证结果,第 2.6 节为主要研究结论。

2.2 流动性与股价研究背景

2.2.1 流动性的含义

流动性为股票市场的基本属性之一。市场的流动性指在证券市场上,投资者能够迅速而低成本地执行大批量交易,且不会造成价格暴涨暴跌等大幅波动的状态。市场流动性是股票市场存在及发展的前提,也反映了股票市场运行的效率和质量。目前,在学术界对市场流动性的形成没有一个公认的定义。但是文献普遍认为市场流动性分为宽度、深度、弹性和及时性四个维度。

流动性的宽度是指市场上普遍交易的价格偏离有效价格的幅度。流动性宽度可以理解为达成交易的成本。文献中一般用买卖价差(bid-ask spread)来度量市场的宽度。当买卖价差较大时,买卖双方的交易不容易达成;当买卖价差较小时,买卖双方的交易则容易达成。流动性的深度是指股票交易量对价格的冲击强度。流动性深度通常是度量流动性的核心指标,其数值为在一定价格水平下,或一定价格波动范围内,总共完成的交易量。该指标在一定程度上反映市场价格的稳定程度。流动性的弹性是指资产价格偏离均衡价格后的回复速度。资产价格回复速度越快,则代表市场弹性越好,流动性越强。流动性的及时性维度是指买卖双方成交的速度,主要指投资者提出交易需求开始到达成交易总共耗费的时间长短。总体而言,以上四个维度能够较全面和准确地反映市场和个股的流动性水平。通过流动性的定义可知:股票的交易成本越低,市场对股票成交量的冲击越小,当价格偏离均衡值后回复速度越快,买卖双方成交时间越短,则代表股市的流动性越强。反之,则代表市场流动性较弱。

影响市场流动性的因素较多,按照国际清算银行对流动性影响因素的研究,可以将影响市场流动性的因素具体分为产品设计、市场微观结构以及投资者行为三类。第一是产品设计。产品设计对流动性的影响主要源自基础性的金融工具及各类金融衍生品。市场流动性的改变是由于现货市场与金融衍生品市场的联动性产生的。具体来说,当现货市场交易量增加时,其对应的期货市场交易规模同样随之扩大,期货市场又能反作用于现货市场。两个市场互联互动的过程会导致股票市场流动性随之出现调整。第二,市场微观结构同样影响着市场流动性。微观结构主要包括证券的交易制度,如大宗交易、融资融券、信用交易制度、信息披露和一系列法律法规等。合理的微观结构能构建高效的资本市场,进而优化资源配置,从而提升市场流动性。第三,投资者行为对市场流动性影响重大。投资者行为具体主要体现在投资者的风险偏好,投资者对市场的预期和信息敏感程度等方面。一般而言,风险偏好型的投资者对股票市场更为积极乐观。对不同信息敏感程度不一的投资者会采取不同的投资决策,这些不尽相同的投资风格丰富了市场的交易类型,对股票市场流动性起到了一定程度的影响。

那么,什么样的风险会系统性地推高股价呢?围绕这个问题,学者们展开了大量的探索,然而它始终作为金融领域的主要挑战问题之一而存在。Sharpe-Lintner 的 CAPM 模型首次通过量化一般市场波动带来的风险来回答这个问题(Sharpe,1964),自此拉开了现代资本资产定价研究的序幕[3]。

然而,尽管 Sharpe-Lintner 的 CAPM 提供了一个用于解释股票回报率的理论框架,但该模型对于描述资本资产回报率的能力较弱。事实上,该模型在实证检验中经常因无法定价异象而受到质疑,如(Black,1972;Fama 和 MacBeth,1973;Gibbons,1982;Hyde 和 Sherif,2005;Stambaugh,1982)[48−52]。传统 CAPM 模型假设市场投资组合是可观测变量,预期收益恒定,资产的贝塔是静态的。由于此模型通过贝塔系数来度量风险因子,而贝塔系数的假设本身存在不合理性。事实上,投资者的异质行为使股票收益率很难呈现对称性分布。因此,传统资本资产定价模型对数据的行为很难进行捕捉,也未能度量股票以及投资组合的波动性,这导致了模型本身的局限性。

针对原始资本资产定价模型的一系列问题,学者们开始尝试对模型进行修正。Fama 和 French(1993)的三因子模型和 Carhart(1997)的四因子模型在实证研究中受到了极大的关注。Fama 和 French(1993)论证了资产价格不仅受到市场系统风险的影响,还受到规模和价值因素的影响,Carhart(1997)则认为惯性因子是一个重要的风险因子,它应该被资产所定价。最近,人们对市场摩擦给予了很多关注,特别是人们普遍认为流动性有助于缓解市场摩擦(Amihud,2002;Bekaert,Harvey 和 Lundblad,2007;Chan 和 Faff,2005;Chordia,Roll 和 Subrahmanyam,2001;Goyenko,Holden 和 Trzcinka,2009;Hasbrouck,2009;Liu,2006;Pastor 和 Stambaugh,2003),流动性本身很适合用于定价模型中的变量[8-11,43,53-55]。例如,Lillo 和 Mantegna(2002)认为流动性波动是一个永久的市场因子[56]。然而,Bouchaud,Kockelkoren 和 Potters(2006)认为,流动性的冲击力是短暂的,会随着时间衰减[57]。事实上,流动性往往被视为投资环境和宏观经济的一个重要特征。最近的研究发现,各种流动性指标的波动在资产之间是相互关联的。此外,流动性对证券收益的重要性已被以往大量的实证研究所证实,因此,流动性是投资决策的一个重要考虑因素。

然而,流动性本身的测度并不简单。由于股票流动性是一个主观概念,它很难被度量。尽管流动性是一个难以捕捉的概念,但大多数市场参与者都认为,流动性通常是指在不太影响市场价格的情况下,以较低的交易成本迅速买进或卖出足够数量的股票。根据这一定义,学者们提出了各种方法来估计一只股票的流动性程度。第一类流动性指标是基于股票的日回报率或交易量的原理。Amihud(2002)提出了一种简单而直观的流动性测度指标,他将低流动性定义为日收益绝对值除以日交易量。Acharya 和 Pedersen(2005)使用 Amihud(2002)的流动性指标,实证检验了 1962—1999 年间美国市场的流动性[58]。他们的研究指出,流动性因子是资本资产定价模型中的重要因子。Pastor 和 Stambaugh(2003)提出另一种流动性度量指标,该指标度量了价格对成交量的敏感程度。此外,人们也常以换手率的高低来代表流动性。换手率指标是用每日股票交易量除以流通股的数量,它反映了买卖股票的难易程度。与以上较为直观的流动性指标不同,第二类流动性指标的构建主要是基于收益情况。Liu(2006)提出了根据交易量调整计算"零回报日"的测度方法,并表明该指标所度量的流动性实际上在美国市场中得到了体现。值得一提的是,这种"零回报日"指标是指在给定的时间段内,出现零回报率的天数根据总交易日天数进行规整的测度。该指标表明,在交易成本较高的当天,知情交易者不会进行交易,从而体现为当日股票的零回报率。这种方法在国际金融研究中尤其可靠,因为市场无法保证每天高质量的成交量(Bekaert,Harvey 和 Lundblad,2007;Lee,2011)[53,59]。此外,Lesmond,Ogden 和 Trzcinka(1999)还提出一种完全基于每日收益的流动性测度指标,它被证明与买卖差价这项指标显著相关,并被用来揭示一部分惯性交易(Lesmond,Schill 和 Zhou,2004)[60]。第三类流动性指标则是基于回报率的相关性研究产生的。Roll(1984)以及 Goyenko,Holden 和 Trzcinka(2009)提出一种基于日收益率序列相关的测度方法。此外,在最近的一项研究中,Das 和 Hanouna(2010)创建一个基于"运行长度"的流动性度量指标,即在信号逆转之前,连续序列的正日收益和负日收益之和[61]。作者进一步强调,这一特别的流动性度量指标还可以用来度量价格的影响。

2.2.2 流动性指标

根据市场流动性的含义,各国学者在构建流动性的度量指标时,通常采用能够最大限度包含流动性宽度、深度、弹性以及及时性这四维属性的综合度量指标。目前文献中常见的度量指标同样有四个维度。第一种是价格法。价格法也被称为价格成本法,它是一种从流动性的宽度属性出发构建的度量流动性的方法。其中,买卖价差是最常见的度量指标,适用于所有能够保证买价和卖价且有一定深度的做市商市场。英美等西方国家资本市场符合这一要素,因此在英国市场上,这种度量流动性的指标可行。我国作为指令驱动型的竞价市场,成交价格由买卖双方直接决定,由于报价的深度不够,所以这一指标运用到我国资本市场必须要同时考虑成交量的影响。第二种指标是成交量法。这一指标的构建是从流动性的深度属性着手考虑。因此,这一类流动性指标一般采用换手率来度量深度,但缺点是成交量法没有考虑到股票价格变动造成的影响。第三种度量流动性指标是价量结合法。价量结合法的提出弥补了前两种方法的不足。这一指标将价格变动和成交量一同纳入指标框架用以评估流动性的高低。其中,流动性比率是一种被广泛使用的计算方法。它以价格的变化幅度和成交量的比率值来度量流动性。流动性比率数值越大,则代表单位成交量引起的价格变动越大,流动性也就越低。但这一比率忽视了成交量与股本规模之间的密切关系,同样会导致测算结果出现较大的偏差。第四种流动性指标是时间法。时间法主要以执行时间、交易的频率来度量流动性。它的优势在于操作简便,然而,由于执行时间在限价订单中与价格有较大关联,其交易频率受市场波动的影响较大,且两者相互独立,不能全面反映股票市场的流动性。

综合大量文献研究表明,流动性指标往往被用于作为时间序列的调节变量。然而,研究人员还没有就流动性指标这一问题达成一致。Liu,Luo和 Zhao(2016)考察了各项流动性指标[62]。他们的研究表明,在资本资产定价模型中,一些流动性指标表现得比另一些指标更好,主要体现在更为显著的流动性溢价。

然而,目前已有的研究结论无法找到一个最具说服力的流动性指标,主要原因在于研究无法证明是该指标本身还是与其他指标共性的部分被定价了。事实上,最新的研究焦点在于以往流动性指标研究结果的可靠性。例如,Korajczyk 和 Sadka(2008)研究多个流动性代理指标,发现流动性指标之间存在共性[6]。Kim 和 Lee(2014)进一步发现,美国市场上存在系统性流动性风险[63]。

在本章中,笔者对上述方法进行了补充,并对各项流动性指标逐一进行测试。本章根据流动性指标的特性,对已有流动性指标,即换手率、流动性逆转指标、成交量、买卖价差、有效价差、零收益天数等进行分析并构建流动性共性指标，以期能全面、充分而准确地反映各个维度的流动性综合指标，尽可能地将各种因素纳入并提取共性因子，以减少单一维度流动性指标所导致的片面性。值得一提的是，目前的主流文献对流动性指标都是按照低流动性来度量的，即指标越高，则流动性程度越低。

（1）收益率/价值比（Amihud，2002）

第一个流动性指标是 Amihud（2002）提出的收益率与市值的比值。这个指标由于方法简单有效，被广泛用于实证研究（Acharya 和 Pedersen，2005）[10, 58]。但这项指标的定价能力尚待进一步研究，这项指标将低流动性定义为：

$$RV_i \equiv \mathrm{ILLIQ}^i = \frac{1}{\mathrm{Days}_t^i} \sum_{d=1}^{\mathrm{Days}_t^i} \frac{|R_t^i|}{V_t^i} \qquad (2\text{-}1)$$

其中，R_t^i 代表股票 i 第 t 个月第 d 天的收益率，V_t^i 是股票 i 在第 t 个月第 d 天中的价值，单位以百万计，Days_t^i 代表股票 i 在第 t 个月里被观测到的交易天数。

（2）反转指标（Pastor and Stambaugh，2003）

Pastor 和 Stambaugh（2003）提出一种反转指标来代表流动性。该指标反映的是成交量与收益的反转：成交量越大，收益反转得越厉害，交易成本越高。这种方法的一个缺点是在估值时较为耗时。具体计算方法如下：

$$r_{i,d+1,t} - r_{M,d+1,t} = \alpha_{i,t} + \beta_{i,t}\, r_{i,d,t} + \gamma_{i,t}\, \mathrm{sign}(r_{i,d,t} - r_{M,d,t})\, \mathrm{dvol}_{i,d,t} + \varepsilon_{i,d,t}$$

$$(2\text{-}2)$$

其中，$r_{i,d,t}$ 代表股票 i 在第 t 个月第 d 天的收益率，$r_{M,d,t}$ 为股票 i 在第 t 个月第 d 天的市场回报率，$\mathrm{dvol}_{i,d,t}$ 为单位按百万计的成交面额，$\gamma_{i,t}$ 则是成交额符号的系数指标[11]。

（3）零回报交易天数（Lesmond et al.，1999）

当交易成本高于交易收益时，理性的投资者会选择不去交易（Lesmond，Ogden 和 Trzcinka，1999）[42]。在这种情况下，人们会观测到日收益为零的情况。这种方法在国际金融市场的研究中得到广泛的应用，特别是在新兴市场，因为新兴市场往往没有较高质量的每日交易量数据。

Lesmond，Ogden 和 Trzcinka(1999)提出零回报(ZR)的流动性指标，计算方法如下：

$$ZR_{i,t} = \frac{N_{i,t}}{T_t} \qquad (2\text{-}3)$$

其中，T_t 是第 t 个月总共的交易天数，$N_{i,t}$ 则为股票 i 在第 t 个月里收益率为零的天数。

(4)经换手率调整的零回报交易天数(Liu,2006)

ZR 流动性指标可能会出现几只股票在一定时间内处于相同水平的流动性程度。在这种情况下，Liu(2006)将这一指标按照换手率进行了调整。具体算法如下：

$$LMx_{i,t} = \left(N_Z + \frac{\frac{1}{TV_x}}{DF} \right) \times \frac{21x}{N_x} \qquad (2\text{-}4)$$

其中，N_Z 是在前 x 个月的日收益率为零的天数，TV_x 代表前 x 个月的换手率，它是由日成交量之和除以流通股股数计算而来；N_x 代表在前 x 个月的总交易天数，DF 是一个紧缩指数。本章参考了 Liu(2006)中 LM12 的指标，将过去 12 个月数据作为流动性指标的测算。因此，本章中使用的紧缩指数为 11 000[43]。

(5)买卖价差(Corwin 和 Schultz，2012)

在所有的流动性代理指标中，买卖价差的测量方法得到了研究者的广泛认可。主要原因在于它的计算非常快捷。然而，买入价和卖出价是动态调整的两个价格。这就需要对差价进行补充调整。Corwin 和 Schultz(2012)从日最高价和日最低价的比率(排除波动率的影响)出发，提出了一个流动性测度指标。他们将扩展之后的流动性估计量定义为：

$$S = \frac{2(e^k - 1)}{1 + e^k} \qquad (2\text{-}5)$$

其中，k 被定义为：

$$K = \frac{\left(\sqrt{2E\left\{ \sum_{j=0}^{1} \left[\ln\left(\frac{P_t^H + j}{P_{t+j}^L} \right) \right]^2 \right\}} - \sqrt{E\left\{ \sum_{j=0}^{1} \left[\ln\left(\frac{P_{t+j}^H}{P_{t+j}^L} \right) \right]^2 \right\}} \right)}{(3 - 2\sqrt{2})} -$$

$$\sqrt{\frac{\left[\ln\left(\dfrac{P^H_{t,t+1}}{P^L_{t,t+1}}\right)\right]^2}{(3-2\sqrt{2})}} \tag{2-6}$$

P^H_t 和 P^L_t 分别代表第 t 天的股票最高价和最低价。CS 流动性指标因此被定义为高低价差 s 的日均值[45]。

（6）买卖价差（Roll，1984）

最早的买卖价差由 Roll(1984)提出，计算公式如下：

$$\mathrm{RO}_{i,t}=2\sqrt{-\mathrm{COV}(R_{i,d},R_{i,d-1,t})} \tag{2-7}$$

其中，$R_{i,d}$ 是第 t 个月第 d 个交易日的收益，$R_{i,d-1,t}$ 为前一个交易日的收益[44]。

为了使协方差始终有效，原始的这一指标根据 Lesmond(2005)的建议[64]，进行了绝对值的修正，具体计算方法如下：

$$\mathrm{RO}_{i,t}=2\sqrt{|\,\mathrm{COV}(R_{i,d},R_{i,d-1,t})\,|} \tag{2-8}$$

（7）有效波动点（ET）（Goyenko，Holden 和 Trzcinka，2009）

最后，本研究探讨了 Goyenko，Holden 和 Trzcinka(2009)提出的有效波动点（ET）的流动性指标。这项流动性指标被认为是所有价差理论中最简单的一个指标，它的计算公式如下：

$$\mathrm{ET}=\frac{\displaystyle\sum_{j=1}^{k}\gamma_j\,S_j}{\overline{P}_k} \tag{2-9}$$

笔者采用与 Goyenko，Holden 和 Trzcinka(2009)类似的十进制网格法计算 S_j。在这种情况下，可能出现的价差为 0.01 英镑、0.05 英镑、0.1 英镑、0.2 英镑、0.5 英镑和 1 英镑。$\overline{P}_k$ 为第 k 个月的日均价，γ_j 被定义为：

$$\hat{\gamma}_j=\left\{\begin{array}{l}\min\left[\max\{U_j,0\},1\right],j=1\\[2mm]\min\left[\max\{U_j,0\},1-\displaystyle\sum_{k=1}^{j-1}\hat{\gamma}_k\right],j=2,3,\cdots,j\end{array}\right\} \tag{2-10}$$

其中，

$$U_j = \begin{cases} 2F_j, j=1 \\ 2F_j - F_{j-1}, j=2,3,\cdots,J-1 \\ F_j - F_{j-1}, j=J \end{cases},$$

$$F_J = \frac{N_j}{\sum\limits_{j=1}^{j} N_j}, \text{其中} j=1,2,\cdots,J. \tag{2-11}$$

N_j 为对 j 价差进行价格交易的数量。

2.3 流动性模型与资产定价

2.3.1 资产定价模型

本章的分析基于以下标准的资本资产定价模型:

$$R_t^p - R_t^f = \alpha_p + \beta_{p,\text{MKT}} \text{MKT}_t + \varepsilon_t^p \tag{2-12}$$

其中,R_t^p 为投资组合 p 在 t 月的收益率,R_t^f 为当月无风险利率。MKT_t 为市场组合在 t 月度的超额收益率。

本研究还根据 Fama 和 French(1993)三因子模型进行探讨,计算公式如下:

$$R_t^p - R_t^f = \alpha_p + \beta_{p,\text{MKT}} \text{MKT}_t + \beta_{p,\text{SMB}} \text{SMB}_t + \beta_{p,\text{HML}} \text{HML}_t + \varepsilon_t^p \tag{2-13}$$

其中,SMB_t 为规模因子,HML_t 为价值因子[2]。

随后,Carhart(1997)进一步将惯性因子纳入资产定价模型中:

$$R_t^p - R_t^f = \alpha_p + \beta_{p,\text{MKT}} \text{MKT}_t + \beta_{p,\text{SMB}} \text{SMB}_t + \beta_{p,\text{HML}} \text{HML}_t + \beta_{p,\text{MOM}} \text{MOM}_t + \varepsilon_t^p \tag{2-14}$$

这里,MOM_t 为惯性因子[1]。

在本章中,笔者将流动性风险因子纳入其中,探讨流动性资产定价模型:

$$R_t^p - R_t^f = \alpha_p + \beta_{p,\text{MKT}} \text{MKT}_t + \beta_{p,\text{SMB}} \text{SMB}_t + \beta_{p,\text{HML}} \text{HML}_t + \beta_{p,\text{MOM}} \text{MOM}_t + \beta_{p,L} L_t + \varepsilon_t^p \tag{2-15}$$

其中,L_t 为流动性因子。

2.3.2 研究方法

（1）主成分分析

主成分分析法（PCA）是一种数据分析的工具，它能够将数据以最优加权观测变量线性组合的形式呈现出来（Jolliffe，1986）[65]。对于给定的股票，本章构建了七个流动性指标的相关矩阵，计算了矩阵的特征值与特征向量。为了提取第一主成分，本章采用以下模型：

$$\text{COMP}_1 = \beta_{11}(X_1) + \beta_{12}(X_2) + \cdots + \beta_{1P}(X_P) \tag{2-16}$$

用矩阵表示为：

$$\text{COMP}_1 = \boldsymbol{\beta}_1^T \boldsymbol{X} \tag{2-17}$$

其中，COMP_1 为第一主成分的评分，$\beta_{11}(X_1)$ 是第一个变量的回归系数，用于创建第一主成分，而 X_P 则为变量 P 的评分系数。第一主成分取决于数据集能达到的最大方差值，其中各系数的平方和为 1。

$$\beta_{11}^2 + \beta_{12}^2 + \beta_{13}^2 + \cdots + \beta_{1P}^2 = 1 \tag{2-18}$$

第二主成分的计算方法同上，但它应与第一主成分不相关，且为下一个线性组合可达到的最大方差：

$$\text{COMP}_2 = \beta_{21}(X_1) + \beta_{22}(X_2) + \cdots + \beta_{2P}(X_P) \tag{2-19}$$

之后将继续计算，直到生成的 P 个主成分总数等于原始变量数。此时，所有主成分方差之和等于所有变量方差之和，即所有原始信息已被解释。

（2）广义矩估计（GMM）以及 Fama 和 Macbeth（1973）二阶回归

本研究根据流动性指标的主成分构建了 10 个投资组合并检验了这 10 个投资组合的超额收益率的统计学特性。为降低异方差和序列相关问题，本章采用系统广义矩估计来估算超额收益率。

在 CAPM 模型中，笔者将 r_t^x 定义为 10×1 的矩阵向量，分别代表 10 个投资组合的超额收益率，$\boldsymbol{\beta}_0$ 为常数的列向量，$B = [\beta_{\text{MKT}}]$ 代表市场组合的敏感系数，而 $F_t = \text{MKT}_t$ 则为市场组合向量因子。标准的 CAPM 模型表示如下：

$$r_t^x = \beta_0 + BF_t + \varepsilon_t \tag{2-20}$$

为了评估各个资产定价模型的拟合程度，本章采用 Hansen 的 J 检验来评估各个模型的解释效果。Fama 和 French 的三因子模型中，$\boldsymbol{B}=[\beta_{\mathrm{MKT}};$ $\beta_{\mathrm{SMB}};\beta_{\mathrm{HML}}]$ 为 10×3 的敏感系数矩阵，因子向量则表示为 $\boldsymbol{F}_t=[\mathrm{MKT}_t;$ $\mathrm{SMB}_t;\mathrm{HML}_t]$。类似地，Carhart 的四因子模型，敏感系数为 10×4 的矩阵，$\boldsymbol{B}=[\beta_{\mathrm{MKT}};\beta_{\mathrm{SMB}};\beta_{\mathrm{HML}};\beta_{\mathrm{MOM}}]$，而系数则为列向量，表示为 $\boldsymbol{F}_t=[\mathrm{MKT}_t;$ $\mathrm{SMB}_t;\mathrm{HML}_t;\mathrm{MOM}_t]$。

接下来，本研究采用 Fama 和 MacBeth(1973)提出的两步回归法对流动性因子影响的资产定价模型进行检验，这项检验对分析截面数据具备以下几点优势。第一，它包含了动态的解释变量。在 Fama-MacBeth 回归中，贝塔系数可变。而在其他普通回归中，变量系数的取值为样本期间平均值，进而导致有价值的信息丢失。第二，通过横截面回归并计算标准误差，有助于校正面板中横截面系数的相关性(Cochrane，2001)[66]。第三，两步回归法还可以包含贝塔系数以外其他风险的特性(Pagan，1996)，因此对多个风险因子来说，这一方法十分有效[67]。

Fama-MacBeth 回归的第一步是对超额收益的时间序列回归后的贝塔系数进行估计。因此新的五因子资产定价模型为：

$$R_t^p - R_t^f = \alpha_p + \beta_{p,\mathrm{MKT}}\mathrm{MKT}_t + \beta_{p,\mathrm{SMB}}\mathrm{SMB}_t + \beta_{p,\mathrm{HML}}\mathrm{HML}_t +$$
$$\beta_{p,\mathrm{MOM}}\mathrm{MOM}_t + \beta_{p,L}L_t + \varepsilon_t^p \tag{2-21}$$

其中，R_t^p 是组合 p 在 t 个月的收益率，R_t^f 是第 t 个月的无风险收益率，MKT_t、SMB_t、HML_t、MOM_t 和 L_t 分别为市场、规模、价值、惯性以及流动性因子。

按照研究惯例，回归的第一步采取 240 个月度，按照每 36 个月的滚动窗口对 10 个投资组合进行时间序列估计。第二步是根据第一步中得出的 10 个投资组合的贝塔估计每月横截面回归的超额收益率。计算模型如下：

$$R_t^p - R_t^f = \lambda_0 + \lambda_{\mathrm{MKT}}\hat{\beta}_{p,\mathrm{MKT}} + \lambda_{\mathrm{SMB}}\hat{\beta}_{p,\mathrm{SMB}} + \lambda_{\mathrm{HML}}\hat{\beta}_{p,\mathrm{HML}} + \lambda_{\mathrm{MOM}}\hat{\beta}_{p,\mathrm{MOM}} +$$
$$\lambda_L\hat{\beta}_{p,L} + \omega_t^p \tag{2-22}$$

其中，λ 是由上一步计算出的贝塔系数估计的超额收益系数。这里的假设满足平均时间序列的估计系数显著为正。这一结果可以用来解释流动性风险因子已被定价。

（3）HJ 的距离估计

目前文献中使用较多的是采用统计检验的方式来测试模型的各类假设条件。然而，与其在统计重要性上做文章，不如更多地去关注模型带来的经济重要性。HJ 距离就是这样一种关注于模型效果的检测指标。HJ 最小距离可以表现为：

$$m - m^* = E\left[m(\pi)\boldsymbol{X} - 1\right]' E(\boldsymbol{XX}')^{-1} \boldsymbol{X} \qquad (2\text{-}23)$$

最小距离为：

$$\left[E(m(\pi)\boldsymbol{X}) - 1\right]' E(\boldsymbol{XX}')^{-1} \left[E(m(\pi)\boldsymbol{X}) - 1\right] \qquad (2\text{-}24)$$

使

$$\boldsymbol{g} = \left[E(m(\pi)\boldsymbol{X}) - 1\right] \qquad (2\text{-}25)$$

以及

$$\boldsymbol{W} = E(\boldsymbol{XX}')^{-1} \qquad (2\text{-}26)$$

则最小距离等于 $\boldsymbol{g}'\boldsymbol{Wg}$，即为 Hansen 的 J 检验在 W 权重下的距离值。

Hansen 和 Jagannathan(1997)提出以下公式来选择比较资产定价模型的误差：

$$h_t^{HJ} \equiv \boldsymbol{g}'_T(\theta) \boldsymbol{W}_T^{-1} \boldsymbol{g}_T(\theta) \qquad (2\text{-}27)$$

其中，$g_T(\theta)$ 是样本平均定价误差，$\boldsymbol{W}_T^{-1}$ 为 N 个资产回报的二阶矩阵[68]。

2.4 流动性数据

本章采用 1990—2012 年的英国市场月度数据。总样本取自 Thomson DataStream 数据库。本章采用全部 FTSE All-Share 在列的上市公司数据，提取的数据包括成交量（经由成交量校正过的换手率）；市值（股价乘以流通在外的普通股数）；回报率指数（股票在一定时期内的绝对指数的增值）以及复权过的收盘价。在每个月的月底都会采集每只股票的流通股数目、回报率指数和市值。市值对账面比（普通股的市值除以公司账面价值）则是按年收集的。本研究采用英国国库券 3 个月收益率作为无风险利率。

对于资产定价模型，笔者构建了规模、价值和惯性风险因子。在规模因子的构建上,笔者根据 $t-1$ 月份的市值对所有股票进行分类,投资组合采用 30% 的门槛进行筛选。也就是说,价值权重最高的 30% 的股票被分配到大规模投资组合中,而价值权重最低的 30% 的股票则被分配到小规模投资组合中。因此,规模因子(SMB)的收益为小规模组合与大规模组合在 t 个月的收益之差。同样的,价值因子(HML)为月度的价值组合与成长组合之差(Cuthbertson,Nitzsche 和 O'Sullivan,2008;Florackis,Gregoriou 和 Kostakis,2011)[69,70]。

惯性因子的构建是由从 $t-13$ 个月到 $t-2$ 个月的收益对 $t-1$ 月的所有股票进行排序。其中前 30% 的股票是赢家组合,后 30% 的股票是输家组合。因此,两个组合之差的月收益即作为惯性因子(MOM)(Jegadeesh 和 Titman,1993)[12]。

2.5 基于英国市场的实证研究

首先,笔者分析了市场流动性因子的持续性。因为只有流动性危机带来的效果是持续且系统性的时候,投资者才会要求流动性补偿(Acharya 和 Pedersen,2005;Korajczyk 和 Sadka,2008;Lee,2011;Pastor 和 Stambaugh,2003)[6,11,58,59]。表 2.1 展现了 10 个等权重投资组合的平均月回报率、流动性指标和其他指标。所有指标每年都会根据上一年末的总市值进行复权。目前的研究指出,规模较小的股票流动性较差(Amihud 和 Mendelson,1986;Amihud,2002)[10,71]。从表 2.1 可以看出,小型股的流动性($RV = 4.6209$;$p = 0.1118$)比大型股的流动性($RV = 0.0012$;$p = 0.0001$)差。LM、RO 和 ET 等指标也表现出类似的状态,即小规模股票的回报率更高。研究结果表明基于标准差的小规模股票波动性更大。与 Pastor 和 Stambaugh(2003),Acharya 和 Pedersen(2005),Korajczyk 和 Sadka(2008)的研究结论不同的是,本章研究发现股票流动性指标具有高度持续性。考虑到市场流动性的持续性,与 Pastor and Stambaugh(2003)和 Acharya and Pedersen(2005)类似的,本研究运用二阶自回归模型 AR(2)构建流动性创新指标:

$$C_{M,t} \frac{\mathrm{MV}_{M,t-1}}{\mathrm{MV}_{M,1}} = \alpha_0 + \alpha_1 C_{M,t-1} \frac{\mathrm{MV}_{M,t-1}}{\mathrm{MV}_{M,1}} + \alpha_2 C_{M,t-2} \frac{\mathrm{MV}_{M,t-1}}{\mathrm{MV}_{M,1}} + \mu_{m,t}$$

$$(2\text{-}28)$$

其中，$C_{M,t}$ 为第 t 个月的市场总体的低流动性指数；公式中的残差 $\mu_{m,t}$ 为流动性创新指数。值得注意的是，笔者将 PS 和 RV 流动性指标按照市场价值的比例进行了规整。这是为了使公式仅反映流动性本身的变化，剔除了货币时间价值的变化。然而对于其他的流动性指标，本研究采用了更广义的二阶自回归：

$$C_{M,t} = \alpha_0 + \alpha_1 C_{M,t-1} + \alpha_2 C_{M,t-2} + \mu_{m,t} \qquad (2\text{-}29)$$

其中，系数 α_1 和 α_2 都有重要的意义。由于公式中的残差项并没有显示出序列相关，因此式中的残差项 $\mu_{m,t}$ 可以用来准确反映流动性。

图 2.1 为每一种流动性指标的时间序列图。有趣的是，图像中的流动性数据与历史上一系列流动性危机事件在时间上完全重合。例如 1990 年的海湾战争，1997 年东南亚金融危机，以及 2008 年的全球金融危机。更重要的是，所有 7 个流动性指标在一定程度上呼应了上述历史事件，说明流动性指标本身具有共性指针作用。

表 2.2 展示了市场流动性指标之间的相关性，从而反映流动性指标是否具有共性。Pearson 的相关性检验显示，RV 与 RO 的相关性最高，达到 0.356，ET 与 RV 在各正相关指标中相关性最低，为 0.113。与此同时，RO 与表 2.2 中的其他大部分指标负相关。结果表明，流动性代理指标在某种程度上具有系统共性成分，这反过来又证明了主成分分析的合理性。接下来，本章利用主成分分析法提取 7 个流动性指标的主成分。如图 2.2 所示，图中展现了 7 个主成分的平均特征值的占比，以及累计占比。本研究发现，在 7 个流动性指标中，第一个主成分解释了 33％ 的整体变化，这与 Korajczyk 和 Sadka(2008) 以及 Kim 和 Lee(2014) 的研究结果相似[6,63]。

表 2.3 是自 1990 年 2 月至 2012 年 12 月流动性投资组合业绩的描述性统计。本章利用 7 个流动性指标的第一主成分构建十分位的投资组合。在 $t-1$ 月的月底，股票根据从 7 个低流动性指标中提取的第一个主成分来构

建挑选。投资组合 P1 包含的是流动性比率最大的股票,而投资组合 P10 包含的是流动性比率最小的股票,每个投资组合在每月末重新进行排序。实证结果表明,平均投资组合的收益率从 P1 到 P10 逐渐递增,但不是单调递增。等权重投资组合的回报与价值加权投资组合的回报不同。等权重投资组合的回报利差约为每年 16%($t=2.896$)。笔者还发现,流动性共性因子与市值之间没有很强的相关性,共性因子与账面市值比之间也没有明显的相关性。这样的结果可能是因为笔者只关注流动性指标的第一主成分。虽然一些特征依然只能由单一的流动性指标体现,但这项研究主要关注流动性共性因子,并且研究结果表明流动性共性因子嵌入的 CAPM 模型在 36 个月的滚动窗口中表现良好,贝塔系数随着流动性的降低而升高,其中 P10 和 P1 的贝塔差值为 0.287($t=8.933$)。

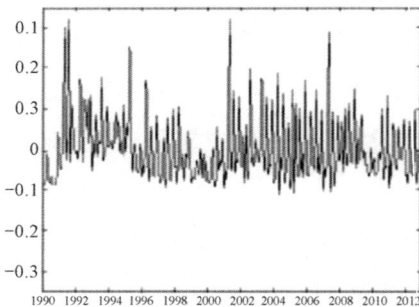

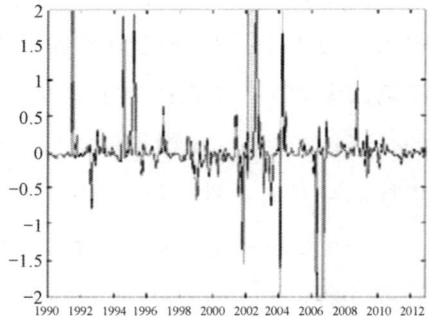

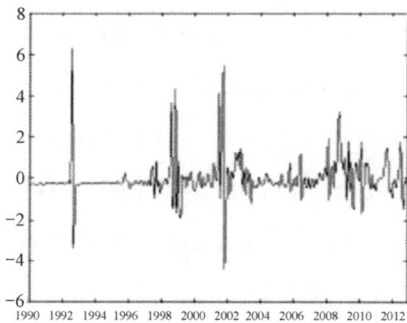

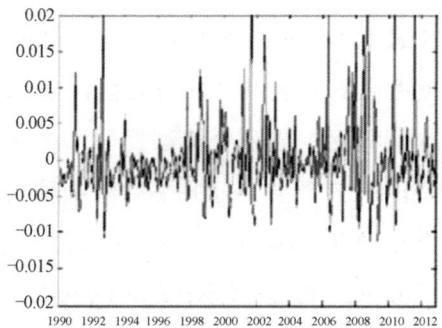

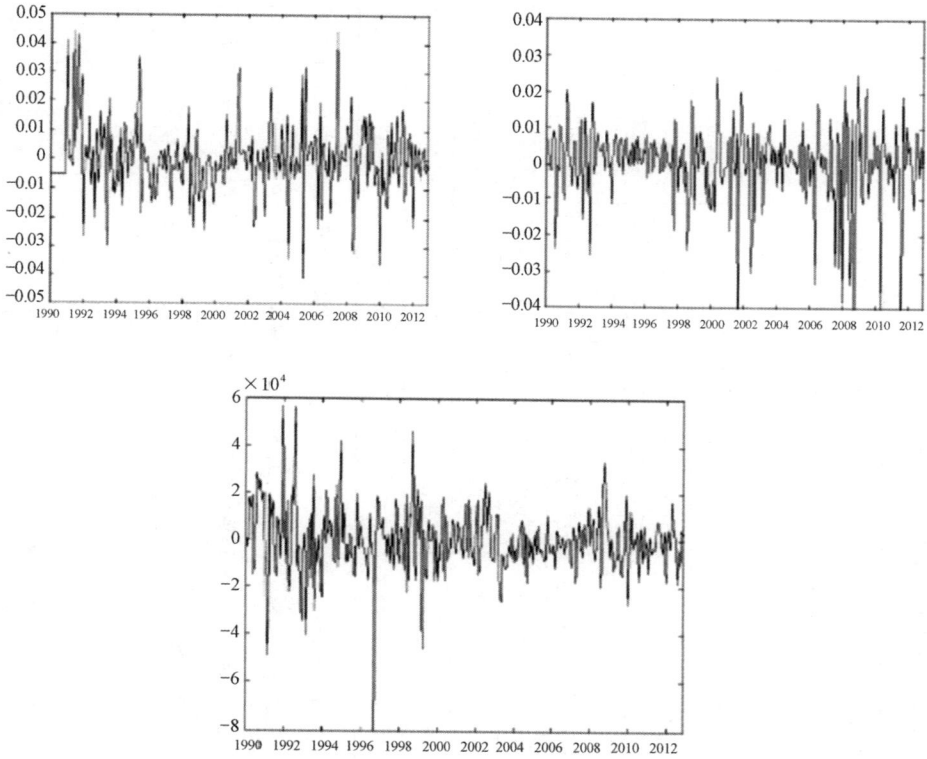

图 2.1 7 个流动性指标时间序列图

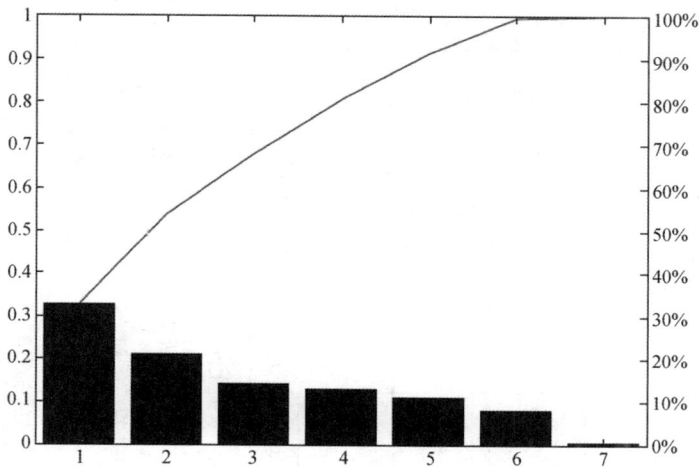

图 2.2 主成分解释比例

表 2.1　基于规模组合的流动性指标描述性统计

投资组合	收益	RV	PS	ZR	LM12	RO	CS	ET	市值	BTMV	St.Dev.
小	2.0939	4.6209	0.1118	0.0019	0.1332	0.0306	−0.0732	0.0042	1644.0017	1.1686	6.0109
2	1.4866	1.3653	0.0204	0.0013	0.1127	0.0268	−0.0624	0.0030	3145.8235	1.0700	5.5025
3	1.3134	0.9389	−0.0063	0.0012	0.1207	0.0282	−0.0627	0.0024	4731.2061	0.8846	5.4383
4	1.2193	0.5984	0.1049	0.0009	0.1116	0.0299	−0.0623	0.0018	6970.9691	0.8748	5.4623
5	1.2157	0.3619	0.0038	0.0009	0.1378	0.0285	−0.0620	0.0015	10570.0883	0.7935	5.2049
6	1.1545	0.1667	0.0032	0.0008	0.1403	0.0304	−0.0671	0.0013	15680.0039	0.7493	5.1954
7	0.8896	0.0832	0.0012	0.0006	0.1039	0.0325	−0.0707	0.0012	24416.1204	0.6775	5.5819
8	1.0252	0.0423	0.0072	0.0006	0.1154	0.0353	−0.0792	0.0008	42965.3213	0.6416	5.5332
9	0.9650	0.0058	0.0000	0.0005	0.1036	0.0374	−0.0889	0.0005	101928.4865	0.5394	5.2035
大	0.9222	0.0012	0.0000	0.0003	0.0783	0.0363	−0.0896	0.0003	781616.5530	0.4398	4.8251

注：本表汇报了平均月度收益与美国股市投资组合的流动性指标的描述性统计。表中所有十个组合的规模在每年根据前一年末的市值进行调整。流动性指标则包含了 Amihud 的流动性指标(RV)、Pastor 和 Stambaugh 的流动性指标(PS)、零回报交易天数指标(ZR)、Liu 的流动性指标(LM12)、Roll 的流动性指标(RO)、Corwin 和 Schultz 的买卖价差流动性指标(CS)和有效价差流动性指标(ET)。市值是前一年末的市值；BTMV 是账面市值比；St.Dev.为样本期间投资组合的标准差。

表 2.2　流动性指标的 Pearson 相关系数矩阵

变量	RV	ZR	RO	PS	LM	CS	ET
RV	1						
ZV	0.060	1					
RO	0.356***	-0.048	1				
PS	0.042	0.082	-0.025	1			
LM	0.097	0.242**	0.064	0.047	1		
CS	-0.329***	0.093	-0.937***	0.037	0.052	1	
ET	0.113*	0.196***	-0.380***	0.117*	0.170***	0.297***	1

注：* 表示在 10% 的水平上显著，*** 表示在 1% 的水平上显著。

表 2.3　低流动性组合表现

十分位组合	P1	P2	P3	P4	P5	P6	P7	P8	P9	P10	P10－P1	t 检验
EWReturns(%)	1.055	－0.034	－0.233	－2.146	－1.872	8.487	8.040	9.848	9.907	17.122	16.067	2.896
VWReturns(%)	15.263	7.405	28.979	19.866	4.434	9.891	4.365	6.261	4.380	9.714	－5.549	－0.598
ILLIQ Ratio	－0.520	－0.337	－0.174	－0.025	0.096	0.316	0.629	0.932	1.244	1.987	2.507	17.313
MV	64657.93	62875.07	68135.25	34739.21	40886.83	82550.36	90848.25	92813.58	91646.32	70198.99	5541.064	0.89
BTMV	0.398	0.294	0.254	0.155	0.193	0.617	0.731	0.712	0.702	0.684	0.286	9.017
β_{CAPM}	0.856	0.664	0.630	0.721	1.010	0.987	1.020	1.033	1.060	1.144	0.287	8.933

注:P1 为十分位组合中最高流动性组合,P10 则为十分位组合中流动性最低的组合。P10－P1 代表十分位组合的差异。EWReturns 为等权重组合的年化收益,VWReturns 则为加权值重组合的年化收益。MV 是每一个组合中平均市值,单位是百万英镑。BTMV 则为每一个组合中平均的账面市值比。β_{CAPM} 是每个组合中 36 个月动态回归获得的平均股票贝塔系数。最后一栏里的 t 检验系数代表的原假设是限定无限设十分位个组合的各个均值相等。

表 2.4 给出了按七个流动性指标主成分进行排序的加权和等权投资组合的超额收益率。对等权重投资组合,本书发现 Jensen 的超额收益 α 在投资组合中随着流动性的降低而增大。值得注意的是,投资组合中的大多数超额收益 α(P1 － P5)都为负。P10 组合的超额收益率 α 最高,达到了12.408%。Fama 和 French 的三因子模型和 Carhart 的四因子模型同样捕捉到这一信号(α 分别为 6.703% 和 8.480%)。这表明,投资组合的超额收益随着流动性的降低而增加。本表最后一栏为 χ^2 显著性检验。零假设建立在十个投资组合的超额收益 α 共同等于零上。结果显示研究未能拒绝原假设。值得注意的是,对于加权组合来说,组合的表现没有共性。这表明流动性溢价可能受制于规模因素。

进一步地,本章进行了一系列稳健性检验。首先,本章对流动性因子调整下的资产定价模型展开了横截面的探索。表 2.5 给出了十个等权重组合的 λ 系数。组合的排序是基于流动性共性因子从大到小排列。研究结果表明,CAPM 和 Fama-French(FF)三因子模型在嵌入流动性因子之后的溢价 λ_L 显著为正($\lambda_{LCAPM}=5.76, \lambda_{LFF}=5.19$)。但 λ_L 在 Carhart 四因子模型中虽为正但是不具备统计学意义。面板 A 的倒数第二列总结了 R^2 系数,最后一列报告了加入流动性因子之后 R^2 系数得到明显的增长。结果表明,该方法具有较好的解释力,在 CAPM、FF 和 Carhart 模型上,R^2 分别增加 0.041、0.021 和 0.035。图 2.3 描述了嵌入流动性因子之后的模型表现。研究结果中的高 R^2 与 Acharya 和 Pedersen(2005)的结果一致($R^2=0.942$)。面板 B 展示了 Fama-MacBeth 截面回归的估计系数 λ,且 λ_0 限制为 0。面板 B 的结果与表 2.5 中面板 A 的结果相似,即流动性因子嵌入的 CAPM 和 Fama-French 三因子模型的系数显著为正。

如前所述(第 2.3 节),有许多检测模型适用程度的工具。在第 2.3 节中,笔者研究了其中一个非参数函数的度量方法:Hansen 和 Jagannathan 距离测试。Summers(1991)与 Cochrane 和 Hansen(1992)认为 GMM 方法的 J 检验过于关注模型的规范,却没有对评估模型的准确性予以关注[72, 73]。他们认为,增加对模型准确性的关注,既有助于反映理解不同类型的行为目的,也有助于提高模型做出不同类型预测的能力。考虑到上述文献的观点,笔者采用 Hansen 和 Jagannathan(1997)提出的替代方法来评估模型的表现[68]。

表 2.5 的面板 C 显示了原始模型以及包含流动性因子的 Hansen 和 Jagannathan 距离检验的稳健性结果。在主成分流动性因子的作用下,CAPM 模型误差由 0.304 减小到 0.198,Fama-French 三因素模型的误差距离则分别为 0.330(原始模型)、0.177(流动性嵌入模型)。图 2.4 还详细描述了 Hansen 和 Jagannathan 的距离边界,结果表明流动性嵌入的 CAPM 模型在实证上有显著的改进。

在表 2.2 中,笔者汇总了 RO 指标与许多其他流动性指标的负相关关系,如“Pastor 和 Stambaugh 的 γ”、“Corwin 和 Schultz 的买卖价差”和“ET”。这样的结果表明 RO 的测量可能与其他现有的流动性指标有更大的不同。因此,本章进一步通过去除 RO 进行稳健性检验,并对主成分分析构建的新的单一流动性指标进行估计。笔者在表 2.6 中报告了参数和非参数的检验结果。

与主要研究结果类似,由 6 个流动性指标(不包括 RO 代理指标)构建的主成分同样具有统计学意义。在 Fama-MacBeth 参数检验中,系数 λ_{LCAPM} 和 λ_{LFF} 显著为正,分别为 6.423 和 7.331。四因子模型 λ_L 为 5.657 但没有统计学意义。结果显示,去除 RO 的流动性共同因子解释能力有所加强,但结果没有显著变化,R^2 在嵌入流动性之后的所有模型中都有所增大,对于 CAPM、FF 和 Carhart 模型,R^2 分别增长 0.071、0.075 和 0.042。面板 C 汇报了 Hansen 和 Jagannathan 的距离结果,CAPM、FF 和 Carhart 模型 D 的误差分别从 0.142 减小到 0.139,从 0.604 减小到 0.073,从 0.619 减小到 0.168。这意味着,在流动性因子嵌入后,资产定价模型的定价能力显著提升。

表 2.4　等权与价值加权的低流动性组合的超额收益 α 估计

十分位组合	P1	P2	P3	P4	P5	P6	P7	P8	P9	P10	χ^2
面板 A：PCA 价值加权组合											
α_{CAPM}（%）	11.400	4.564	25.888	16.360	0.857	6.009	0.599	2.138	0.337	4.931	7.182
	(1.839)	(0.472)	(2.480)	(2.471)	(0.101)	(2.431)	(0.261)	(0.879)	(0.177)	(1.848)	(0.007)
α_{FF}（%）	5.409	−2.658	21.106	11.578	−1.918	6.450	0.257	2.345	−0.109	3.496	4.526
	(0.901)	(−0.358)	(1.949)	(2.041)	(−0.238)	(2.453)	(0.107)	(1.039)	(−0.053)	(1.254)	(0.033)
$\alpha_{Carhart}$（%）	4.575	−5.115	18.749	9.927	−2.652	6.692	0.461	3.443	0.464	5.407	3.993
	(0.766)	(−0.765)	(1.689)	(1.745)	(−0.332)	(2.218)	(0.179)	(1.322)	(0.220)	(1.987)	(0.046)
面板 B：PCA 等权重组合											
α_{CAPM}（%）	−0.960	−2.409	−1.695	−2.905	−3.527	4.786	4.114	5.748	5.761	12.408	1.372
	(−0.344)	(−0.787)	(−0.684)	(−2.115)	(−1.935)	(2.210)	(1.776)	(2.744)	(2.515)	(3.677)	(0.241)
α_{FF}（%）	−2.883	−4.337	−2.901	−3.471	−5.276	1.727	0.424	2.046	1.772	6.703	0.393
	(−1.078)	(−1.425)	(−1.138)	(−2.564)	(−2.945)	(1.076)	(0.374)	(1.734)	(1.487)	(3.405)	(0.531)
$\alpha_{Carhart}$（%）	−1.761	−3.071	−2.282	−3.511	−4.080	2.110	0.331	2.483	2.077	8.480	0.001
	(−0.710)	(−1.095)	(−0.940)	(−2.528)	(−2.370)	(1.312)	(0.271)	(2.053)	(1.655)	(4.333)	(0.986)

注：P1 为十分位组合中最高流动性组合，P10 则为十分位组合中流动性最低的组合。α 是年化的超额收益系数。本表分别展示了 CAPM 模型、Fama-French 三因子模型以及 Carhart 四因子模型的超额收益估计结果。括号里的数字为 t 检验的结果。最后一栏展示了 Wald 检验的 χ^2 系数。其中，原假设为十个组合的超额收益阿尔法均等于 0。最后一栏中的数字为 p 值。

表 2.5　Fama 和 MacBeth 检验以及 Hansen−Jagannathan 距离

变量	λ_0	λ_{mkt}	λ_{smb}	λ_{hml}	λ_{mom}	λ_L	R^2	ΔR^2
面板 A: PCA Unrestricted Model								
CAPM$_{\text{ILLIQ}}$	−0.434	1.363				5.758	0.945	0.041
	(−2.729)	(4.338)				(3.015)		
FF$_{\text{ILLIQ}}$	−0.354	0.968	0.316	2.025		5.196	0.953	0.021
	(−2.622)	(1.434)	(0.267)	(1.608)		(1.976)		
CARHART$_{\text{ILLIQ}}$	−0.131	2.077	−2.155	3.094	−5.263	10.455	0.977	0.035
	(−0.916)	(1.948)	(−1.018)	(2.716)	(−2.492)	(1.077)		
面板 B: PCA Restricted Model $\lambda = 0$								
CAPM$_{\text{ILLIQ}}$		−0.927				9.338		
		(−3.034)				(4.678)		
FF$_{\text{ILLIQ}}$		1.406	−0.168	2.739		10.973		
		(1.968)	(−0.900)	(2.336)		(3.491)		
CARHART$_{\text{ILLIQ}}$		2.469	−3.149	3.368	−6.031	13.178		
		(2.603)	(−1.759)	(2.929)	(−3.358)	(1.537)		

面板 C: Hansen-Jagannathan Distance						
	CAMP	CAPM$_{\text{ILLIQ}}$	FF	FF$_{\text{ILLIQ}}$	Carhart	CARHART$_{\text{ILLIQ}}$
δ	0.304	0.198	0.33	0.177	0.407	0.581

注: λ_i 为风险溢价的平均系数,本表中的 λ 系数代表风险溢价。ILLIQ 代表各个风险因子估计求得风险溢价。面板 A 和 B 分别报告了系统性低流动性因子嵌入的资产定价模型的低流动因子。面板回归采用每月十个等权重组合作为估计方法。其中,截面回归采用了 Fama 和 Macbeth(1973)的估计方法。最后一栏报告了新模型的增量 R^2 解释值。面板 C 报告了 Hansen-Jagannathan 距离的结果,其中 δ 代表距离结果。括号中为 t 检验结果。

表 2.6 去除 RO 的低流动性稳健性检验

变量	λ_0	λ_{mkt}	λ_{smb}	λ_{hml}	λ_{mom}	λ_L	R^2	$\triangle R^2$
面板 A: PCA Unrestricted Model								
$CAPM_{ILLIQ}$	−0.357	0.818				6.423	0.957	0.071
	(−2.090)	(2.291)				(4.057)		
FF_{ILLIQ}	−0.138	−0.565	2.27	2.365		7.331	0.977	0.075
	(−0.69)	(−0.806)	(2.656)	(2.445)		(3.677)		
$CARHART_{ILLIQ}$	−0.119	−0.414	2.052	2.059	−2.098	5.657	0.972	0.042
	(−0.576)	(−0.583)	(2.506)	(2.266)	(−1.918)	(1.003)		
面板 B: PCA Restricted Model $\lambda = 0$								
$CAPM_{ILLIQ}$		0.173				9.742		
		(0.493)				(4.922)		
FF_{ILLIQ}		−1.135	2.953	2.815		8.155		
		(−1.656)	(3.347)	(3.382)		(3.372)		
$CARHART_{ILLIQ}$		−0.859	2.572	2.412	−1.803	6.303		
		(−1.232)	(3.061)	(3.127)	(−1.611)	(0.750)		
面板 C: Hansen-Jagannathan Distance								
	CAMP	$CAPM_{ILLIQ}$	FF	FF_{ILLIQ}	Carhart	$CARHART_{ILLIQ}$		
δ	0.142	0.139	0.604	0.073	0.619	0.168		

注：本表汇报了参数与非参数的稳健性检验结果。低流动性指标由剔除了 Roll(1984) 的 RO 之后其余六个流动性指标的第一主成分构建。

Unrestricted ILLIQ-CAPM

restricted ILLIQ-CAPM

Unrestricted ILLIQ-FF

restricted ILLIQ-FF

Unrestricted ILLIQ-Carhart

restricted ILLIQ-Carhart

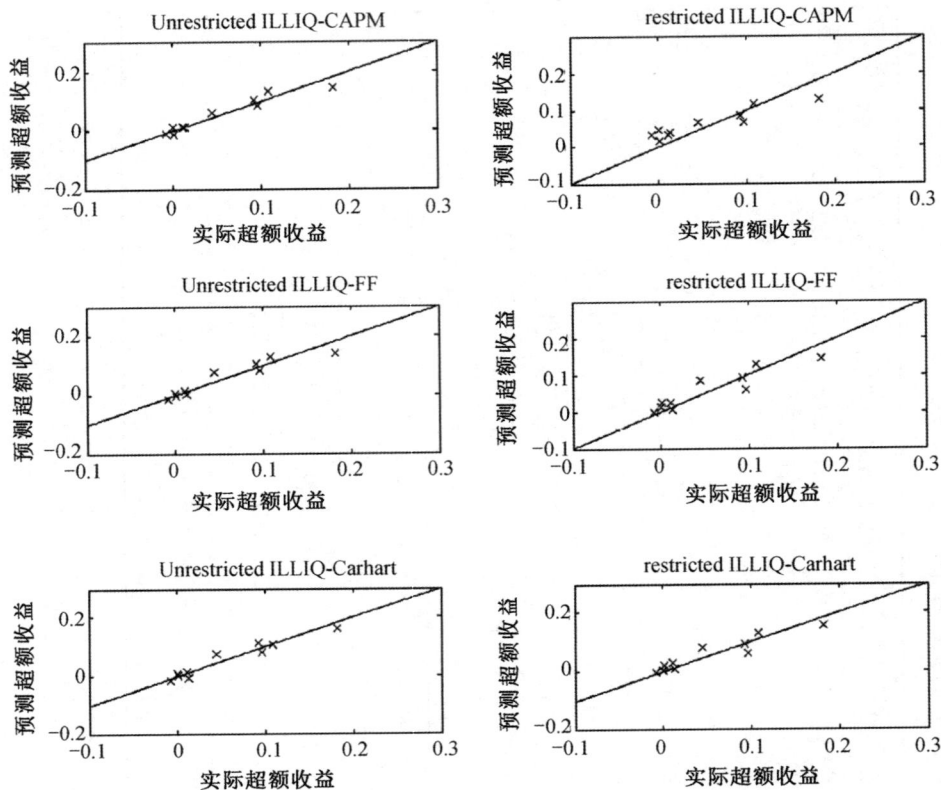

图 2.3　流动性嵌入资产定价模型拟合图

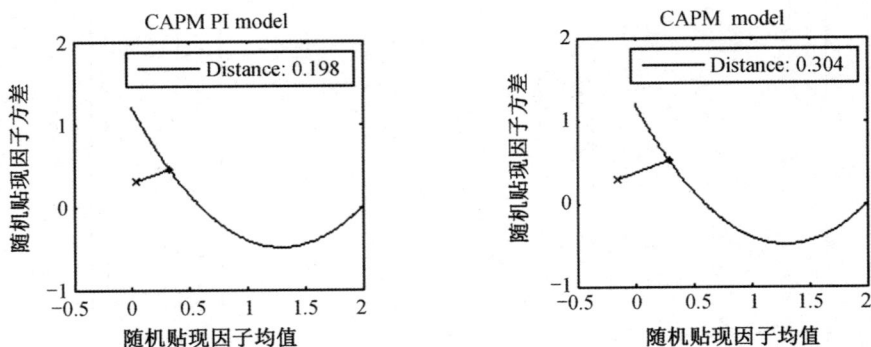

CAPM PI model

CAPM model

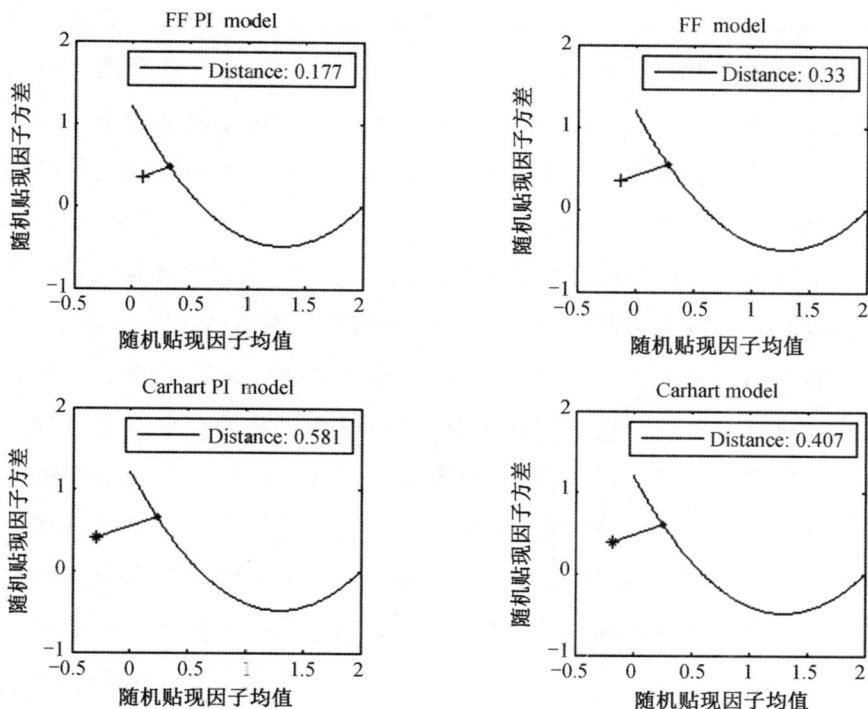

图 2.4 Hansen-Jagannathan 距离检验

2.6 本章结论

笔者使用了 1990—2012 年英国的月度数据考察了标准的以及嵌入流动性共性因子的 CAPM、Fama-French 三因子模型(Fama 和 French,1993)和 Carhart(1997)的四因子模型。进一步地,在建立了资本资产定价能力模型以外,本章还分析了各单一流动性指标对资产回报率的解释能力。

初步调查显示,没有一个单一的流动性代理指标最优。本章发现流动性代理指标具有共性因子。因此,笔者使用了主成分分析法对流动性指标提取共性因子。对单一因子的时间序列分析结果表明流动性本身存在共性。与 Korajczyk 和 Sadka(2008)以及 Kim 和 Lee(2014)的研究结果相似,英国市场上,流动性指标第一主成分解释了 33% 的整体变化[6,63]。在流动性投资组合和模型的表现方面,本章的研究结果支持流动性嵌入 CAPM 和

Fama-French 三因子模型。在参数检验中,流动性最差的 P10 股票投资组合产生了显著为正的流动性溢价。非参数检验方面,笔者发现嵌入流动性因子的 CAPM 和 Fama-French 三因子模型产生的误差距离较小。这些发现为资产定价模型加入流动性因子提供了实证支持。其他资产定价模型则未能产生经济上合理的参数值。

以上发现对流动性风险的学术研究和流动性风险管理具有重要的理论和实践意义。本章通过研究流动性危机期间横截面收益的决定因素,对流动性风险类的文献做出了贡献。此外,本章还从实际风险管理的角度对流动性风险进行了分析。这一实证研究表明,股票在流动性危机期间的异常表现在一定程度上是可以预测的,投资者可以通过构建更好地抵御流动性冲击的股票投资组合规避风险。然而,研究结果表明,在流动性条件相对稳定的时期,流动性风险管理是以平均回报率较低为代价的。未来的研究焦点应集中在研究预期回报是否与股票对总体流动性的敏感程度有关。

第三章　流动性与资本市场股价惯性

3.1 资本市场价格预测

预测股票市场和股票价格的行为是金融经济学理论的一个重要领域。它受到了金融经济学家的极大关注,并一直是学者激烈辩论的主题。金融市场上最激烈、最受争议的话题之一是市场的有效性。Malkiel 和 Fama(1970)认为当市场有效时,股票价格应当遵循随机游走模式[74]。因此,在一个有效的环境下,预测未来的回报是不可能的。这意味着基于历史股价信息的投资策略不会相应地产生超额收益。然而,许多最近的研究表明,技术分析的投资策略实际上产生了巨大的利润(Asness,Moskowitz 和 Pedersen,2013;Chou,Chen 和 Hsieh,2018;Hirshleifer,2015;Vidal-Garcia,2013)[75−78]。

事实上,基于价格惯性的技术投资策略仍然是业内广泛应用的理论依据。Jegadeesh 和 Titman(1993)首次研究文献中令人费解的股票价格惯性。之后文献针对价格惯性进行了广泛研究。学者们试图弄清楚这种惯性异象是否是全球性的,以及背后的运作机理究竟来自何处(George 和 Hwang,2004;Jegadeesh 和 Titman,1993;Lewellen,2002;Moskowitz 和 Grinblatt,1999;Novy-Marx,2012)[12−16]。

从经验来看,以往的价格惯性研究为基础金融理论在实证上提供了不同的解释。人们为了获取超额收益率而采取追涨杀跌的策略。这为进一步检验有效市场假说背后的原假设提供了检验依据。此外,即使是相同的理论依据依然可以构建不同的惯性变量,从而影响股价惯性的盈利能力。并且,惯性价格的产生,可能由不止一种变量导致。因此,这项研究的重要性已在许多金融文献中得到证实（Avramov 等，2007；Lee 和 Swaminathan，2000；Sadka，2006）[79-81]。在历史文献中，惯性收益率被认为可能受到流动性和交易量的影响。例如，对投资者来说，流动性差就意味着更高的买卖价差和风险因素。由于有效市场假说假定股票市场流动性是没有摩擦的。这意味着市场中不应具有较大的买卖价差，即市场上没有任何参与者可以通过阻止交易来推高资产价格。因此，进一步澄清股价惯性与流动性之间是否存在关系，提高股票流动性策略是否会比单纯的惯性策略产生更高的异常收益的研究就具有重要理论和实践意义。

迄今为止，股票价格的惯性效应已经在许多市场中得到了广泛的研究和应用。然而，目前的文献都不能完全解释为什么会发生这样的现象。与此同时，研究人员提出了许多不同的股价惯性的利润来源。这当中包括了与风险相关的解释、数据挖掘以及行为金融方面的解释。这场辩论最初集中在风险与收益的内生性解释，明确宏观经济风险是导致惯性超额收益率的主要原因（Avramov 和 Chordia，2006；Bansal，Dittmar 和 Lundblad，2005；Conrad 和 Kaul，1998；Fama 和 French，1996；Griffin，Ji 和 Martin，2003；Liu 和 Zhang，2008；Pastor 和 Stambaugh，2003）。[11, 17-22]然而，这场辩论很快就转移到了一个更广泛的主题。行为金融学家试图通过重新审视投资者的自我归因以及过度自信来解释惯性超额收益率（Avramov，Cheng 和 Hameed，2016；Baker 和 Stein，2004；Barberis，Shleifer 和 Vishny，1998；Hong，Lim 和 Stein，2000）[24-26,82]。结合已有文献，研究人员尚未达成共识的原因可能是：一方面，心理学的解释往往忽略了驱动价格惯性的风险因素。另一方面，如果单纯地从风险收益的角度来看是不准确的，因为人们很难解释为什么近期上涨的股票风险会更大。事实上，许多研究并没有找到直接的证据来表明风险驱动着价格惯性。因此，行为金融学通过构建心理学模型为惯性超额收益提供了几种可能的解释。首先，心理学的模型是根据市场参与者的行为建立的：一些是基于投资者在信念和偏好方面产生的系统性的心理偏见，而另一些是基于各种投资者类型之间的相互作用构建的。模型一般分为两类：一类是基于投资者对新信息反应不足的模型，另一类是基于人们对突发新闻反应过度的模型。在投资者反应不足的情况下，根据有效市场假说，股价的变化低于应有的水平。相反，过度反应导致股票价格的变化比有效市场假说认为的均衡变化要强烈得多。因此，这两种偏差都反映在模型中，用于判断股票价格如何逐渐向平衡点移动。

　　在本章中，笔者试图通过分析市场流动性如何影响股价惯性收益，来探讨投资者的行为学解释和流动性风险的解释。为此，本章修正了经典力学中对惯性的定义。线性动量在物理学中的定义为一个物体的质量和速度的乘积（Callister，2018）[83]，其中质量等于体积乘以密度。也就是说，线动量等于体积乘以密度乘以速度。类似地，股票价格受市场容量（体积）、市场流动性（密度）和惯性投资组合的持有范围（速度）的影响。在投资层面，本章发现更多的市场流动性表现出更高的惯性超额收益能力。这一结果背后的机理是，在流动性较强的市场条件下（当密度较高时），考虑到股票市场的规模保持不变（假设市值规模稳定），总体惯性可能表现出更强的获利能力。然而，关于市场流动性影响惯性超额收益率的假设，其关系不一定为线性。事实上，如果二者实际的关联偏离了模型的假设，那么基于线性回归的估计和结论就会产生很大的误差。为了减少这种误差并捕获部分可能的非线性关系，本章采用允许系数随时间变化的半变系数模型。本章的结果表明，英国股票市场数据存在明显的异质性，在 2007 年至 2009 年的金融危机期间，股票组合的超额回报率随流动性因子的变化而强势反弹。受危机影响，半变系数在 2007 年年末呈现明显的下降趋势。本章利用 2007 年英国北岩银行挤兑事件作为流动性冲击事件对流动性和惯性收益率展开研究。本章假设流动性较差的股票受到冲击事件的影响更大从而产生了更高的惯性溢价。

　　综合来看，本章进一步深入地探究了惯性超额收益率的影响因素。本章从几个方面研究了流动性不足产生超额惯性回报这一看似矛盾的作用机理。第一，本章提供了行为金融学方面的解释和经验证据。这有助于丰富行为学在现代金融学中的应用。Avramov，Cheng 和 Hameed（2016）的研究表明，投资组合在市场流动性不足之后往往呈现负的惯性回报[82]。他们认为，在市场衰退期间，过度自信的投资者由于受到卖空限制而决定退出市

场,这会降低市场流动性,惯性效应因此变得不那么强大。而本章的流动性
测度不仅考虑了流动性影响的特征,还结合了流动性风险的特征。除了行
为层面的解释外,本章还提供了新的风险收益方面的证据,表明流动性风险
会产生一定的惯性超额收益。第二,本章对半变系数模型的实证文献在金
融领域的应用方面做出了贡献。对于惯性回报,现有的文献到目前为止还
没有考虑金融危机期间的影响。半变系数方法不同于线性和静态系数的假
设,其研究结果捕捉到数据的高度异质性,因此本章可提高估计的准确性和
灵活性。第三,本章通过利用 2007 年的局部流动性冲击事件,研究了北岩
银行的突然挤兑现象。本章采用倍差法结合样本内和样本外的实验,来探
讨市场流动性对惯性超额收益的预测能力。

本章其余部分的结构如下:第 3.2 节对一些关键文献进行回顾。第 3.3
节详细阐述数据、模型和方法。第 3.4 节给出实证的结果。第 3.5 节总结本
章的主要贡献,并为未来的研究提出建议。

3.2 流动性与价格惯性的作用机制

本节详细回顾价格惯性和流动性的相关文献。首先,本节讨论各种惯
性交易策略以及惯性交易策略下的实证依据。接着,本节对现有的超额收
益率的形成机理类文献进行了详细的回顾。此外,通过研讨文献,本节还揭
示出惯性回报与流动性风险之间可能存在的联系。随后的文献回顾将对不
同的流动性指标进行评估。最后,本节对现有文献的不足之处进行了讨论。

惯性交易最初是由 Jegadeesh 和 Titman(1993)系统性地在文献中提出
的,他们指出,过去中期回报率较高的个股在接下来的 3～12 个月内将继续
获得高回报。继 Jegadeesh 和 Titman(1993)之后,针对世界不同市场的实
证研究为惯性交易策略的盈利能力找到依据[12]。例如,Cleary 和 Inglis
(1998)以及 Foerster(1996)在加拿大市场上发现较高的惯性利润[84,85];
Rouwenhorst(1998)研究 12 个欧洲市场并发现较显著的惯性收益[86];Chui,
Wei 和 Titman(2010)在除日本和韩国外的 8 个亚洲股市中发现显著惯性回
报[87];Hameed 和 Mian(2015)研究国际股票指数的惯性策略,发现显著超

额收益[88]；Chordia 和 Shivakumar（2002）对纽约证券交易所和美国证券交易所的股票展开实证研究发现超额惯性回报[89]；Hameed 和 Kusnadi（2002）发现 6 个新兴股票市场的超额收益[90]；Demir，Muthuswamy 和 Walter（2004）发现澳大利亚市场存在惯性收益[91]；Gunasekarage 和 Wan Kot（2007）同样发现新西兰市场的超额收益率[92]。此外，Moskowitz 和 Grinblatt（1999）研究发现，基于行业排序的投资组合的惯性收益表现更好[15]。Lewellen（2002）发现，投资组合惯性收益还可通过规模和价值因子进行排序[14]。George 和 Hwang（2004）提出一种投资策略，根据股价接近过去 52 周高点的程度对股票进行惯性排名，并在个股和行业两个层面的投资组合中发现惯性超额收益[13]。综上所述，虽然实证文献证实惯性策略本身在世界各个市场的地位，但这些超额收益率的来源和作用机理在文献中存在广泛争议。研究人员对此提出不同的解释。这些解释一般分为风险机理和行为金融学机理。

在宏观经济风险层面，学者对宏观经济变量、行业收益与股票惯性收益之间的关系一直存在争论。例如，Hutchinson 和 O'Brien（2020）提出，行业惯性以及个股惯性都是价格的驱动因素。但是，个股的惯性收益和基于行业排序的组合惯性回报是独立且显著不同的[93]。Brunnermeier 和 Sannikov（2014）提出，不同的信贷市场状况对不同规模企业的风险和预期收益有显著影响[94]。此外，他们还指出，预期超额收益的时效取决于经济市场的发达程度。在另一项研究中，Prusak（2018）指出，价格的决定因素来自活跃项目的数量、现有资产的系统性风险和当前的利率水平[95]。另外，Perez-Quiros 和 Timmermann（2000）发现利率的变化对不同规模的公司的资产价格有不同的影响[96]。在整个商业周期中，小公司的风险特征差异比大公司的更大。因此，这一类的研究通常将惯性交易的盈利能力简单地解释为对风险的补偿。例如，Conrad 和 Kaul（1998）认为，惯性收益来源于横截面企业的离散风险[19]。在另一项研究中，Lewellen（2002）发现股票之间存在的负序列相关性决定了惯性收益，跟投资者的反应不足关系不大[14]。同样，Yao（2008）对股票收益的因子进行分频分解，研究发现价格惯性是一种系统性表现[97]。同样地,Berk,Green 和 Naik(1999)的研究表明惯性超额收益的产生是由于公司项目组合中持续的系统风险[98]。在另一项研究中,Johnson(2002)提出价格惯性来自公司价格预期收益与增长率之间的正相关关系[99]。

在行为金融学层面,对惯性收益的解读主要集中于解释投资者的非理性行为。行为金融学通过构建心理学模型来观察惯性回报的产生机理。这些模型是根据投资者的行为方式建立的。这些模型中有的是基于投资者的心理偏差,例如,认知偏差。认知偏差指的是投资者在建立价格信念和偏好时犯的系统性的错误。另一些模型则建立在不同投资者类型之间的相互作用上。在行为金融理论中,价格惯性现象经常被解释为投资者对新信息的反应不足。例如,Barberis,Shleifer 和 Vishny,1998;Daniel,Hirshleifer 和 Subrahmanyam,1998;Hong,Lim 和 Stein(2000)构建价格惯性现象的行为模型,并证明惯性超额收益与标准资产定价模型中的几个风险特征相关[25,26,100]。此外,大量的文献支持行为金融以及基于信息的理论解释。在这种情况下,股票惯性收益常常被解释为投资者有从众的倾向,对信息反应不足,交易证券过于频繁,或过于关注最近的股票表现(Barberis,Shleifer 和 Vishny,1998;Daniel,Hirshleifer 和 Subrahmanyam,1998;Grinblatt 和 Han,2005)[25,100,101]。

此外,另一部分文献则强调惯性收益和股票的特征。例如,规模较小、机构覆盖率相对较低(Hong,Lim 和 Stein,2000)[26]、分析师预测的离散程度较大(Verardo,2009)[102]、信息效率较低(Hou,Xiong 和 Peng,2006)[103],并呈现高市净率(Daniel 和 Titman,1999)的资产惯性收益更高[104]。由于这些特征通常被用来代表信息效率,这些现象成为支持价格惯性的行为解释。其他研究表明,信用等级低的股票(Avramov 等,2007)[79]和周转率高的股票(Lee 和 Swaminathan,2000)具有较高的惯性回报[80]。对于市场总体变量,Cooper,Gutierrez 和 Hameed(2004)认为,在市场回报下行时期,惯性策略不能产生盈利[105]。同样,Wang 和 Xu(2015)发现,市场波动性高的时期之后,惯性收益就会降低[106]。此外,Daniel 和 Moskowitz

(2016)记录了市场衰退和市场剧震时期的惯性收益瓦解[107]。

因此,有必要进一步了解在产生惯性回报方面,究竟哪种解释更可靠,这有助于度量经典风险收益资产定价模型与行为金融的相关性。然而,最近的研究对这两种解释的相对重要性产生了分歧。行为分析方法假设,短期的惯性利润是对利好消息或历史回报的延迟过度反应,从而导致先前的赢家股票面临上行买入压力。同样,如果出现负面消息,先前的输家股票将面临下行抛售压力。例如,Barberis,Shleifer 和 Vishny(1998)试图通过依赖心理表现来解释行为反应不足的模式,这种模式被定义为自我归因的过度自信[25]。同样 Hong,Lim 和 Stein(2000)认为惯性利润来自渐进的信息扩散[26]。然而,这些心理学解释忽略了驱动惯性策略的风险。事实上,基于风险收益方面的解释极具挑战,因为人们很难准确地明晰为什么最近上涨的股票具有更大的风险。许多研究都未能提供直接证据来表明风险会驱动惯性。例如,Fama 和 French(1996)报告他们的三因素模型不能解释惯性[20]。Avramov 和 Chordia(2006)发现惯性收益不受时间序列下的共同风险因素的影响[17]。Griffin,Ji 和 Martin(2003)也表明,没有证据表明宏观经济风险变量可以解释惯性[21]。在这之后,Liu 和 Zhang(2008)改变了模型设计,发现风险解释了超过一半的惯性利润[22]。在另一项研究中,Conrad 和 Kaul(1998)发现平均回报的横截面变化可以驱动惯性收益[19],而 Pastor 和 Stambaugh(2003)认为流动性风险因素可以解释一半的惯性回报[11]。此外,Bansal,Dittmar 和 Lundblad(2005)证明总消费风险的现金流可以解释惯性投资组合的平均回报差异[18]。最后,风险方面的金融学家认为,短期惯性收益风险可以完全归因于横截面层面的离散分布,这意味着股票的高预期回报率在接下来相邻时间周期内预计将有高回报,反之亦然。

流动性方面,关于流动性的大小对惯性回报影响的文献和研究结果经常产生分歧。Chan,Hameed 和 Tong(2000)将惯性交易策略应用于股票指数,并在全球市场上均发现了持续增长的利润[108]。他们发现,前段时间的交易量增长幅度越大,则惯性回报就越明显。他们的发现指出了一种可能性,即惯性回报在某种程度上与市场的总流动性有关。同样,Sadka(2006)

在实证研究中表明,高流动性意味着投资组合的高周转率和高成本[81]。然而,流动性的这些变化有助于部分解释惯性策略获得的超额回报。Sadka(2006)的研究还发现,流动性正向冲击下的惯性回报更高。在另一项研究中,Korajczyk和Sadka(2008)发现,对于大型投资基金来说,传统的惯性交易往往是无利可图的[6]。然而,如果在构建投资组合时考虑流动性,惯性交易仍可产生可观的回报。同样,Pastor和Stambaugh(2003)研究发现,流动性利差的增加可以解释惯性投资组合获得的近一半超额回报。此外,Lee和Swaminathan(2000)发现高成交量股票的惯性收益溢价很高[80]。这与Sadka(2006)的研究发现一致。笔者假设交易量作为需求的一个指标,这意味着在过度反应和高交易量之间存在一种结构性关联。同样,Ibbotson等(2013)将流动性视为一种投资风格,他们发现由低周转率股票构成的投资组合表现优于高周转率投资组合[109]。笔者考虑流动性与惯性策略相结合的影响,发现高惯性与低流动性的投资组合在样本期内拥有最高的收益,这意味着投资者即使在参与惯性策略时也得到了流动性风险的补偿。上述情况表明,我们需要进行进一步的研究来澄清现有文献中关于惯性决定因素的矛盾之处。本章通过分析价格动力与市场流动性的关系,寻求对价格惯性的合理解释。

尽管迄今为止的文献尚未就哪些代理指标度量流动性达成共识,但大多数指标都高度相关。本章遵循 Lesmond(2005)的方法,采用他们的"零回报日"方法来表示流动性[64]。理论上说,当交易成本高于交易收益时,投资者往往会选择不交易。因此,在这样的日子里,人们将观察到股票产生零回报。据报道,这一措施在国际金融研究中很流行,尤其是在没有高质量的每日交易量数据的情况下。在另一项研究中,Goyenko,Holden 和 Trzcinka(2009)比较几乎所有现有的流动性代理,并开发三个新的价差指标和九个新的价格影响指标[9]。他们提供了研究人员应该采用哪种测量方法的答案。研究表明,对于相对较低的频率估计,最主要和最简单的测量方法是分析有效价差。文献中广泛使用的其他度量方法,如 Amihud(2002)提出的"价值回归"的流动性度量方法,Pastor 和 Stambaugh(2003)提出的"反转度量"方法,不适合用作有效价差或已实现价差的流动性代理。由于本章在估算时使用月度观察值,所以笔者使用"有效价差"作为"零回报日"度量的替代流动性指标,以进行稳健性检验。

在另一项研究中,Daniel,Hirshleifer 和 Subrahmanyam(1998)认为投资者对私人信息反应过度是因为过度自信,而这又触发了惯性回报[100]。该模型表明,当市场信心过高时,流动性过剩,惯性利润高。相反,当市场流动性不足时,惯性收益减少。Avramov,Chen 和 Hameed(2016)的条件模型表明,惯性交易的盈利能力随着整体市场流动性不足而变化[82]。然而,金融实证文献有一个共同的局限,通常来说人们假定线性估计中的系数是常数,这可能会导致在各种系数之间遗漏重要的信息。更重要的是,在运行时间序列回归时,有时可用的数据较少。因此,仅仅去研究静态贝塔存在着问题。在一定的时间框架下,部分信息可能没有被估算。为了解决这一问题,本章改进传统的线性回归,采用半变系数检验,具体来说是修正 Zhang,Lee 和 Song(2002)提出的半变系数模型,并将各种带宽应用于实证估计中[110]。

3.3 流动性与价格惯性模型

3.3.1 样本数据与变量

笔者从 Thomson Data Stream 中下载 FTSE 指数中上市的股票原始数据。样本时间跨度为 1990 年至 2013 年。笔者提取的数据类型包括日度和月度股票的市场价值(股票价格乘以流通股数量),回报指数(股票在一定时期内理论上的增值),以及收盘价。所有三年以上有连续数据的股票均被统计在样本中。为避免幸存者偏差,在某个中间时间段被摘牌的股票,只要符合取样要求,都被保留在样本数据中。

Fama 和 French 的三因子数据直接来自埃克塞特大学网站,参照 Gregory,Tharyan 和 Christidis(2013)的做法[111]。因子数据包括市场因子、规模因子以及价值因子。同时,惯性投资组合的构建参考 Jegadeesh 和 Titman(1993)以及 Daniel 和 Moskowitz(2016)提出的方法[12, 107]。在每个 t 月,所有的股票根据滞后 11 个月的回报被分成十分之一的投资组合。为了避免摩擦,排名周期的月份被剔除,持有期收益按照 $t-12$ 月至 $t-2$ 月的股票收益进行计算。前 10% 的股票被认为是赢家投资组合,而后 10% 的股票则是输家投资组合。由于一年的数据在形成惯性因子时作为排序基准,因此本研究的惯性因子从 1991 年 1 月开始具有意义。本章研究包括在成立之日起具有有效股价及流通股数目的股票。这种方法与 Daniel 和 Moskowitz(2016)使用的筛选方法一致。此外,本章惯性投资组合的构建与 Gregory,Tharyan 和 Christidis(2013)的报告一致[111]。

3.3.2 变量构建

本章采用 Goyenko,Holden 和 Trzcinka(2009)提出的零收益日(ZR)和有效价差(ET)指标来代理流动性。零收益日的测度为:

$$ZR_{i,t} = \frac{N_{i,t}}{T_t} \tag{3-1}$$

其中,T_t 为 t 月的交易天数;$N_{i,t}$ 是股票 i 在 t 月内的零回报天数。

有效价差是指:

$$ET = \frac{\sum_{j=1}^{k} \gamma_j S_j}{P_k} \tag{3-2}$$

笔者采用与 Goyenko,Holden 和 Trzcinka(2009)类似的十进制网格法计算 S_j。在这种情况下,可能出现的价差为 0.01 英镑、0.05 英镑、0.1 英镑、0.2 英镑、0.5 英镑和 1 英镑。$\bar{P}_k$ 为第 k 个月的日均价,γ_j 被定义为:

$$\hat{\gamma}_j = \begin{cases} \min\left[\max\{U_j, 0\}, 1\right], j=1 \\ \min\left[\max\{U_j, 0\}, 1 - \sum_{k=1}^{j-1} \hat{\gamma}_k\right], j=2,3,\cdots,J \end{cases} \tag{3-3}$$

其中,

$$U_j = \begin{cases} 2F_j, j=1 \\ 2F_j - F_{j-1}, j=2,3,\cdots,J-1 \\ F_j - F_{j-1}, j=j \end{cases}$$

$$F_J = \frac{N_j}{\sum_{j=1}^{j} N_j}, \text{其中 } j=1,2,\cdots,J. \tag{3-4}$$

N_j 为对 j 价差进行价格交易的数量。

3.4 半变系数模型与超额回报

3.4.1 半变系数模型

尽管多元线性回归在实证文献中得到了广泛应用,但它也会导致很多问题。首先,线性回归是完全参数化的回归,因此受制于一些模型假设。例如,如果因变量和自变量之间的实际关系偏离模型规范,则基于该规范的估计和推断回归将是有偏的。此外,线性回归不能反映异质性,这意味着系数不随时间维度演化,这种情况在财务估计中是不现实的,因为某些变量的时变效应很难捕捉。另外,非参数估计则对模型规范不设限制且高度不准确,需要大量的数据。因而它们不提供通常的系数估计(Chen 和 Sherif,2016)[112]。

由于参数方法和非参数方法的局限性,本章引入半参数模型来实现模型的准确性和灵活性。特别是半变系数模型作为半参数模型的一个实例,根据实际需要进行了拟合。这与线性回归有所区别:半参允许一个或多个系数随变量(例如时间)的变化而变化。首先,半变系数模型能够捕捉部分非线性并减轻潜在的估计误差。其次,时变系数的概念在本章尤其具有吸引力,因为笔者可以通过考虑改变贝塔而不是静态系数来捕捉特定时期的流动性反弹,因而预测更为准确。

3.4.2 半变系数模型

本章采用 Zhang,Lee 和 Song(2002)提出的半变系数模型[110]。定义如下:

$$Y = \sum_{j=1}^{p_1} \beta_j(t) X_j + \sum_{j=1}^{p_2} \gamma_j Z_j + e \qquad (3\text{-}5)$$

自变量被分为两组,X_j 系数随时间 t 变化;Z_j 系数保持不变。

为了估计函数系数,本章使用了 Fan 和 Gijbels(1992)描述的局部线性回归[113]。

对于一个给定的函数系数 $\beta_j(t)$ 点,笔者采用相邻集合 U 中的 t 点并进

行泰勒一阶回归

$$\beta_j(t_i) = \beta_j(t) + \frac{\partial \beta(t)}{\partial t}(t_i - t) = \beta_{0,j} + \beta_{1,j}(t_i - t) \tag{3-6}$$

其中 $t_i \in U$ 且 $j = 1, \cdots, p$。使用泰勒近似，$\beta_j(t)$ 在临界点与观测数据 $\beta_j(t_i)$ 关联。本研究将局部最小二乘法与核函数法相结合，使以下目标函数最小化：

$$\sum_{i=1}^{n} \left\{ y_1 - \sum_{j=1}^{p_1} [\beta_{0,j} X_{i,j} + \beta_{1,j}(t_i - t) X_{i,j}] - \sum_{j=1}^{p_2} \gamma_j Z_{i,j} \right\} K_h(t_i - t) \tag{3-7}$$

其中 $K_h(\cdot) = K(\cdot / h) h$ 是一个核函数，它将权重赋予局部观测数据。这里，笔者选择了 Epanechnikov。将目标函数的 $\beta_{0,j}$ 降到最低，将给出时间 t 的贝塔估计。为获取 β 和 γ 两个估计量，本章采用矩阵形式表达。让 $\boldsymbol{Y} = (y_1, \cdots, y_n)^{\mathrm{T}}$，$\boldsymbol{Z} = (Z_1, \cdots, Z_n)^{\mathrm{T}}$，$\boldsymbol{X} = (X_1, \cdots, X_n)^{\mathrm{T}}$，$\boldsymbol{U}_t = (X_1(t_1 - t), \cdots, X_n(t_n - t))^{\mathrm{T}}$，$\boldsymbol{D}_t = [\boldsymbol{X}, \boldsymbol{U}_t] \boldsymbol{W}_t = \mathrm{diag}(K_h(t_1 - t), \cdots, K_h(t_n - t))$，$\boldsymbol{e} = e_{2,1}^{\mathrm{T}}(e_1, \cdots, e_n)$，$\boldsymbol{\beta} = (\beta_{0,1}, \cdots, \beta_{0,j})^{\mathrm{T}}$。对于每个 t，

$$\hat{\boldsymbol{\beta}}_{uf}(t) = (I_{p_1 \times p_1} 0_{p_1 \times p_1})(\boldsymbol{D}_t^{\mathrm{T}} \boldsymbol{W}_t \boldsymbol{D})^{-1} \boldsymbol{D}_t^{\mathrm{T}} \boldsymbol{W}_t (\boldsymbol{Y} - \boldsymbol{Z}_\gamma) \tag{3-8}$$

其中，$\boldsymbol{I}_{p_1 \times p_1}$ 是一个 p_1 维的单位矩阵，$0_{p_1 \times p_1}$ 是 $p_1 \times p_1$ 的零矩阵。然而，这项估计并不可行，因为它涉及未知的不变系数 γ。因此，需要有系数 γ 的估计量 $\hat{\gamma}$，上述式子才可行，即：

$$\hat{\boldsymbol{\beta}}_f(t) = (I_{p_1 \times p_1} 0_{p_1 \times p_1})(\boldsymbol{D}_t^{\mathrm{T}} \boldsymbol{W}_t \boldsymbol{D})^{-1} \boldsymbol{D}_t^{\mathrm{T}} \boldsymbol{W}_t (\boldsymbol{Y} - \boldsymbol{Z}_{\hat{\gamma}}) \tag{3-9}$$

为了获取 $\hat{\gamma}$，本章采用 Fan 和 Huang(2005) 的办法进行估计。首先定义 $\boldsymbol{M}$ 为：

$$\boldsymbol{M} = (\hat{\beta}_{uf}^{\mathrm{T}}(t_1) x_1, \cdots, \hat{\beta}_{uf}^{\mathrm{T}}(t_n) x_n)^{\mathrm{T}} \tag{3-10}$$

对于 $\boldsymbol{M}$ 中每一项，可以扩展为：

$$\hat{\beta}_{uf}^{\mathrm{T}}(t_j) x_j = (x_j, 0_{p_1 \times p_1})(D_{tj}^{\mathrm{T}} W_{tj} D)^{-1} D_{tj}^{\mathrm{T}} W_{tj}(Y - Z_\gamma) \tag{3-11}$$

这意味着本研究可以重新排列 $\boldsymbol{M} = \boldsymbol{S}(\boldsymbol{Y} - \boldsymbol{Z}_\gamma)$，其中：

$$S = \begin{pmatrix} (x_1, 0_{p_1 \times p_1}) (D_{t1}^{\mathrm{T}} W_{t1} D)^{-1} D_{t1}^{\mathrm{T}} W_{t1} \\ \vdots \\ (x_1, 0_{p_1 \times p_1}) (D_{tn}^{\mathrm{T}} W_{tn} D)^{-1} D_{tn}^{\mathrm{T}} W_{tn} \end{pmatrix} \qquad (3\text{-}12)$$

因此,半参数模型可以表示为:

$$Y - Z_\gamma = S(Y - Z_\gamma) + e \qquad (3\text{-}13)$$

或是

$$(I - S)Y = (I - S)Z_\gamma + e \qquad (3\text{-}14)$$

对于 $\hat{\gamma}$ 的获取也就顺理成章地表示为:

$$\hat{\gamma} = (Z'(I - S)'(I - S)Z)^{-1} Z'(I - S)'(I - S)Y \qquad (3\text{-}15)$$

3.4.3 带宽的选择

半参数回归估计通常包含一个调整参数,该参数控制估计函数的水平平滑度。对于半变系数模型,调整参数为带宽 h,这个带宽控制着局部估计的范围大小。如果 h 较大,则说明邻域包含更多的数据点,这将导致更平滑的函数估计。相反,一个小的 h 意味着一个小的邻域,估计曲线因此可能出现小规模的偏差。但是,它的偏差一般较小。由于只使用非常接近该点的数据,因此,如果邻域较小,则估计值就会有一定偏差。带宽的选择实质上是偏差和方差之间的平衡。

本章采用类似于 Wu, Chiang 和 Hoover(1998)应用的交叉验证技术来选择带宽[114]。令 $\hat{\boldsymbol{\beta}}_{-i}(t_i)$ 和 $\hat{\gamma}_{-i}$ 作为第 t_i 的估计,则本章可以通过计算它的预计偏差来检验 $\hat{\beta}_{-i}(t_i)$:

$$\widehat{PE_i} = (Y_i - x_i^{\mathrm{T}} \hat{\boldsymbol{\beta}}_{-i}(t_i) - z_i^{\mathrm{T}} \hat{\boldsymbol{\gamma}}_{-i})^2 \qquad (3\text{-}16)$$

本章将选择使 $\widehat{PE_i}$ 之和最小的带宽 h:

$$h^* = \underset{h}{\mathrm{argmin}} \frac{1}{n} \sum_{i=1}^{n} (Y_i - x_i^{\mathrm{T}} \hat{\boldsymbol{\beta}}_{-i}(t_i) - z_i^{\mathrm{T}} \hat{\boldsymbol{\gamma}}_{-i})^2 \qquad (3\text{-}17)$$

3.4.4 惯性组合的时变回报

本章探讨了市场流动性在解释惯性超额收益随时间变化中的预测作用。分析基于以下时间序列回归:

$$\mathrm{WML}_t = \alpha_0 + \beta_1 \mathrm{Mktchg}_{t-1} + \beta_2 \mathrm{Mktilliq}_{t-1} + \beta_3 \mathrm{Down}_{t-1} +$$
$$\beta_4 \mathrm{Mktvol}_{t-1} + \boldsymbol{c}' \boldsymbol{F}_t + e_t \qquad (3\text{-}18)$$

其中,WML_t 是赢家组合在第 t 个月的组合收益减去输家组合收益。在每个 t 月末,股票基于 $t-12$ 到 $t-2$ 个月的收益进行排名,从而构建赢家和输家组合。这项研究与 Jegadeesh 和 Titman(1993)的研究一致,跳过了第 $t-1$ 个月。Mktchg_{t-1} 反映的是滞后一期的市场组合收益率的变化,$\mathrm{Mktilliq}_{t-1}$ 是按照 Lesmond(2005)提出的"零收益日"下滞后一期的市场流动性指标。Næs,Skjeltorp 和 Ødegaard(2011)提出,股票市场流动性是顺应周期的。市场流动性在糟糕的经济状态下冻结得更快[115]。因此,市场状态和波动性可以捕捉市场的流动性效应。因此,这两个变量应当设置为控制变量。在这种情况下,Down_{t-1} 是一个虚拟变量,它代表在过去 24 个月回报率为负或 0 时,取值为 1,而 Mktvol_{t-1} 是基于每日市场收益的滞后一期市场波动率。向量 $\boldsymbol{F}$ 是 Fama-French 的三因子,包括市场因子(mkt)、规模因子(smb)和价值因子(hml)。在对惯性投资组合的风险进行控制后,评估市场流动性能力是非常重要的。为了评估这种能力,本章还包含排除这三个风险因子的预测回归。

3.4.5 个股的价格惯性

为了避免数据采集过程中的各类偏差,资产定价模型还应针对个股进行实证检验(Lo 和 MacKinlay,1990)[116]。Avramov 和 Chordia(2006)设置了有条件的贝塔系数之后评估了个股的收益情况,他们发现惯性对个股截面收益的影响受到商业周期的影响[17]。本章进一步从个股收益的横截面出发,分析市场流动性对惯性收益的影响。研究采用 Fama 和 MacBeth(1973)提出的回归框架,实施了半变系数的两阶段回归。

第一阶段,笔者采用以下方法进行月度横截面回归:

$$R_{i,t} = \alpha_0 + \beta_{0,t} R_{i,t-12:t-2} + \gamma_t \mathrm{ILLIQ}_{i,t-1} + e_t \qquad (3\text{-}19)$$

其中,$R_{i,t}$ 为股票 i 在第 t 个月的收益率,$R_{i,t-12:t-2}$ 为股票形成期从第 $t-12$ 个月到第 $t-2$ 个月的累积收益率,$\mathrm{ILLIQ}_{i,t-1}$ 为股票在前一个月的流动性。本研究对过去股票回报率和流动性进行回归并获得变动系数 $\beta_{0,t}$。这是度

量股票回报在第 t 个月的个股惯性水平。第二阶段是时间序列回归。笔者使用由上述横截面回归得出的贝塔作为因变量。自变量为市场流动性、市场状态和波动性。时间序列回归为：

$$\beta_{0,t_i} = \alpha_0 + \gamma_1 \text{Mktilliq}_{t-1} + \gamma_2 \text{Mktchg}_{t-1} + \gamma_3 \text{Mktvol}_{t-1} + e_t \quad (3\text{-}20)$$

3.4.6 个股惯性以及状态变量

为了确定股票在考虑了各市场状态变量之后是否依然可以驱动价格惯性，本章参照 Avramov, Chen 和 Hameed(2016) 的方法运行两步回归[82]。在第一阶段，对每个公司进行时间序列回归，并根据过去的市场变量预测股票的预期收益：

$$R_{i,t}^e = \alpha_0 + \beta_{i,1} \text{Mktilliq}_{t-1} + \beta_2 \text{Mktchg}_{t-1} + \beta_3 \text{Mktvol}_{t-1} + \boldsymbol{c}' \boldsymbol{F}_t + e_{i,t}$$

$$(3\text{-}21)$$

其中，$R_{i,t}^e$ 为股票 i 在第 t 个月的超额收益，Mktilliq_{t-1} 是第 $t-1$ 个月的市场状态变量。向量 $\boldsymbol{F}$ 是 Fama-French 的三个因子向量。因此，通过上面的方程，这个研究得出每个个股的超额收益，即：

$$R_{i,t}^* = \alpha_i + e_{i,t} \quad (3\text{-}22)$$

第二阶段，本章度量市场状态变量对个股惯性水平的影响程度。每月横截面回归方程为：

$$R_{i,t}^* = \alpha_0 + \beta_1 R_{i,t-12:t-2} + u_{i,t} \quad (3\text{-}23)$$

其中，$R_{i,t-12:t-2}$ 为股票 i 过去 11 个月的收益率。

3.4.7 稳健性检验

倍差法(DID)，又称双重差分法，是一种用于分析实验组与对照组在突发冲击事件前后的差异影响的方法(Ashenfelter 和 Card，1985)[117]。与时间序列和横截面数据相比，DID 使用面板数据来测量实验组和对照组之间结果变量随时间变化的差异(Abadie，2005)[118]。公式描述如下：

$$Y(i,t) = \delta(t) + \alpha \times D(i,t) + \eta(i) + v(i,t) \quad (3\text{-}24)$$

其中，$\delta(t)$ 是时间变量，$\eta(i)$ 是个体变量，$v(i,t)$ 是控制变量且 α 代表实验组受到的影响。

倍差法是检验重大流动性冲击事件发生时惯性崩溃敏感性差异的重要

方法。2007—2009 年的金融危机是一场突发的流动性冲击事件。因此,本章的下一个目的是检验与低流动性相关的股票是否对系统性冲击更敏感:

$$R_{i,t} = \beta_0 + \beta_1 \text{Liquid}_{i,t} + \beta_2 \text{Crisis}_{i,t} + \beta_3 \text{Liquid} \times \text{Crisis}_{i,t} +$$
$$\beta_4 \text{Size}_{i,t-1} + u \tag{3-25}$$

其中,$\text{Liquid}_{i,t}$ 是一个虚拟变量,若股票在高流动性组中,则该变量为 1,其余为 0。$\text{Crisis}_{i,t}$ 为时间虚拟变量,如果时间在 2007 年至 2009 年之间,则该变量为 1,否则为 0。倍差法最为关注的是交乘项系数 β_3,该系数反映流动性冲击下流动性较强的股票的敏感程度。

3.5 流动性与价格惯性的英国证据

首先,本章对惯性预测因子的描述性统计进行分析。表 3.1 的面板 A 报告了评估整个样本期间惯性收益的市场状态变量的统计指标。由表 3.1 可知,惯性收益(WML)总体呈现负偏态,偏度为 −1.034。这种模式和特征与相关文献汇报的结果相似。在 Daniel 和 Moskowitz(2016)和 Avramov,Chen 和 Hameed(2016)的研究中,提出了价格惯性往往伴随着偶然性的失灵。笔者根据流动性高低对股票降序排列[82,107]。前 20% 的股票被纳入高流动性投资组合。市场收益率的变化(Mktchg)则是用市场收益率从第 $t-1$ 个月到第 t 个月的变化来度量的。通常来说,研究的惯例为第 t 个月预测第 $t+1$ 个月的惯性回报。因此,这里的市场收益作为一个变量,它不同于 Fama-French 模型中同期的市场收益,它是一个风险因子。除此之外,本章还报告了由"零收益日"引发的总体市场流动性不足的特征(Lesmond,2005)[64]。个体流动性指标被定义为 $\text{ZR}_{i,t} = \dfrac{N_{i,t}}{T_t}$。其中,$T_t$ 为 t 月份的交易天数;$N_{i,t}$ 为股票 i 在 t 个月的零回报天数,$t-1$ 月份的总体市场流动性(Mktilliq)则定义为各股票每月零回报天数的价值加权平均值指标。高横截面的市场流动性水平(均值 = 3.755%)和高正偏态(偏态 = 3.220)表明,惯性的表现可能与市场流动性水平有关,流动性可能是惯性崩盘的一种合理解释。"下跌"是一种市场虚拟变量,只有当两年累计收益率为负时,才被记录为 1。最后,以每个月的日平均波动率构建月度时间序列市场波动率(Mktvol)。

　　表 3.1 的面板 B 显示了四个总市场水平变量的相关矩阵,并检验了它们与惯性收益的时间序列相关性。值得注意的是,市场回报率的滞后变化与惯性利润呈负相关(相关系数 = -0.017),这意味着惯性在近期市场下跌后倾向于获利。本章还报告了惯性和市场下跌之间的负相关关系(相关性 = -0.024)。与市场变化变量不同,下跌指标表明前两年的长期和持续的市场衰退。这种负相关进一步表明,惯性与市场状况是负相关的。这与 Cooper,Gutierrez 和 Hameed(2004)和 Avramov,Chen 和 Hameed(2016)的研究结果一致,他们认为负的市场状态与较低的惯性反转相关[82, 105]。此外,滞后的市场流动性与惯性收益负相关,相关系数为 -0.027,表明在总体低流动性时期后惯性收益较低。此外,笔者考虑了 Goyenko,Holden 和 Trzcinka(2009)提出的构建市场总体流动性的替代指标"有效价差"。本章的结果同样适用于这一流动性指标。这与现有的文献是一致的。最后,本章研究了惯性收益与滞后市场波动的相关性。证据显示负相关 -0.050,这与 Wang 和 Xu(2015)的研究结果一致,即总市场波动率预测惯性收益[106]。

表 3.1 描述性统计与相关性检验

面板 A	WML	Mktchg	Mktilliq	Down	Mktvol
Mean	1.044%	-1.079	3.755%	0.900%	55.52%
Std.	4.776%	8.342	6.531%	0.520%	49.78%
Skew.	-1.034	0.053	3.220	2.538	-0.222
Kurt.	7.940	30.368	17.517	13.770	1.049
Min.	-25.03%	-62.7946	0	0	0
Max.	16.04%	62.9315	47.88%	4.539%	1
面板 B	WML_t	$Mktchg_{t-1}$	$Mktilliq_{t-1}$	$Down_{t-1}$	$Mktvol_{t-1}$
WML_t	1.000				
$Mktchg_{t-1}$	-0.017	1.000			
$Mktilliq_{t-1}$	-0.027	-0.042	1.000		
$Down_{t-1}$	-0.024	-0.041	0.123	1.000	
$Mktvol_{t-1}$	-0.050	-0.051	-0.057	-0.076	1.000

注:面板 A 汇报了市场状态变量的描述性统计。WML 代表惯性收益,Mktchg 为市场指标的变化率,Mktilliq 是按照 Lesmond(2005) 构建的零收益交易天数为低流动性指标计算出的市场总流动性,Down 是一个虚拟变量,用于表示过去两年的市场负收益,Mktvol 代表市场收益的波动性。面板 B 则汇报了惯性超额收益与市场状态指标的相关性结果。

接下来，本研究探讨市场状态变量在解释惯性收益变动中的预测作用。该检验基于 3.4 节中提到的时间序列回归。表 3.2 为月度惯性利润时间序列回归结果。该研究总共包含所有七个回归，考虑了各项预测变量的组合。本研究考虑的回归模型从最简单的模型 1（去掉所有预测因子，只保留截距和 Fama-French 三因子）到包罗一切的模型 7（包含市场变化、市场流动性、市场条件、市场波动和 Fama-French 三因子变量）。对于所有这些回归，被解释变量 WML_t 是基于前 11 个月股票回报的赢家与输家之差的组合回报。

对于解释变量，$Mktchg_{t-1}$ 为滞后一期的市场收益率变化。$Mktilliq_{t-1}$ 是由 Lesmond（2005）提出的"零回报日"代表的滞后一期的总体市场流动性。$Down_{t-1}$ 是一个虚拟变量，只有当过去 24 个月的总回报率为负或为 0 时，它才取 1，而 $Mktvol_{t-1}$ 是每日市场回报率的滞后一期市场波动率。F 向量是 Fama-French 三因子向量，包括市场因子（mkt）、规模因子（smb）和价值因子（hml）。其中，模型 6 为了方便比较而排除了 F 向量。

表 3.2 的证据表明，"零回报日"的流动性对惯性收益有负向影响。斜率系数在 -0.091 到 -0.082 之间显著为负。这意味着，在低流动性时期过后，惯性收益将下降。这进一步表明，在流动性不足的市场环境下，价格惯性增长势头可能会崩溃。这与 Avramov，Chen 和 Hameed（2016）在美国市场调查这种关系的结果一致。同时，本研究发现市场波动对惯性收益具有显著的负向影响。从表 3.2 可以看出，全样本总体模型的斜率系数为 -1.469。这一结果与 Cooper，Gutierrez 和 Hameed（2004）和 Wang and Xu（2015）的结论相反[105, 106]。本章的分析表明，只有微弱的证据能够捕捉到惯性回报与市场长期状况之间有意义的联系。值得注意的是，只有下行预测模型（模型 4）的系数不显著，因此，本研究使用短期市场变化的代理 Mktchg。同时，本研究发现斜率系数显著为负。说明在 5% 水平下，市场变化、市场流动性和市场波动具有统计学意义。然而，市场状态的虚拟变量只有在全样本总体模型的 10% 的统计水平下才显著。总的来说，从表 3.2 中得到的主要证据证

表 3.2　惯性超额收益与市场状态指标的回归检验

变量	模型 1	模型 2	模型 3	模型 4	模型 5	模型 6	模型 7
Intercept	0.011***	0.010***	0.007**	0.015***	0.023***	0.022***	0.026***
	(0.000)	(0.001)	(0.030)	(0.001)	(0.001)	(0.003)	(0.001)
Mktchg		−0.001**				−0.001**	−0.001**
		(0.044)				(0.039)	(0.023)
Mktilliq			−0.091**			−0.082*	−0.091**
			(0.039)			(0.063)	(0.037)
Down				−0.007		−0.011*	−0.010*
				(0.255)		(0.067)	(0.088)
Mktvol					−1.257**	−1.021*	−1.469**
					(0.043)	(0.068)	(0.018)
mkt	−0.049	−0.069	−0.062	−0.050	−0.107		−0.453**
	(0.498)	(0.343)	(0.388)	(0.491)	(0.167)		(0.049)
smb	0.064	0.070	0.066	0.064	0.020		0.020
	(0.468)	(0.423)	(0.454)	(0.469)	(0.827)		(0.818)
hml	−0.230***	−0.220***	−0.233***	−0.220***	−0.228***		−0.206*
	(0.007)	(0.010)	(0.006)	(0.010)	(0.007)		(0.014)
R^2	0.034	0.048	0.049	0.038	0.048	0.048	0.089
$\bar{R}^2$	0.023	0.034	0.035	0.024	0.034	0.033	0.065

注：本表汇报了时间序列回归的相关结果以及对应的 p 值。时间序列公式为：$WML_t = \alpha_0 + \beta_1 Mktchg_{t-1} + \beta_2 Mktilliq_{t-1} + \beta_3 Down_{t-1} + \beta_4 Mktvol_{t-1} + c'F_t + e_t$，其中，$WML_t$ 为赢家组合的价值加权收益减去输家组合的十分位投资组合的价值加权收益之差，$Mktchg_{t-1}$ 为滞后一期的市场利率变化率，$Mktilliq_{t-1}$ 为滞后一期市场收益率与成交量的零交易日指标，此处流动性指标采用的是 Lesmond(2005) 的零交易日指标，$Down_{t-1}$ 为虚拟变量，当市场指数在过去的 24 个月为负时记为 0，否则为 1，$Mktvol_{t-1}$ 为滞后一期市场收益波动率。F 向量则为 Fama-French 的三个风险因子，包括了市场因子 α(mkt)、规模因子(smb) 以及价值因子(hml)。表中的"*""**"和"***"分别代表在 10%、5% 和 1% 范围内显著。

实了流动性不足对惯性收益重要的预测作用,无论是在单一原则,还是在与波动性和整体市场条件共同作用的基础上均存在显著预测效应。

接下来,笔者从投资组合水平到个股水平方面进行估计。当样本容量不足以形成有意义的投资组合时,这一点尤为重要。事实上,Lo 和 MacKinlay(1990)认为,投资组合估计可能导致潜在的数据挖掘偏差[116]。因此,本研究通过对个别证券进行资产定价测试,进一步探讨了惯性与流动性之间的关系。此外,为了对各种模型的有效性和异象的解释提供新的见解,本研究应用了半参数检验来考虑变动的贝塔。这种方法使我们能够捕捉到惯性对受经济周期影响的股票收益横截面的影响。

图 3.1 是 1991 年 2 月至 2013 年 12 月期间的时间序列惯性投资组合收益图。它报告了月加权平均惯性收益图。如图 3.1 所示,在 20 世纪初和 2007—2009 年金融危机期间,惯性利润出现大幅反弹。考虑到这些流动性冲击事件,本章采用半变系数模型进一步研究了这些发现的模式。图 3.2 为半变系数模型的估计结果。左侧的三个图是根据相对较低的带宽设置生成的。该图显示出样本中的数据存在明显的异质性。横轴表示来自样本池的月度观测值。半变系数模型清楚地表明,在 2007—2009 年期间发生金融危机之后,股市出现大幅反弹。右边的三个图是基于更宽的带宽设置的月变化风险系数。在极端情况下,当带宽极高时,系数变为常数。

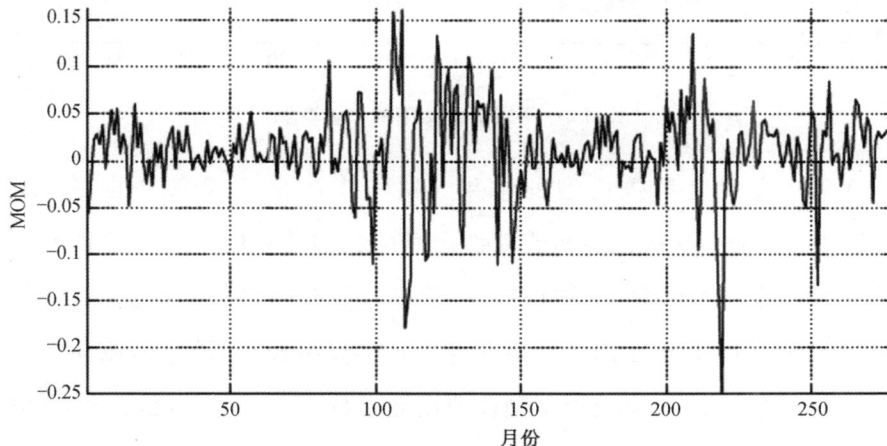

图 3.1 惯性组合的时间序列

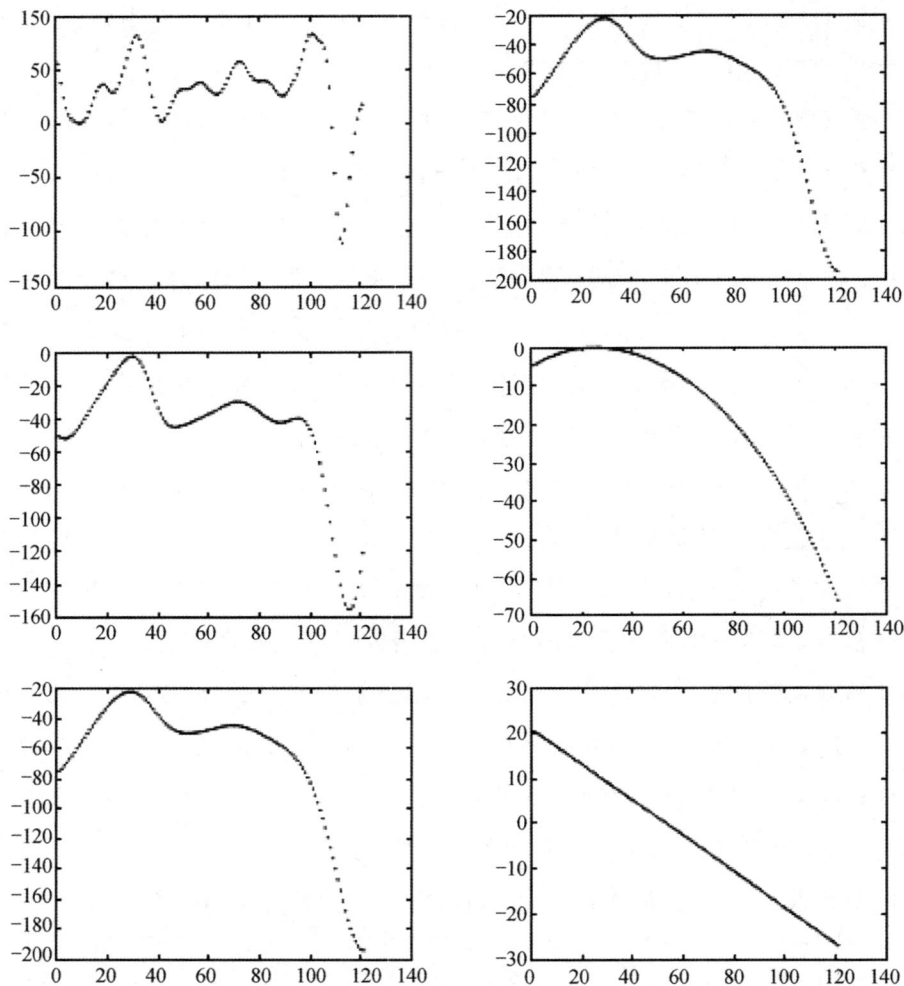

图 3.2　不同带宽 h 下的贝塔表现

　　表 3.3 为半变系数模型的结果。这一章的研究灵感来自 Fama 和 MacBeth(1973)在捕捉惯性和流动性之间的具体关系时的两阶段回归。本章采用时间序列和横截面回归。第一阶段是股票回报的横截面回归,分析了股票过去的回报和过去的流动性水平,并以"零回报日"作为流动性代理指标。在每个 t 月,本章获得不同股票惯性系数 β_{0,t_i}。表 3.3 的面板 A 描述了第一阶段的横截面回归结果。从个股层面的研究结果来看,横截面上股

票收益有较强的连续性。最优 $\beta_{0,i,t}$ 显著为正。流动性的斜率系数平均为 1.2746,说明低流动性股票的未来收益高于流动性相对较强的股票。这与 Chen 和 Sherif(2016)的研究结果一致,他们应用 7 个流动性代理指标,并报告了英国市场上显著的流动性溢价[112]。接下来是第二阶段的估计,即时间序列回归。表 3.3 中的面板 B 给出了与时间序列回归相关的估计,以及不同惯性系数 $\beta_{0,i,t}$ 与三个市场状态变量的情况。这三个市场状态变量包括市场流动性指标、市场条件、市场波动。分析表明,低流动性与股票收益的惯性之间存在显著的负相关关系,斜率系数估计值为 -0.461,在 1% 的统计水平下显著。本章还报告了表 3.3 中包含的所有重复的结果。与投资组合水平的结果相似,本章未能发现使用市场条件进行回归的显著影响。而波动率对惯性收益有显著的负向影响,波动率的斜率系数估计为 -1.964。

在进入下一个研究阶段之前,本章对表 3.2 和表 3.3 的结果进行了比较。低流动性对投资组合和个股惯性收益影响的相似性表明,惯性策略在很大程度上依赖于股票的流动性。当整体市场缺乏流动性时,回报是微弱的,有时甚至是负的。此外,在时间序列预测中加入市场低流动性指标可以消除市场状态的解释力。值得注意的是,半变系数的估计与以前的研究报告的结果相似。例如,Hameed,Kang 和 Viswanathan(2010)的研究报告说,股票的低流动性在某种程度上与市场回报和波动有关[119]。Næs,Skjeltorp 和 Ødegaard(2011)的研究表明,股票市场的流动性是顺应周期的,可以在恶劣的市场条件下恶化,这表明市场流动性不足可能导致惯性收益随着时间推移而改变[115]。最后,笔者研究了股票处于市场低流动性时是否会导致价格的惯性。表 3.4 是横截面和时间序列的结果。

表 3.3　股票惯性与市场状态的动态系数回归

面板 A:股票收益的半变系数回归	
平均系数估计	
α_0	0.0406
$R_{i,t-12,t-2}$	0.0215 * * *

续表

ILLIQ$_{t-1}$	1.2746***
面板 B：基于滞后一期回归的变动贝塔系数	
α_0	−0.004
Mktilliq	−0.461***
Mktchg	−0.01
Mktvol	−1.964***

表 3.4 的面板 A 给出了第 3.4 节中描述的公司 i 回归的横截面系数。笔者将 Fama-French 三个因子涵盖进来以控制风险因子，并报告了包含所有因子的模型（模型 7），结果表 3.4。结果显示高股票回报与高市场流动性。斜率系数为 0.2108，具有显著的统计学意义。结果还显示低市场波动所暗示的显著的个人未来股票收益（−0.4983）。波动性的影响显著为负，这与 Avramov，Chen 和 Hameed（2016）的研究结果一致，Avramov，Chen 和 Hameed（2016）使用美国数据报告了显著的负影响。总的来说，本章的研究结果表明，在经历了市场的高波动期之后，股票收益在未来会下降。表3.4面板 B 为第二阶段回归结果。总体而言，本研究发现个股惯性在控制了诸多市场状态变量之后变得不再显著。因此，无论是在长期还是短期，价格惯性是由总体的流动性和市场波动驱动的，而不是由市场条件决定的。此外，总体结果表明，市场流动性不足与以个人股票和组合股票为基础的时间序列和横截面分析的惯性收益有关。在缺乏流动性的市场条件下，惯性策略获得的利润回报被大幅削减。

表 3.4　股票惯性与市场状态回归

面板 A：第一阶段回归系数估计	
平均系数估计	
α_0	0.068
Mktilliq	0.2108***
Mktchg	0.003

续表

Mktvol	−0.4983***
RM−RF	0.039*
SMB	0.2197***
HML	0.056*
面板 3：第二阶段风险与市场状态调整后的回归	
系数估计	
α_0	−0.05
$R_{i,t-12;t-2}$	−0.01

注：本表汇报了股票惯性与市场状态的回归结果，面板 A 汇总了以下截面回归结果：$R_{i,t}^e = \alpha_0 + \beta_{i,1}\text{Mktilliq}_{t-1} + \beta_2\text{Mktchg}_{t-1} + \beta_3\text{Mktvol}_{t-1} + c'F_t + e_{i,t}$，其中 $R_{i,t}^e$ 为股票 i 在第 t 个月的超额收益，Mktilliq_{t-1}，Mktchg_{t-1} 和 Mktvol_{t-1} 为第 $t-1$ 个月的市场状态变量。F 向量为 Fama-French 的三个风险因子。面板 B 则展现了下一月度回归结果：$R_{i,t}^* = \alpha_0 + \beta_1 R_{i,t-12;t-2} + u_{i,t}$，其中，$R_{i,:t-12;t-2}$ 为过去 11 个月股票 i 的收益，表中的"*"，"**"和"***"分别代表 Newey-West 校正 T 检验在 10%，5% 和 1% 范围内显著。

表 3.5　样本外预测

RMSE	30%Breakpoint	50%Breakpoint	70%Breakpoint	80%Breakpoint
模型 1	0.0539	0.0488	0.0556	0.0527
模型 2	0.0537	0.0489	0.0554	0.0525
模型 3	0.0540**	0.0483*	0.0552*	0.0525**
模型 4	0.0537	0.0489	0.0555	0.0526
模型 5	0.0538	0.0490	0.0559**	0.0540
模型 6	0.0526**	0.0484*	0.0562	0.0538**
模型 7	0.0530*	0.0480	0.0556	0.0537*

注：本表展现了样本外预测的均方误差的平方根。表中汇报了惯性收益与 Fama-French 三因子模型以及四个市场变量（市场收益变化率、市场总流动性、下跌行情以及市场波动）回归之后的结果。与表 3.2 相同的七个模型分别展现了四个分位的样本外预测结果。表中的"*"，"**"和"***"分别代表 Diebold-Mariano 检验在 10%，5% 和 1% 范围内显著。

表 3.6   突发流动性冲击效应

变量	回归结果
DID	0.317***
	(3.93)
lag	−0.247***
	(−37.34)
常数	−1.819
	(−53.44)
时间固定效应	是
股票固定效应	是
样本量	67.470
R^2	0.0224

注:本章将 2007—2009 年金融危机视为股价收益的外生流动性冲击。本表汇报了全样本回归的结果。其中流动性较强的股票为实验组,其他股票作为控制组,时间样本为 2007 年至 2009 年。倍差法的检验系数被表示为 DID。表中的"*","**"和"***"分别代表在 10%,5% 和 1% 范围内显著。

接下来,本章使用样本外数据来检验惯性收益的预测能力。有充分的文献证明,基于样本内数据的经验证据对异常值和数据挖掘很敏感(White, 2000)[120]。根据 Diebold 和 Rudebusch(1991)的研究,样本外预测通常被认为比基于样本内表现的证据更可信,而且对预测者可获得的信息的"实时"反应也更好[121]。事实上,在理论方面通常支持将样本外的表现视为"预测模型的最终检验"的做法(Stock 等,2020)[122]。表 3.5 为基于样本外数据的时间序列估计的预测误差汇总统计。$t+1$ 个月惯性收益预测如下:

$$\hat{\text{WML}}_{t+1} = \hat{\alpha}_0 + \hat{\beta}_{1,t} \text{Mktchg}_t + \hat{\beta}_{2,t} \text{Mktilliq}_t + \hat{\beta}_{3,t} \text{Down}_t + \hat{\beta}_{4,t} \text{Mktvol}_t + c'_{t-1} F_t \tag{3-26}$$

其中,$\hat{\text{WML}}_{t+1}$ 为基于市场状态代理的滞后值预测而来的惯性收益。该数据时间跨度从 1991 年 2 月到 2013 年 12 月。遵循常见的样本外检验文献的实证方法(Timmermann,2012;Rapach, Strauss 和 Zhou,2010;Xie 和 Wang,2015)[123-125],本章采用最新的 70%、50%、30% 和 20% 作为全样本的分割断点进行样本外测试。采用几个不同的样本外周期的原因是为了尽量减少数据挖掘的影响。本章保留了多个时间段的历史数据。图 3.3 给出了表示测试中使用的样本内和样本外数据长度的说明性时间线。因此,本章采用的四个不同的样本外周期分别为 1997—2013 年、2002—2013 年、2007—2013 年和 2009—2013 年。

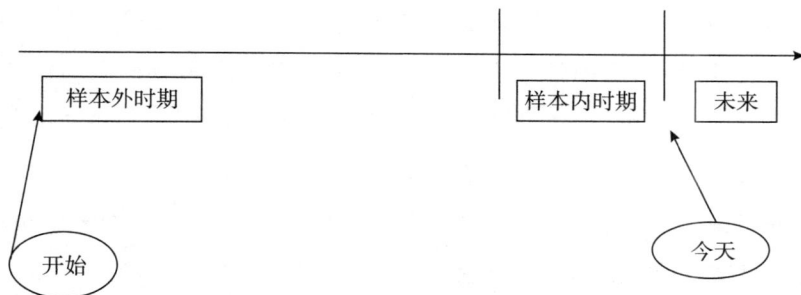

图 3.3　样本外预测示意图

对于表 3.5,笔者遵循与表 3.2 相同的模型规范顺序。预测误差是实际惯性收益与预测惯性收益的差异。样本外分析表明,总体市场流动性(模型3)的影响最大,并且与其他模型(50%、70% 和 80% 的分割)相比,在减少均方根预测误差(RMSE)方面具有统计学意义。综上所述,样本外证据支持了低流动性市场状态预测惯性回报的样本分析。

本章的稳健性检验结果如表 3.6 所示。显著为正的 β_3($\beta_3 = 0.317$ 和 $t = 3.93$)表明,流动性更强的股票收益率回报高于低流动性股票。以时间和股票的固定效应和规模因子为控制变量,发现相对于低流动性股票,流动性高的股票在突然的流动性冲击后明显有更好的表现。这进一步证明流动性是解释价格惯性效应的重要变量。

3.6 本章结论

市场流动性是一个状态变量,它对普通股的定价以及解释惯性收益十分重要。本章探讨了市场流动性是否为惯性收益的重要状态变量。此外,本章使用半变系数模型来分析市场低流动性状态的能力,以解释和预测惯性效应在投资组合和个股水平上的样本外表现。为了修正样本的异质性，本章使用了半参数估计。

笔者发现，在市场流动性高的时期之后，会出现较低的惯性收益，而且通常是负回报。在总体流动性不足的情况下，相互竞争的状态变量（例如，下跌市场条件）的力量就会消失。本章发现随着时间的变化，贝塔系数有显著的反弹。因此，与线性参数试验相比，该模型在估计中获得了更精确的贝塔系数。此外，本章捕捉到金融危机期间显著的惯性崩溃和流动性风险的增加。针对内生性问题，本章研究了流动性冲击市场时组合和个股收益的变化，发现流动性较差的股票对系统性冲击更为敏感。

总的来说，本章说明低流动性冲击如何预测惯性和价值投资回报，因此为关心惯性收益和股票市场流动性的政策制定者提供了参考。故本章结果可能对投资者和监管者是有用的。随着人们对过去和未来股票价格回报的驱动因素的理解，更多的驱动因子将被挖掘。此外，尽管本章填补了目前的资产定价和股票回报文献的一些空白，仍有部分内容尚待未来进行研究完善。未来研究的一个方向是探讨流动性风险是否在金融市场的各种定价异常中发挥作用。未来的研究可能会探讨预期回报是否与股票对总体流动性其他方面波动的敏感性有关。此外，研究其他金融市场（如固定收益市场）是否也计入了某种形式的系统性流动性风险同样具有重要意义。

第四章　惯性和信息不确定性：

基于机构和个人投资者的异质性研究

4.1 价格惯性与信息不确定

　　股票交易策略是金融领域的主要课题之一，在过去 20 年里一直是金融学者、投资者和经济学家关注的焦点（Brock，Lakonishok 和 LeBaron，1992；Han，Yang 和 Zhou，2013；Jegadeesh 和 Titman，1993；Kim 和 Shamsuddin，2015）[12, 126−128]。特别是，买赢卖输的策略已经受到极大的关注，并对全球多个市场的短期和中期样本内外的股票回报产生重大影响（Jegadeesh 和 Titman，1993；Rouwenhorst，1998）[12, 86]。值得注意的是，这种策略和回报模式给有效市场假说（EMH）带来真正的挑战。因为现有的资产定价模型无法解释这种回报的持续效应（Fama 和 French，2015）[4]。由于传统风险和收益理论难以给出合理的解释，行为金融学家引入了行为理论及其相关研究。这些理论认为价格的惯性效应可能是由带有偏见的非理性投资者引起的（Barberis，Shleifer 和 Vishny，1998；Hong，Lim 和 Stein，2000）[25, 26]。例如，Hvidkjaer（2006）的研究数据表明，个人和机构交易者表现出不同的交易行为[129]。Hvidkjaer（2006）的分析表明，个体投资者更容易在一开始表现出反应不足，进而出现反应延迟的现象。然而，机构投资者很少表现出最初的反应不足，这一证据与大型机构交易员的知情偏好相符。因此，惯性交易策略被认为是研究个人和机构投资者行为的一个起点。它的简单性和为投资者提供关键信号以获得惯性收益的能力非常突出。

　　Jegadeesh 和 Titman(1993)（以下简称 JT）系统性地提出基于买赢卖输的惯性交易策略，在以往的股票惯性回报研究中备受关注。JT 发现股票收益在中期投资中表现出持续性。然而,George 和 Hwang(2004)(以下简称 GH)提出另一种惯性交易策略。GH 探讨美国市场基于 52 周最高价格的可预测性,并根据当前股价接近过去 52 周高点的程度制定策略。当用当前股价除以过去 52 周最高价对投资组合进行排序时,他们发现,在随后 6～12 个月的时间里,比率最高的公司比那些比率较低的公司表现更好[13]。因此,《金融时报》称,当股价接近 52 周高点时,投资者会形成心理上的"锚定价格",导致市场反应不足,从而获取有关这些股票的新信息。当股票的潜在价值相关信息长期持续时,投资者对于先前反应不足的调整会导致价格持续效应。Burghof 和 Prothmann(2011)认为 GH 惯性收益的存在是由于股票的信息不确定性导致锚定和信息调整偏差的增大[130]。因此,GH 策略超额回报的普遍存在为研究市场效率与不断增大的信息不确定性之间的关系提供了研究背景。此外,以前的研究发现,分析师通过处理公司信息来提高市场效率。有文献表明,分析师的推荐报告对促使股票价格回归基本价值至关重要(Barber 等,2001;Wieland,2011)[131, 132]。然而,文献中也有观点认为,分析师的预测效率较低,因为他们没有将过去的信息完全纳入他们的报告中。分析人士认为,启发式估值比目前的估值模型更重要(Bradshaw,2004)[133]。此外,以往的研究大多只考虑机构投资者,他们可能比个人投资者在投资技术上更熟练(Amihud 和 Li,2006;Cohen,Gompers 和 Vuolteenaho,2002;Gompers,Ishii 和 Metrick,2003;Sias,Starks 和 Titman,2006)[134-137]。例如,Campbell 和 Sharpe(2009)[138] 以及 Feng 和 Seasholes(2005)指出,专家对宏观经济信息的共识往往基于经验值,从而导致预测的误差程度增大[139]。

最近的几项研究表明,52 周最高价对股票回报具有预测能力。然而,大部分实证讨论和研究普遍关注机构投资者的频繁交易。在 52 周最高价惯性策略的强劲表现下,个体投资者群体是否推动了价格惯性是一个重要的问题。此外,尽管有大量关于锚定(或参考点)的实证研究,但迄今为止,关于行为偏差对证券交易影响的文献非常有限。

因此,在已有文献的基础上,本章通过考察个人和机构投资者在金融市场中的角色,扩展了惯性交易策略的文献。本章通过区分机构投资者和个人投资者在惯性交易中的行为差异,有助于填补文献中对异质投资行为的研究空白。事实上,这些文献往往表明,个人投资者在金融知识方面缺乏经验。因此,本章探讨分析师的预测修正比率与股票未来回报之间的关系,以确定机构和个人投资者的经验水平。此外,与以往的文献相比,本章明确区分了个人和机构投资者,并讨论他们在重大负面经济冲击发生时对惯性崩盘所扮演的不同角色。

　　本章的总体目标是研究机构投资者和个人投资者在惯性交易中所起的作用。本章通过对每种类型投资者的锚定惯性策略和非锚定惯性策略进行研究,以 52 周高点为信息不确定性的惯性代理变量,研究两类投资者的行为差异。此外,本章运用"倍差法",明确惯性崩盘与负面经济冲击之间的因果关系,以及机构投资者与个人投资者之间的选择偏差。本章利用时间序列数据、实时股价和 1986 年至 2014 年期间的 52 周实时高价,发现 GH 策略下的价格惯性效应是持续的,且在短期、中期和长期内均持续。研究结果还显示,在信息不确定性较大的时期,个人投资者倾向于将 52 周高点作为心理锚定价格来评估新信息对股票价格的影响,机构投资者则更依赖于分析师的专业研判。这意味着,惯性超额收益率在一定程度上是由个别交易员的行为驱动的。本章亦探讨在各种投资组合分类与回归分析中,分析师的预测修正与 52 周高位的惯性策略之间的关系。本章发现,分析师的预测修正对未来股票收益具有解释力,特别是由机构投资者主导的交易更为明显。这是因为机构投资者拥有更多的专业知识,而且能够获得分析师的推荐信息。因此,机构投资者可以通过研究与惯性指标密切相关的分析师收益预测均衡价格,从而在一定程度上提高市场效率。

　　此外,机构投资者和个人投资者的时间序列惯性回报表明,当负面性事件发生时,惯性效应往往会崩溃。因此,在投资者的反应和惯性崩盘之间建立因果联系并不容易。本章利用 2007 年 9 月英国北岩银行突然发生的银行挤兑事件作为冲击事件。本章的识别策略基于以下假设:金融危机对机构交易者的影响大于对个人交易者的影响,这是因为机构交易者会受到突然的流动性约束,而个人投资者则不会受到太大影响,因为他们一开始的现金流就是有限的。首先,本章确定了机构惯性投资者拥有但未被个人投资者选择作为处理组的股票。这一研究发现,巨大的负面经济冲击显著影响机构投资组合的收益,无论是赢家还是输家的投资组合。这些发现与Shleifer(2000)的论证一致。Shleifer 认为投资者倾向于直接推测价格走势,这容易导致他们持有特定的风险模型和预期收益[140]。当不同的模型导致相似的预测时,投资者会试图在同一时间交易相同的证券,从而使价格远离基本面。在这种框架下,价格"锚"不适用于未来的股票回报。本章使用Lou,Polk 和 Skouras(2019)提出的非锚定指标的稳健性检验来验证机构投资者的这种认知偏差。他们提出"偏相关惯性"这一指征来代表惯性投资组合之间的超额收益相关关系。他们的研究表明,在共同惯性较低的时期,惯性策略是合理且稳定的,而在共同惯性较高的时期,惯性回报往往会崩溃并逆转,这反映了机构投资者初期的过度反应导致了挤兑交易。这项研究证实了他们在英国市场的发现[141]。

本章经过一系列实证研究后发现,个人投资者和机构投资者对股票市场效率都有不稳定的影响。个人投资者在很大程度上容易受到"锚定偏见"的影响,这反映出投资者最初对新信息的反应不足。另外,机构投资者能够有效地吸收新信息,尤其是在分析师对收益预测进行修正的情况下。然而,当出现负面经济冲击时,他们往往会有更多的"认知偏见"。本章从以下几个方面对惯性文献做出了贡献。第一,本章考察了英国个人和机构投资者的 GH 惯性回报的不同持仓水平。虽然惯性模式已经被证明为投资者带来巨大的回报,但现有的研究主要是针对机构投资者。事实上,散户投资者经常被忽视,因为他们投资的资金相对较少,交易中出现摩擦,交易行为不规范。那么,惯性交易由于不需要丰富的投资经验且操作简单,是否更适合散户投资者呢?因此,除了适用于机构投资者的传统惯性策略外,本章还模仿散户行为,在构建组合时仅选择少数公司构建赢家和输家组合。第二,本章在 26 年的样本期内考察了 3 个月至 5 年的滚动持有期收益情况。研究发现,英国的机构投资者和个人投资者都获得了可观且积极的 GH 惯性回报。

特别是，散户投资者可以从卖方损失的投资组合中获得更多的利润。即使从长期来看，这种增长势头也不会逆转。第三，本章将 52 周高位的惯性策略与信息不确定性联系起来，发现价格惯性部分是由个体交易者驱动的，他们由于"锚定"而对新信息的初始反应不足。在信息不确定性较大的时期，个人投资者比机构投资者更倾向于将 52 周高点作为锚定价格，尤其是卖方的投资者。第四，本章将分析师的预测与 52 周高价联系起来，发现能够获得分析师收益预测修正的机构投资者更有可能促进整体市场效率。这进一步表明，股票市场的低效率在一定程度上是由散户投资者造成的。第五，本章研究了投资者行为与惯性崩盘之间的因果关系。本章将金融危机的突然爆发视为一种负面冲击。倍差法（DID）模型表明，巨大的负面经济冲击会显著影响机构投资组合的回报。最后，本章证实了机构投资者的认知偏差的存在。

本章其余部分结构如下。第 4.2 节提供理论背景，这些理论基础将引领本章的实证研究。第 4.3 节提出研究设计的全貌。第 4.4 节描述样本数据信息并讨论了研究结果，第 4.5 节对本章研究进行总结。

4.2 异质投资理论背景

4.2.1 个人投资者和机构投资者

据报道，截至 2012 年年底，散户投资者持有伦敦证券交易所上市公司 10.7％的股份（英国国家统计局，2013 年）。这些投资者经常因其非理性的投资决策而受到批评。例如，Barber 和 Odean（2008）的研究报告称，个体投资者倾向于过度交易股票，这导致了更高的交易成本[28]。也有人认为，由于资金有限，个体投资者更有可能持有单一的投资组合（Statman，2004）[29]。事实上，个体投资者一直被视为噪音交易者，因为他们不断地出现错误的决策（DeBondt，1998）[30]。这与 Barber 等（2009）的研究一致[31]。他们的研究表明，在台湾，个人投资者的投资组合业绩总体上平均每年损失 3.8 个百分点。

尽管个人投资者被证明在与专业人士进行交易时处于不利地位

(Barber 等,2009;Gao 和 Lin,2015;Li,Rhee 和 Wang,2015;Tekce,Yilmaz 和 Bildik,2016)[31-34],文献往往忽略了一个事实,即个人投资者确实在股票市场盈利。此外,个人投资者的独特特征表明,惯性交易对这个群体更有利,因为这种策略不需要具有深厚的金融知识背景。投资者只需要根据典型的策略进行买卖即可获利。从这个角度来看,建议个股遵循惯性交易模式。现有的研究多集中于机构交易者,他们在投资组合中选择了大量的股票。很明显,小投资者并不具备如此大规模投资组合的经济实力。实际上,Goetzmann 和 Kumar(2008)证明,美国个人投资者在每个投资组合中平均只持有三到四股[35]。因此,在本章中,个人投资者采取的是一种简化的交易策略,即只从顶部和底部获取超额收益。这种对个人投资者的定义与 Siganos(2010)和 Foltice 和 Langer(2015)的定义是一致的[41,142]。这一定义与机构投资者相对,机构投资者被定义为管理包含大量股票的投资组合的传统惯性投资者。

根据 Lou,Polk 和 Skouras(2019)的研究,投资者的理性假设被认为是有限理性。有一群惯性投资者充当"新闻传播者"。这类投资者根据市场信号预测价格变动。此类信号一般而言是投资者对未来公司价值的私人判断。考虑到只有一部分传播者,因此市场价格表现出纯粹的反应不足:价格缓慢地调整到均衡点。这项研究假设个人投资者倾向于充当新闻传播者。另外,Stein(2009)认为,惯性投资者在交易过程中并不知道有多少其他投资者采用相同的策略。每个投资者都不能将自己的交易依据建立在他人的操作基础上,这引发对惯性投资者行为的一种有争议的解释:当一项策略的参与者太少时,股票的错误定价就不能得到完全纠正,有时表现为市场反应不足。然而,当参与者太多时,市场则倾向于反应过度,股票错误定价被过度修正[143]。因此,基于以上文献,本章假设,机构投资者比个人投资者更有可能出现此类行为。

4.2.2 惯性和信息不确定性

许多研究都详细记录了惯性策略带来的超额收益。例如,Barberis, Shleifer 和 Vishny(1998)和 Daniel,Hirshleifer 和 Subrahmanyam(1998)认

为惯性收益是投资者过度反应的结果[25,100]。然而,Hong,Lim 和 Stein (2000)以及 Jegadeesh 和 Titman(1993)都认为超额收益来自投资者的反应不足[12,26]。综上所述,笔者认为,机构投资者和个人投资者在各自的特征上是不同的,因此,他们的异质性可能导致不同的交易行为。

George 和 Hwang(2004)提出了基于 52 周最高价的锚定惯性策略,即当价格在 52 周高点附近时执行买入股票操作,当价格离 52 周最高点较远时卖出股票。这种惯性策略整合了当前的价格信息,而不是像 Jegadeesh 和 Titman(1993)所建议的那样,大量使用过去的回报变化。同样,Liu,Liu 和 Ma(2011)发现这种策略在 20 个发达股票市场上产生显著的正回报[144]。在另一项研究中,Burghof 和 Prothmann(2011)将 52 周高位价格和 52 周低位价格之间的距离定义为信息不确定性的代理变量[130]。他们证明,锚定偏差的增加源于股票信息的不确定性。此外,投资者对公司特定信息的最初反应调整缓慢。因此,GH 的惯性策略为我们研究信息不确定性对股票的影响与行为偏差之间的关系提供了一个天然的背景。本章分别评估在信息不确定性增加的情况下,个人投资者和机构投资者在提高市场效率方面所起到的作用。

4.2.3 信息不确定性与分析师的预测

在一项开创性的研究中,Jegadeesh 等(2004)提供的证据表明,分析师的预测可以重新将股票价格与它们的基本价值联系起来[145]。事实上,分析师在金融市场上扮演着重要的角色,他们对公司信息进行专业处理。金融分析师有许多信息优势。首先,他们有更强的专业知识和获取公司信息的能力。因此,他们的建议更有助于真实反映资产价值。此外,分析师更倾向于将企业特定战略、行业评估和宏观经济因素纳入预测(Wieland,2011)[132]。在一项重要的研究中,Barber 等(2001)发现了股票价格随着分析师对收益预测的发布而偏移的经验证据[131]。同样的,其他学者认为,这种预测后修正偏差是分析师预测信息的效率低下而导致的对新信息的累积延迟反应(Gleason 和 Lee,2003)[146]。这些发现支持 Hoppe 和 Kusterer (2011)的保守主义偏见的观点[147]。他们认为投资者没有相应地更新预期,只是反映出他们由于自身对价格反应不足而导致股票价格表现出缓慢调整的态势。在其他地方,Hou,Hung 和 Gao(2014)研究澳大利亚股市数据发现,当股票信息不确定性增加时,投资者对分析师预测的修正反应更慢[148]。这意味着股票的错误定价取决于信息的不确定性程度。根据现有文献可以认为,分析师的收益预测修正的均值可以预测未来的股票收益。

4.2.4 负面经济冲击和惯性效应的消失

尽管有许多文献记载了高异常收益和夏普比率,也有报道称,价格惯性的收益具有负偏态和高峰度的现象(Noravesh 和 Heidari,2007)[149]。值得注意的是,在市场衰退期间,超额回报往往被抹去。例如,在 1932 年美国大萧条期间,惯性回报率在短短两个月内下降了 92%。与此相呼应的是,在 2009 年,惯性收益在美国三个月内的回报率暴跌 73% 左右(Noravesh 和 Heidari,2007)。Grundy 和 Martin(2001)将这种模式解释为惯性策略的时变系统性风险[150]。他们在市场衰退后发现显著的负贝塔值。然而相反地,Daniel 和 Moskowitz(2016)的经验研究表明使用贝塔风险系数并不能避免股价发生崩溃。重要的是他们发现,在极端市场环境下,亏损股票会大幅上涨,而正是这些股票导致系统性崩盘[107]。在行为金融文献中,研究人员认为,缺乏经验的投资者会导致崩盘。Caginalp,Porter 和 Smith(2000)在实验环境下观察了金融市场中的投资者行为[151]。他们发现,对于缺乏经验的交易员来说,崩盘是经常发生的,而且这种现象往往在交易员变得更有经验后才会消失。为了了解价格动态,他们进行 150 多次实验,结果表明,缺乏经验的投资者会导致价格泡沫的产生。由于将更有经验的机构投资者纳入考量,本章能够观察到不同类型的投资者所扮演的角色,特别是在发生负面经济冲击时的不同效应。

在前人研究的基础上,本章通过研究惯性与负经济冲击之间的关系,旨在研究其中的运作机制。此外,针对机构投资者与个人投资者的异质性差异,本章特别研究了投资者经验水平与价格惯性崩盘之间的关系。

4.3 价格惯性的解释模型

4.3.1 价格惯性

为了构建当前（GH）和过去（JT）信息的赢家和输家投资组合，本章在每个 t 月末，根据每种策略的排名标准对股票进行排名。

GH 策略为目前的价格与 52 周以来的最高价格之比，其公式表述为：

$$\mathrm{GH}_{i,t} = P_{i,t-1}/\mathrm{High}_{i,t-1} \tag{4-1}$$

其中，$\mathrm{GH}_{i,t}$ 为股票 i 在第 t 个月的 GH 比例；$P_{i,t-1}$ 是股票 i 在 $t-1$ 月底的价格；$\mathrm{High}_{i,t-1}$ 是过去 52 周内以 $t-1$ 月为终点的股票 i 的最高价格（George and Hwang，2004）。在这项研究中，GHH（GHL）是虚拟变量，如果股票在基于 GH 比率的赢家（输家）投资组合中，它等于 1，否则为 0。

相比之下，JT 的排名标准是基于过去的股票收益：

$$\mathrm{JT}_{i,t} = P_{i,t-1}/P_{i,t-j} \tag{4-2}$$

其中，$\mathrm{JT}_{i,t}$ 为股票 i 在第 t 个月的 JT 比率；$P_{i,t-1}$ 是股票 i 在 $t-1$ 月底的价格；$P_{i,t-j}$ 是股票 i 在 $t-j$ 月底的价格。

这项研究使用 1987 年 1 月至 2012 年 12 月的英国数据来检验惯性策略。这些数据是在 1986 年至 2014 年期间获得的，目的是构建有意义的惯性投资组合。基于不同的排名标准，股票分为三个组合：输家组合（P_l），中位数组合（P_m）和赢家组合（P_w）。机构投资者根据 30％的过滤法则构建赢家（输家）投资组合；个人投资者的惯性投资组合则包含表现更为极端的股票：个人持有的赢家（输家）投资组合包含表现最好（最差）的 1、2、3、4、5、10、15 和 20 只股票。股票的权重是相等的，按照传统惯性文献的建议，股票的持有期分别为 3 个月、6 个月、9 个月和 12 个月。这项研究将投资组合构建后的持有期延长至 5 年，因为这样做可以让我们观察到长期的惯性反转效应。投资组合的平均收益计算方法如下：

$$P_k = \frac{1}{T}\sum_t r_k(t) = \frac{1}{T}\sum_t \left[\frac{1}{Nk(t)}\sum_{i \in k} r(i,t)\right] \tag{4-3}$$

其中，$r(i,t)$ 为第 t 期股票 i 的持有期收益率，$Nk(t)$ 为第 t 期第 k 投资组合中的股票数量，t 为总周期样本数。

投资组合的选择和持有过程遵循一个动态滚动模式，该模式发生在样本期间的每个月底。惯性收益的分析基于下列 Fama 和 French(1993)三因子模型：

$$R_t^p - R_t^f = \alpha_p + \beta_{p,\text{MKT}} \text{MKT}_t + \beta_{p,\text{SMB}} \text{SMB}_t + \beta_{p,\text{HML}} \text{HML}_t + \varepsilon_t^p \quad (4\text{-}4)$$

其中，SMB_t 为规模因子，HML_t 为 t 月末的价值因子。

本章旨在发现股票惯性回报受市场、规模和价值因素控制后，所剩的超额收益。笔者在第 4.4 节报告了各种水平的总惯性收益和调整惯性收益以及相应的统计量。

4.3.2 分析师的预测修正

本章将分析师定义为具有 I/B/E/S 类证券投资评估和收益预测专长的金融专业人士(Low 和 Tan，2016)[152]。度量分析师的预测修正能力对研究市场效率十分重要。基于 Zhang(2008)[153] 以及 Chen，Narayanamoorthy，Sougiannis 和 Zhou(2015)的研究，本章将盈余预测修正率代入如下方程：

$$\text{RE}_{i,t} = (F_{i,t} - F_{i,t-1})/P_{i,t-1} \quad (4\text{-}5)$$

其中，$F_{i,t}$ 为股票 i 在第 t 个月的月平均收益预测，$P_{i,t-1}$ 为股票 i 在前一个月末的价格。预测共识修正以月度分析师的平均预测的百分比变化来度量。这与惯性变量的测量是一致的。这一预测修正比率的信号是对好消息和坏消息作出反应的信号。例如，一个积极的信号将意味着关于某只股票的好消息，并给出一个有利的推荐，反之亦然。与惯性变量一致，分析师预测修正率最高的股票被纳入"买入"组合，而最低的股票被纳入"卖出"组合。

在本章中，笔者遵循惯性文献(如 Jegadeesh 和 Titman，1993)，并将企业规模和价值作为控制变量。公司规模和价值是 Fama 和 French(1993)定义的常见风险因子。它们也是信息不确定性的度量因子。公司规模是用市值度量，而公司价值是用账面市值比来度量的。此外，这项研究控制了前一个月的股票回报，因为过去的回报包括了未来股票回报的信息。此外，还控制了短期价格逆转因子(Grinblatt 和 Moskowitz，2004)和行为偏差因子

(Jegadeesh 和 Titman,1993)。

4.3.3 修正预测的面板回归

本章采用以下回归模型,考察了分析师作为信息中介在市场中的作用。在控制了个人和机构投资者的惯性和信息不确定性变量后,本章提供了对未来股票收益的几种解释。本章采用面板回归方法研究了未来股票收益的预测情况。其中,第 $t+3$ 月份未来股票收益为因变量。控制变量为第 $t+2$ 个月的因子,惯性变量则为第 $t-1$ 个月的惯性指标。

$$R_{i,t+3} = \beta_0 + \beta_1 \text{Buy}_{i,t} + \beta_2 \text{Sell}_{i,t} + \beta_3 \text{GHH}_{i,t-1} + \beta_4 \text{GHL}_{i,t-1} + \beta_5 \text{Size}_{i,t+2} + \beta_6 \text{Value}_{i,t+2} + \beta_7 R_{i,t+2} + u \tag{4-6}$$

其中,$\text{Buy}_{i,t}$ 为"买入"调整信号;$\text{Sell}_{i,t}$ 为"卖出"调整信号。

4.3.4 金融危机与异质投资者:倍差法(DID)

倍差法(DID)是一种用于检测实验组与对照组在突发事件中的差异影响的技术(Ashenfelter 和 Card,1985)[117]。与时间序列和横断面数据相比,DID 使用面板数据来检验实验组和对照组之间结果变量随时间变化的差异(Abadie,2005)[118]。公式具体表达如下:

$$Y(i,t) = \delta(t) + \alpha \times D(i,t) + \eta(i) + \upsilon(i,t) \tag{4-7}$$

其中,$\delta(t)$ 是时间变量,$\eta(i)$ 是截面变量,$\upsilon(i,t)$ 为控制变量,系数 α 则表示实验组的影响系数。倍差法是一个重要的分析方法,它被用作处理当重大的负面经济冲击发生时,机构投资者和个人投资者对股价发生惯性崩盘的不同影响。为了研究与负面经济冲击相关的异质投资者行为,本章将 2007—2009 年金融危机视为一种突发的流动性冲击事件,并考察投资者行为和股价惯性崩盘的因果关系。因此,本章采用以下方法进行回归:

$$R_{i,t} = \beta_0 + \beta_1 \text{WHHT}_{i,t} + \beta_2 \text{PostCrisis}_{i,t} + \beta_3 \text{WHHT} \times \text{PostCrisis}_{i,t} + \beta_4 R_{i,t-1} + \beta_5 \text{Size}_{i,t-1} + \beta_6 \text{Value}_{i,t-1} + u \tag{4-8}$$

其中,$\text{WHHT}_{i,t}$ 为虚拟变量,如果该股票在机构的赢家投资组合中,但不在个人投资组合中,则该虚拟变量取值为 1,反之为 0。$\text{PostCrisis}_{i,t}$ 同样为虚拟变量,如果样本时间在 2007 年 9 月以后,则取值为 1,否则取值为 0。本章的重点在于系数 β_3,它反映了个人和机构投资者在经济冲击之下的不同表现。

4.3.5 剔除锚定的价格惯性

与 Lou，Polk 和 Skouras（2019）的研究一致，笔者通过去除 Fama-French 三因子模型产生的收益估值的影响，通过稳健性检验进一步挖掘投资者的认知偏差行为。惯性投资者的规模由惯性策略与超额收益相关性的程度来确定。这是通过将所有股票根据前 6 个月的回报进行排序，进而构建投资组合来进行的。值得注意的是，JT 方法与本章研究中使用的 52 周最高价的惯性策略不同。前者更像是一种无锚定策略。本章控制了 Fama-French 资产定价的风险因素，并计算了两两之间的偏相关性。惯性的拥挤程度由每只股票在一个特定的惯性十分位数上残差的平均相关性来度量。输家拥挤程度（MomCrowd^L）和赢家拥挤程度（MomCrowd^W）分别表述为：

$$\mathrm{MomCrowd}^L = \frac{1}{N^L} \sum_{i=1}^{N^L} \mathrm{partialcorr}(\mathrm{retrf}_i^L, \mathrm{retrf}_{-i}^L \mid \mathrm{mktrf}, \mathrm{smb}, \mathrm{hml})$$

$$(4\text{-}9)$$

$$\mathrm{MomCrowd}^W = \frac{1}{N^W} \sum_{i=1}^{N^W} \mathrm{partialcorr}(\mathrm{retrf}_i^W, \mathrm{retrf}_{-i}^W \mid \mathrm{mktrf}, \mathrm{smb}, \mathrm{hml})$$

$$(4\text{-}10)$$

其中，retrf_i^L（retrf_i^W）为极值输家（赢家）组合中股票 i 的日收益率；retrf_{-i}^L（retrf_{-i}^W）为极值组合中去除股票 i 的其他股票的平均日收益率；N^L（N^W）为输家（赢家）极值组合中股票的数量。

当惯性投资不拥挤的时候，价格在短期内是一个趋势，在长期内没有回报反转。然而，当惯性投资过于拥挤时，过度反应现象就会出现，因为价格超过了基本面，从长期来看会导致回报的反转效应。

4.4 价格惯性的时间序列模型

4.4.1 样本数据及描述性统计

本章样本包括 1986 年至 2014 年在富时全股指数（FTSE All-share）上市的所有公司，均来自 Thomson DataStream。本章从 1986 年开始，收集每日和每月股票价格和相应的 52 周高点价格、成交量（营业额）、市场价值（股票价格乘以发行的普通股数量）、回报指数（在指定的时期股票的价值增长指数）、市值账面比、流通股的数量和公司股价。本章保留所有含三年及以上数据的公司。

　　笔者从 Thomson Reuters 的详细预测数据库 I/B/E/S 中获取分析师的收益预测数据。特别是每个公司的每股平均预测收益。规模和价值风险因子的数据来自埃克塞特大学数据库，如 Gregory，Tharyan 和 Christidis (2013)所述[111]。数据包含了市场因子（市场指数减去一个月国库券利率的超额收益）、规模因子（小规模组合减去大规模组合的超额收益）和价值因子（高账面市值比组合减去低账面市值比组合的超额收益）。

　　各变量的汇总和描述性统计见表 4.1。面板 A 报告了每月股票收益的汇总。从表 4.1 的面板 A 中可以看出，惯性收益集中在 0.76％的平均值附近。面板 B 报告了与信息不确定性相关的独立变量。GHH(GHL)是一个虚拟变量，如果股票位于基于 GH 比率的顶部（底部）投资组合中，则它等于 1，否则为 0。GHH 的均值为 0.1803，解释为约 18％的股票当前价格接近 52 周高点。WHH(WHL)也是一个虚拟变量，如果股票属于机构赢家（输家）投资组合，但不包括在散户赢家（输家）投资组合中，则为 1，否则为 0。买入和卖出的变量是分析师的预测修正模型。与惯性变量类似，如果股票位于预测修正组合的顶部（底部），买入（卖出）是一个虚拟变量，取值为 1。面板 C 是本章使用的控制变量。公司的平均规模约为 5.81，这是一个很大的数字。账面市值比则平均分布在 0.47 左右。股票月平均收益率与 Beck 和 Narayanamoorthy(2013)在美国市场的研究结果接近。在下一节中，笔者将进一步研究变量之间的关系[154]。

表 4.1　各变量与描述性统计

变量名	描　述	样本数	均值	标准差	最小值	最大值
面板 A: 因变量						
回报收益	股票的收益率，频率为月度	199 680	0.0076	0.0810	−0.2162	0.2535
面板 B: 自变量						
GHH	虚拟变量：如果股票 i 被构建在 GH 赢家组合中则记为 1，否则为 0	199 680	0.1803	0.3844	0	1
GHL	虚拟变量：如果股票 i 被构建在 GH 输家组合中则记为 1，否则为 0	199 680	0.1802	0.3844	0	1
WHH	虚拟变量：如果股票 i 被选入机构持仓的赢家组合中则记为 1，否则为 0	199 680	0.1513	0.3583	0	1
WHL	虚拟变量：如果股票 i 被选入机构持仓的输家组合中则记为 1，否则为 0	199 680	0.1513	0.3583	0	1
Buy	虚拟变量：如果股票 i 被选入顶部的预测回顾组合则记为 1，否则为 0	199 680	0.1675	0.3734	0	1
Sell	虚拟变量：如果股票 i 被选入底部的预测回顾组合则记为 1，否则为 0	199 680	0.1615	0.3680	0	1
面板 C: 控制变量						
$Returns_{lag}$	滞后一个月的股票收益	199 680	0.0075	0.0810	−0.2161	0.254
$Size_{lag}$	前一个月的市值的自然对数	120 414	1.7996	5.8080	−0.3425	12.233
$BTMV_{lag}$	滞后一个月的账面市值比	199 680	0.7393	0.4659	0	2.273

注：总体样本包含 FTSE All-Share 上自 1987 年 1 月到 2012 年 12 月所有在列的股票。

4.4.2 实证研究结果

机构和个人投资组合的 GH 惯性回报见表 4.2 和表 4.3。表 4.2 的 A 组显示机构投资者的赢家和输家投资组合的回报，以及采用 GH 惯性策略的总惯性回报（赢家组合减去输家组合）。GH 惯性策略根据当前股价除以 52 周最高价对股票进行排名。此外，表 4.2 计算并报告了各持有期的月收益。有趣的是，这项研究发现，显著为正的回报都来自赢家投资组合。尽管这项研究发现输家一方的平均回报为负，但这些结果在统计学上都不显著。而且，当持有期增加时，惯性收益单调下降（从 3 个月到 5 年从 1.68% 到 0.86%）。持有期限越短，可以获得的惯性利润越大。在 5 年内，显著为正的总回报不会反转，这反映了投资者明显的反应不足现象。

表 4.2 的面板 B 报告了采用 GH 惯性策略的赢家和输家投资组合的 Fama-French 三因子的超额收益情况。在对市场、规模和价值因子进行控制后，超额收益略有下降。然而，无法解释的超额收益仍然存在于 3 个月到 5 年的持有周期中。与总回报一样，本章发现所有持仓的回报都具有显著的正收益。调整后的收益随着持有期的增加而单调下降。净买入和净卖出策略的平均收益率由 3 个月的 1.388% 下降到 5 年的 0.735%。有趣的是，当持有期限在 2 年以上时，输家投资组合的回报变得很大，并且具有统计学意义。这表明，即使从长期来看，卖空输家组合也可以表现强劲。

个人投资者的赢家和输家投资组合的收益，以及 GH 惯性策略下的总惯性收益（赢家组合减去输家组合）见表 4.3。本章报告的投资组合中包含：少于 5 只组合，6 只到 10 只组合，11 只到 15 只组合，16 只到 20 只组合。研究发现，几乎所有投资组合的整体回报率在所有持有期都维持着较高的水平。个人赢家投资组合，类似于机构持有的赢家投资组合，获得了显著的正月度回报。本章发现，投资组合中股票的数量越少，惯性回报越高。赢家每月的最高回报来自少于 5 只股票的投资组合。在 3 个月的持有周期内，它的平均月回报率为 1.56%。与此同时，卖方输家的投资组合也能带来类似的回报。这项研究发现，如果投资者在买入赢家投资组合的同时卖出输家投资组合，通过买入和卖出策略每月可获得 2.70% 的利润。此外，与机构

表 4.2 英国 GH 惯性收益:机构投资组合

投资组合	3M	6M	9M	12M	2Y	3Y	4Y	5Y
面板 A: 持有期收益								
赢家组合	1.43%***	1.38%***	1.33%***	1.29%***	1.09%***	1.00%***	0.93%***	0.86%***
	(9.07)	(11.92)	(14.38)	(16.07)	(20.52)	(21.93)	(23.90)	(23.79)
输家组合	−0.27%	−0.25%	−0.23%	−0.21%	−0.11%	−0.06%	−0.06%	−0.05%
	(−1.04)	(−1.29)	(−1.46)	(−1.53)	(−1.25)	(−0.90)	(−1.23)	(−1.37)
买赢卖输策略	1.68%***	1.62%***	1.56%***	1.50%***	1.19%***	1.06%***	0.98%***	0.91%***
	(10.34)	(13.45)	(15.31)	(16.93)	(22.25)	(25.41)	(25.76)	(25.11)
面板 B: Fama-French 三因子 Alpha								
赢家组合	0.945%***	0.932%***	0.905%***	0.890%***	0.753%***	0.700%***	0.685%***	0.688%***
	(6.16)	(7.70)	(9.20)	(10.31)	(13.22)	(15.29)	(19.88)	(25.49)
输家组合	0.074%	0.050%	0.011%	−0.035%	−0.259%***	−0.322%***	−0.346%***	−0.321%***
	(0.26)	(0.23)	(0.06)	(−0.22)	(−2.58)	(−4.53)	(−5.78)	(−6.50)
买赢卖输策略	1.388%***	1.384%***	1.320%***	1.258%***	0.895%***	0.780%***	0.740%***	0.735%***
	(7.40)	(10.11)	(11.46)	(12.69)	(15.16)	(18.37)	(19.62)	(21.80)

注:惯性策略的不同持有期横跨了 3 个月 (M) 到 5 年 (Y) 时间。相关的投资组合由构建组合时的股价与过去 52 周最高价之比排序所得,前 30% 为赢家组合,后 30% 为输家组合。面板 A 报告了月收益率,而面板 B 则展示了对应的 Fama－French 三因子的超额收益。样本涵盖了自 1987 年 1 月到 2012 年 12 月所有 FTSE All-Share 在列的公司。表中的"*""**"和"***"分别代表在 10%,5% 和 1% 范围内显著。

表 4.3 英国 GH 惯性收益:散户投资组合

策略	股票数目	3M	6M	9M	12M	2Y	3Y	4Y	5Y
W	≤5	1.56%***	1.32%***	1.33%***	1.26%***	0.97%***	0.84%***	0.72%***	0.66%***
L	≤5	-1.14%**	-0.70%***	-0.42%***	-0.22%***	0.15%	0.27%***	0.45%***	0.48%***
W-L	≤5	2.70%***	2.02%***	1.74%***	1.47%***	0.82%***	0.57%***	0.27%***	0.17%***
W	≤10	1.45%***	1.26%***	1.28%***	1.21%***	0.91%***	0.80%***	0.70%***	0.64%***
L	≤10	-1.12%	-0.78%***	-0.53%***	-0.32%***	0.18%	0.33%***	0.46%***	0.50%***
W-L	≤10	2.57%***	2.04%***	1.81%***	1.53%***	0.72%***	0.47%***	0.24%***	0.14%***
W	≤15	1.40%***	1.24%***	1.21%***	1.17%***	0.89%***	0.79%***	0.71%***	0.66%***
L	≤15	-0.85%**	-0.64%***	-0.45%***	-0.23%***	0.27%***	0.39%***	0.49%***	0.52%***
W-L	≤15	2.25%***	1.88%***	1.66%***	1.39%***	0.62%***	0.40%***	0.22%***	0.14%***
W	≤20	1.37%***	1.21%***	1.18%***	1.13%***	0.88%***	0.79%***	0.72%***	0.66%***
L	≤20	-0.78%**	-0.58%***	-0.39%***	-0.18%***	0.33%***	0.44%***	0.51%***	0.53%***
W-L	≤20	2.14%***	1.78%***	1.56%***	1.30%***	0.55%***	0.35%***	0.20%***	0.13%***

注:惯性策略的不同持有期横跨 3 个月到 5 年时间。样本涵盖了自 1987 年 1 月到 2012 年 12 月所有 FTSE All-Share 在列的公司。相关的投资组合由构建组合时的股价与过去 52 周最高价之比排序而得,前 30% 为赢家组合,后 30% 为输家组合。面板 A 报告了月收益率而面板 B 则展示了对应的 Fama-French 三因子的超额收益。表中的"*""**"和"***"分别代表在 10%、5% 和 1% 范围内显著。

持有的投资组合相比,个人持有的投资组合在短期(3 至 6 个月)和中期(6 至 12 个月)具有更高的惯性回报。这意味着,个人投资者在金融市场中扮演着"破坏者"的角色。此外,锚定和调整倾向在个人投资者中更为明显。当投资组合的持有期限超过 12 个月时,笔者观察到个人持有的投资组合开始出现大量亏损现象。值得注意的是,这项研究没有观察到机构持有的投资组合出现这样的价值反转。因此,本章的结论是,与机构投资者相比,个人投资者对负面信息更敏感,导致接收负面信息最初的过度反应。

表 4.4 报告了分析师的预测修正比率是否对未来收益有很强的预测作用。表 4.4 显示,如果分析师能够识别惯性信号,并将其预测修正转化为新信息,那么就代表在控制 GH 惯性之后,分析师的预测修正可以解释未来股票的收益。该研究报告了机构持有的投资组合和个人持有的投资组合未来 3 个月的股票收益的回归结果。各变量的详细介绍如表 4.1 所示。本章发现两个回归显著的正(负)买卖变量系数($\beta_{\text{InstBuy}} = 0.0056, t = 7.87; \beta_{\text{IndiBuy}} = 0.0063, t = 8.87; \beta_{\text{InstSell}} = -0.0028, t = -3.58; \beta_{\text{IndiSell}} = -0.0043, t = -5.85$)。研究结果显示,在买入修正组合中做多股票而在卖出修正组合中做空股票的自筹资金策略是可以显著盈利的。此外,本章观察到英国市场出现了价格修正漂移,研究数据证实了买卖修正的盈利能力,这与现有文献的结果一致(Chen et al., 2015)。

然而,在控制了锚定惯性变量后,个体持有投资组合收益率的系数符号在赢家和输家虚拟变量上相反($\beta_{\text{IndiGHH}} = -0.0044, t = -1.33; \beta_{\text{IndiGHL}} = 0.0232, t = 7.00$)。这与 Low 和 Tan(2016)采用 20% 分界点构建惯性组合的结果形成对比,他们的惯性投资组合构建方法类似于使用 30% 分界点的机构投资组合。另外,机构投资组合回归结果则与其他文献结论保持一致($\beta_{\text{InstGHH}} = 0.0006, t = 0.78; \beta_{\text{InstGHL}} = -0.0046, t = -5.78$)。这意味着散户投资者行为较易波动,而机构投资者则倾向于在他们的策略中纳入专业分析数据的建议。

表 4.4 预测回顾的面板回归

变量	预测符号	机构组合R_{t+3}	个体组合R_{t+3}
Buy	＋	0.0056***	0.0063***
		(7.87)	(8.87)
Sell	－	−0.0028***	−0.0043***
		(−3.58)	(−5.85)
GHH	＋	0.0006	−0.0044
		(0.78)	(−1.33)
GHL	－	−0.0046***	0.0232***
		(−5.78)	(7.00)
Size$_{lag}$	＋/－	−0.0110***	−0.0104***
		(−29.87)	(−28.47)
Value$_{lag}$	＋/－	0.0151***	0.0148***
		(33.35)	(32.79)
R$_{lag}$	＋	0.0255***	0.0271***
		(8.75)	(9.21)
Cons	＋/－	0.0650***	0.0609
		(28.58)	(27.30)
N		555	555
R^2		0.0205	0.0268
固定效应		控制	控制

注:所有变量的描述请见表 4.1。样本涵盖自 1987 年 1 月到 2012 年 12 月所有 FTSE All-Share 在列的公司。表中的"＊","＊＊"和"＊＊＊"分别代表在 10％,5％和 1％范围内显著。

　　迄今为止,本章的结果表明,与机构投资者相比,个人投资者构建的投资组合波动性更大,且存在明显的锚定和调整偏差。图 4.1 直观地表示了样本周期中机构投资者和个人投资者的时间序列惯性收益。从图 4.1 可以看出,机构惯性投资组合收益与个人惯性投资组合收益的走向是一致的,但是机构组合更为平稳。这一结论进一步证实了之前的发现,即由于锚定和调整偏差,个人投资者往往会通过将资产价格远远推离基本面而破坏市场的稳定性。

　　每个持有的赢家和输家投资组合的收益情况见图 4.1。值得注意的是，机构的输家投资组合业绩与散户的输家投资组合业绩存在显著差异。并且，散户输家投资组合往往比机构输家投资组合更具有滞后效应。这些发现进一步证实，个人投资者对新信息的反应不足，会对股市资产的价格产生不稳定的影响。

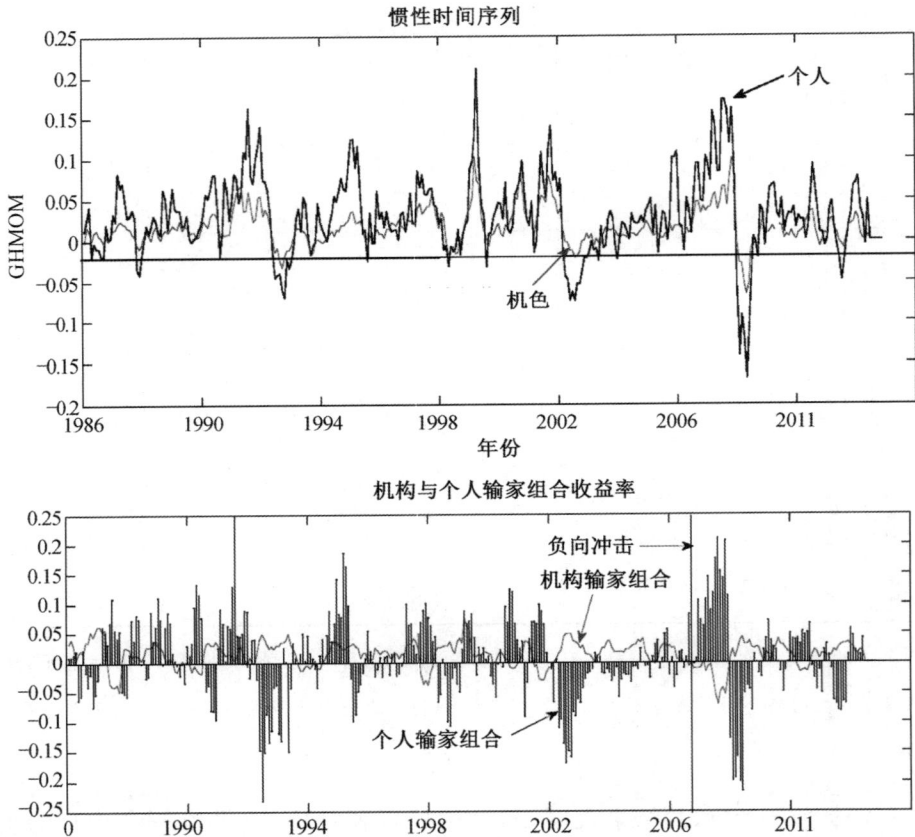

惯性时间序列

机构与个人输家组合收益率

机构与个人赢家组合收益率

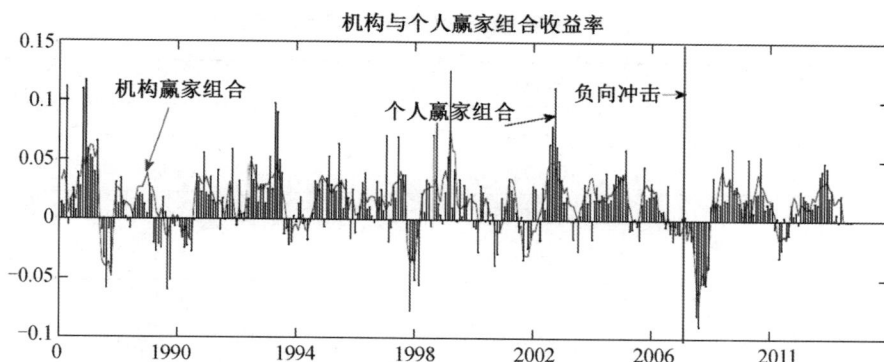

图 4.1　惯性收益的时间序列

　　在大多数情况下,散户和机构持有的投资组合均能反映出显著的回报惯性效应。然而,在 2007 年至 2009 年全球金融危机期间,我们可以观察到,两类投资者都存在明显的惯性崩盘。事实上,这场危机是一场巨大的负面冲击,基于这一背景,本章为了解突发性流动冲击对个人和机构持有的股票的影响,将危机之后的时间虚拟变量定义为 1,如果观察时间在 2007 年 9 月英国北岩银行被收归国有之后,则时间虚拟变量为 0。研究将实验组股票定义为机构投资者持有的股票,而个人投资者持有的股票则为对照组。因此,本章比较了机构持有的股票和个人持有的股票在大型负面经济事件前后的差异。

　　在控制了过去的收益、规模和价值因素后的回归结果见表 4.5。研究发现,统计上有显著的证据表明,金融危机后,机构持有的赢家投资组合有回报逆转迹象,负面影响对股票收益有负面影响($\beta_{DID} = -0.147, t = -5.22$),与此同时,之前亏损较多的投资组合对股票收益存在正面影响($\beta_{DID} = 0.171, t = 4.67$)。这一发现扩展了现有的惯性文献,本章发现亏损股票的回调是惯性崩盘的主要原因。本章还发现,不论赢家组合还是输家组合都有回报逆转效应。此外,实验组只包含由大型交易商选择的股票。因此,反转效应仅仅是由大量的惯性交易活动驱动的。这与 Hong 等(2000)的认知偏差解释一致。也就是说,当有太多惯性参与者时,股票就会出现错误定价。由于市场的过度反应,股票价格往往矫枉过正。

表 4.5　机构与散户在金融危机冲击期间的组合表现

变量	WHHT	WHLT
DID	-0.147^{***}	0.171^{***}
	(-5.22)	(4.67)
R_{lag}	0.118^{***}	0.115^{***}
	(21.69)	(21.14)
Size_{lag}	-0.046^{***}	-0.045^{***}
	(-12.61)	(-12.28)
BTMV_{lag}	-0.053^{***}	-0.053
	(-6.88)	(-6.88)
常数	-2.509^{***}	-2.624^{***}
	(-95.46)	(-100.44)
时间固定效应	控制	控制
股票固定效应	控制	控制
观测量	36 478	36 478
R^2	0.0277	0.03

注:本章将 2007—2009 年金融危机作为惯性投资者的外生冲击事件。本表展示了全样本收益的回归结果。本章将机构投资者的选股组合作为实验组,其他组合选股作为对照组。其中,时间变量为 2007 年 9 月之后的样本时期。DID 为倍差回归的贝塔系数。表中的"＊","＊＊"和"＊＊＊"分别代表在 10％,5％和 1％范围内显著。本表中的变量描述详见表 4.1。

　　为了进一步研究机构投资者的认知偏差和过度反应行为,本章采用了 Lou,Polk 和 Skouras(2019)提出的方法观察机构投资者的过度交易。本章通过应用 JT 的(6,12)惯性策略对英国惯性投资进行调查,即 6 个月的排名期和 12 个月的持有期。表 4.6 给出了 1987 年至 2012 年英国惯性投资的汇总数据。按照传统的惯性策略,所有股票在每个月底根据之前 6 个月的回报率进行排序和分组投资组合,排序跳过最近的一个月。在控制了 Fama-French 三个因子后,本章计算了所有股票在赢家投资组合和输家投资组合挤兑的情况。MomCrowd^L(MomCrowd^W)是输家(赢家)组合的挤兑指标。mktret36 是 $t-2$ 至 t 年的 3 年市场投资组合收益率,mktvol36 是 $t-2$

年至 t 年市场投资组合的月度收益率波动率。面板 A 显示了上述变量的汇总统计信息。它表明惯性投资随时间而变化。在整个 26 年的英国样本的投资组合选择期间,平均输家投资组合的偏相关系数为 0.121。结果与 Lou,Polk 和 Skouras(2019)的经验文献相似,他们发现美国市场的输家投资组合的平均相关性为 0.118。输家投资组合的偏相关性在 −0.004 到 0.649 之间。与美国市场相比,英国的波动幅度更大,表明市场波动性更大。类似的模式可以在赢家投资组合中找到。赢家组合的平均偏相关系数为 0.107,范围也很广,从 −0.015 到 0.488。

　　面板 B 显示了这些变量之间的时间序列相关性。结果表明,输家和赢家惯性组合在时间上具有高度的相关性(相关系数为 0.580)。这与之前文献记载的惯性超额收益取决于一般市场状态和市场波动一致(Cooper,Gutierrez 和 Hameed,2004)[105]。本章还包括了过去三年的市场回报率和过去三年的月度市场回报率波动率的测试。表 4.6 显示,输家惯性投资组合与过去市场平均收益率(−0.122)以及过去市场波动率(−0.024)呈现负相关。赢家惯性挤兑组合也与过去的市场收益负相关(−0.008),但与过去的市场波动率正相关(0.058)。图 4.2 描绘了赢家和输家投资挤兑的现象。它表明惯性的挤兑是持续一段时间的。20 世纪 90 年代初,当伊拉克入侵科威特的时候,这种势头达到了顶峰。此后,惯性策略开始受到广泛关注。图4.2亦显示在主要金融冲击期间,例如 1997 年的亚洲金融危机、1998 年的长期资本管理危机、2000 年的科技繁荣,以及 2007—2009 年的金融危机,惯性投资均有显著提高。表 4.7 显示了传统的 Jegadeesh 和 Titman(1993)的惯性策略作为滞后惯性挤兑的函数回归。所有股票在每个月底根据之前 6 个月的回报率被分成赢家和输家投资组合,并且这种排序跳过最近的一个月。股价低于每股 5 英镑的股票不包括在样本中。本章基于惯性挤兑将所有月份分为五组,MomCrowdL 是基于输家投资组合的挤兑变量。该表报告了1987 年至 2012 年投资组合形成后的三年里,从低到高的 MomCrowdL。第 0 年是投资组合选择期。本章给出了惯性策略的月平均收益,如表 4.7 所示。本章发现,投资组合形成的年回报率与惯性投资者增加一致。第一组包含惯性挤兑较低的月份,而第五组拥有最高惯性挤兑的月份。惯性挤兑越大,产生的惯性回报就越高。研究报告显示,第 5 组和第 1 组之间的惯性差异为每月 7.47%($t=6.07$)。然而,本章发现惯性股形成后回报在惯性挤兑的水平上递减。此外,在第 1、2 和 3 年,所有的收益都为负。在第一年,月度惯性收益为每月下降 0.47%($t=-5.67$)时惯性占优。类似的模式在第 2 年和第 3 年同样成立。惯性回报在惯性挤兑时被标记并持续减少。在第 2 年,第 5 组和第 1 组在惯性股形成后月度收益差降低了 0.23%($t=-5.38$)。在第 3 年,这种差距降低了 0.03%($t=-1.03$)。

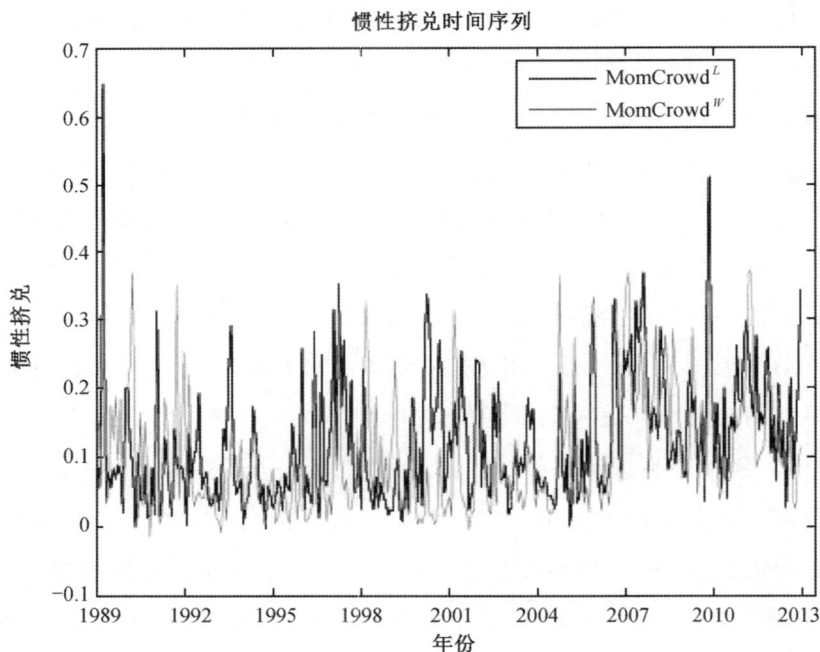

图 4.2　惯性挤兑与惯性收益

表 4.6　惯性挤兑规模的描述性统计

面板 A：惯性挤兑描述性统计					
变量	数量	均值	标准差	最小值	最大值
$MomCrowd^L$	288	0.121	0.093	-0.004	0.649
$MomCrowd^W$	288	0.107	0.092	-0.015	0.488

续表

mktret36	288	0.329	0.327	−0.376	1.046
mktvol36	288	0.044	0.012	0.022	0.071

面板 B：时间序列相关性研究				
变量	MomCrowd[L]	MomCrowd[W]	mktret36	mktvol36
MomCrowd[L]	1	0.580	−0.122	−0.024
MomCrowd[W]	0.580	1	−0.008	0.058
mktret36	−0.122	−0.008	1	−0.565
mktvol36	−0.024	0.058	−0.565	1

注：本表展示了英国市场 1987—2012 年惯性挤兑规模效应的描述性统计。所有的样本股票均基于惯性策略进行十分位排序构建。在控制了 Fama-French 三因子之后，本章计算了赢家（输家）惯性组合的偏相关系数。其中股价低于 5 英镑的股票被剔除在了样本外。MomCrowd[L]（MomCrowd[W]）为输家（赢家）的偏相关组合。Mktret36 为到第 $t-2$ 年到 t 年的三年市场组合收益，mktvol36 为第 $t-2$ 年到 t 年的三年市场组合的月度收益波动率。面板 A 汇报了以上变量的描述性统计结果而面板 B 则呈现了时间序列相关性结果。

本章也报告了惯性策略作为滞后惯性挤兑的回归。本章基于 mktret36 将所有月份分为五组，mktret36 是 $t-2$ 年至 t 年的三年市场投资组合回报。结果表明，不存在长时间的重复回报反转。这些发现与 Lou,Polk 和 Skouras(2019)的研究结果一致，他们认为这种惯性挤兑的测量是独一无二的[141]。

图 4.3 的上半部分描绘了在投资组合形成期之后的三年里，惯性策略的累计收益。结果表明，在惯性挤兑程度较低时，累计买入并持有的策略收益为正；在惯性挤兑程度较高时，累计买入并持有的策略收益为负。图 4.3 的下半部分绘制了从组合形成当年开始到组合形成后三年的惯性策略。结果表明，当惯性挤兑程度较小时，累积惯性逐渐增大。惯性挤兑程度较大的情况则刚好相反。当收益从第 1 年到第 3 年从峰值下降时，相应的惯性收益表现出过度反应。这进一步证实了关于机构投资者认知偏差的观点。许多研究指出，当市场下跌或波动时，惯性崩盘是可以预测的。例如，Daniel 和

Moskowitz(2011)和 Kent，Jagannathan 和 Kim(2012)关注惯性回归的非常态特征[107, 155]。在表 4.8 中，研究提供了经验数据来显示惯性挤兑指标预测惯性回报偏态的时间序列变化的程度。笔者考察了日回报的偏态。表4.8报告了惯性投资组合成立后第 1 个月、第 1 个月至第 3 个月、第 1 个月至第 6 个月和第 1 个月至第 12 个月的日收益偏斜度。当惯性挤兑程度较高时，偏态性变低。从表 4.8 可以看出。在持有期的前三个月，惯性挤兑程度最低的月份有一个平均偏度为 0.015($t=0.09$)。第 5 组，也就是最高惯性挤兑组的月偏度值为 -0.327($t=-2.52$)。这些结果在频率为天的偏度研究中依然成立。

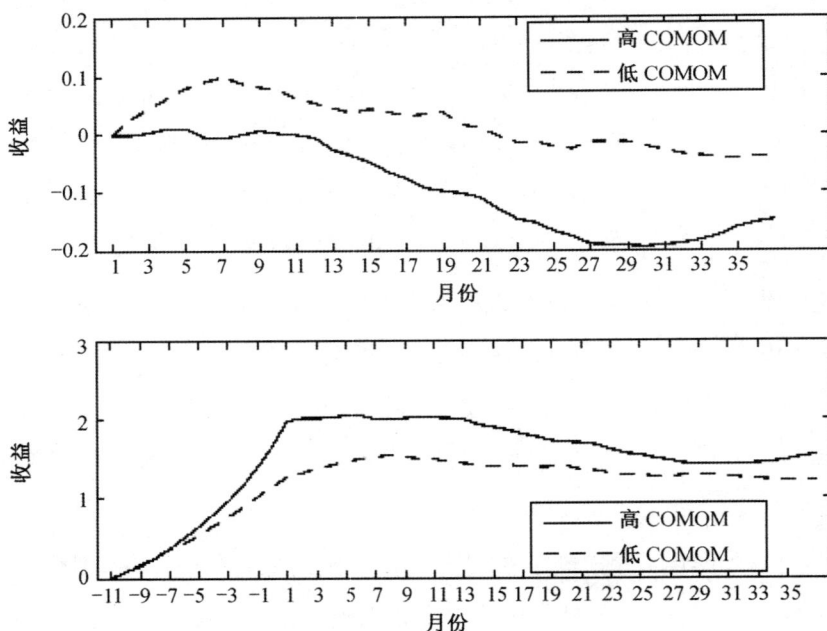

图 4.3 惯性挤兑与惯性收益

表 4.7　惯性挤兑规模下的惯性收益

面板 A: 根据惯性挤兑规模排名的惯性收益

项目	观测量	第 0 年		第 1 年		第 2 年		第 3 年	
五分位排序		估计值	t 检验	估计值	t 检验	估计值	t 检验	估计值	t 检验
1	52	10.54%	(11.23)	−0.26%	(−3.83)	−0.89%	(−27.74)	−0.84%	(−40.21)
2	52	11.49%	(11.73)	−0.35%	(−5.31)	−0.89%	(−29.85)	−0.82%	(−47.09)
3	52	14.42%	(13.06)	−0.53%	(−7.04)	−1.00%	(−28.41)	−0.83%	(−73.62)
4	52	15.54%	(15.27)	−0.57%	(−8.21)	−1.03%	(−29.66)	−0.83%	(−62.11)
5	52	18.01%	(22.23)	−0.74%	(−13.84)	−1.12%	(−36.58)	−0.86%	(−56.75)
5−1	—	7.47%	(6.07)	−0.47%	(−5.67)	−0.23%	(−5.38)	−0.03%	(−1.03)
OLS	—	0.03%	(5.70)	0.00%	(−5.29)	0.00%	(−3.09)	0.00%	(−1.33)

面板 B: 根据 mkt36 排名的惯性收益

项目	观测量	第 0 年		第 1 年		第 2 年		第 3 年	
五分位排序		估计值	t 检验	估计值	t 检验	估计值	t 检验	估计值	T 检验
1	52	9.49%	(29.62)	−0.51%	(−1.93)	0.39%	(1.92)	0.52%	(1.94)
2	52	8.35%	(27.74)	1.59%	(3.35)	−0.60%	(−2.35)	0.00%	(0.01)
3	52	7.15%	(26.85)	0.24%	(0.59)	−1.26%	(−3.76)	0.36%	(1.35)
4	52	7.29%	(19.86)	−0.42%	(−0.90)	−1.70%	(−3.98)	−0.12%	(−0.38)
5	52	7.89%	(27.46)	0.36%	(1.02)	−1.71%	(−3.82)	−0.92%	(−2.82)
5−1	—	−1.60%	(−3.90)	0.87%	(2.03)	−2.10%	(−4.12)	−1.45%	(−3.51)
OLS	—	−0.01%	(−3.96)	0.00%	(0.62)	0.00%	(1.18)	0.00%	(−0.21)

注:本表展示了滞后一期惯性挤兑与惯性收益的回归结果。在样本中股价低于 5 英镑的股票被剔除。本章所有的月份按照 MomCrowd^L 平均收益偏相关(面板 A)以及 mkt36(面板 B)进行排序。本表汇报了自 1987 年到 2012 年间所有的惯性三年收益,其中第 0 年为排序年。本章同时反映了惯性策略组合的赢家组合的平均收益。"5−1"为从高到低的惯性挤兑之差,OLS 为惯性挤兑收益的回归结果,括号中则为 t 检验的结果。

表 4.8　惯性收益偏度预测

项目	观测量	1个月		1~3个月		1~6个月		1~12个月	
五分位排序		估计值	t检验	估计值	t检验	估计值	t检验	估计值	t检验
1	52	0.054	(0.44)	0.015	(0.09)	-0.126	(-0.70)	-0.159	(-0.89)
2	52	-0.018	(-0.13)	-0.220	(-1.79)	-0.404	(-3.32)	-0.485	(-4.41)
3	52	-0.090	(-0.73)	-0.219	(-1.47)	-0.052	(-0.31)	-0.216	(-1.21)
4	52	0.048	(0.35)	-0.124	(-0.77)	-0.541	(-3.06)	-0.736	(-4.92)
5	52	-0.180	(-1.74)	-0.327	(-2.52)	-0.231	(-1.45)	-0.197	(-1.02)
5-1	—	-0.234	(-1.60)	-0.343	(-1.52)	-0.105	(-0.47)	-0.039	(-0.15)
OLS	—	0.000	(0.66)	0.000	(0.01)	-0.001	(-1.17)	-0.001	(-0.91)

注：本表汇报了惯性收益的偏度与滞后一期的惯性挤兑的回归结果。在样本中股价低于 5 英镑的股票被剔除。本章将所有的月份按照 $MomCrowd^L$ 平均值的收益偏度相关进行排序。表中汇报了日均收益偏度从第 1 个月以及第 1 到第 3 个月（第 1 个月到第 6 个月以及第 1 到第 12 个月）的赢家输家组合之差。样本涵盖了 1987 年至 2012 年间所有在 FTSE All-Share 上市的公司，"5-1" 为从高到低组合之差，OLS 为月惯性收益与惯性挤兑情况的回归结果，括号中为 t 检验的结果。

4.5 本章结论

本章考察了 52 周高价的锚定惯性策略（George 和 Hwang，2004）[13]，适用于英国各种持有范围的机构投资者和个人投资者。本章研究发现，在持有周期较短的情况下，惯性收益高而稳健。分析还表明，个人投资者相比机构投资者的锚定和调整倾向更为明显。本章将这种偏差归因于个人投资者的经验缺乏。利用分析师的收益预测修正率，研究结果表明，有经验的机构投资者更有可能吸收惯性信号，并最终将他们的预测修正转化为新信息。重要的是，分析表明，机构持有的投资组合具有显著的系数。相比之下，个人持有的投资组合不会产生类似的结果，这表明个人投资者缺乏经验。因此，他们的策略对股票市场效率常常带来不稳定的影响。

此外，惯性回报通常是显著为正的。然而，在某些时刻，惯性会崩盘。这项研究发现，2007 年全球金融危机发生时，经济增长的势头明显减弱。笔者进一步区分了个人持有的股票和机构持有的股票组合，进而考察了金融危机前后这两组股票收益的差异。本章研究发现，惯性崩盘不仅是由亏损的输家投资组合引起的，赢家投资组合同样会发生崩盘。该研究还发现，机构投资者往往存在导致惯性崩盘的认知偏见。

继 Lou，Polk 和 Skouras（2019）之后，本章进一步采用无锚定 JT 惯性策略研究认知偏差。本章通过筛选其他资产价格超额收益的影响，量化了英国市场的惯性挤兑现象。研究结果表明，当英国机构惯性投资者在惯性交易中过于拥挤时（即当惯性挤兑指标处于高位时），价格会反应过度。

总体而言，本章的结论是，一方面，个人投资者缺乏经验，且存在人为的锚定和调整偏差。另一方面，机构投资者则更有经验。即使他们仍然受到认知偏见的影响，也会在一定程度上导致股价偏离基本面。但他们的经验表明，股市因他们而更加高效和稳定。

综上所述，本章的结果对实际投资者、政策制定者、监管者和投资组合经理均有启示。对于个人投资者来说，他们可以通过持有短期投资组合来实现利润最大化。与机构投资者相比，个人投资者具有更显著的锚定效应。

政策制定者在制定政策时,可以隐含区分机构和个人交易的差异。一般的研究认为,在惯性交易中,投资者应该买入赢家组合卖出输家组合。相反,本研究结果表明,个人投资者倾向于卖出赢家组合买入输家组合,而且会进行反向操作,即使反向操作在这些层面上是无利可图的。

第五章　资本市场异象与国家治理能力

5.1 市场异象与国家治理

　　1977 年,世界银行报告中第一次提出了国家治理的概念。近年来,数据分析师、会计师以及决策者运用会计与治理能力数据探索治理能力的提高与市场稳定之间的相关性研究,从而为各领域决策者提供了重要的决策依据。这项机制在一定程度上影响了金融市场,尤其是股票价格的表现。总体而言,该论点的提出建立在有效市场假说的框架之下,即所有信息已被市场所定价。自 1960 年有效市场假说被提出以来,该理论持续地影响了整个经济和金融市场的研究。根据有效市场假说,任何偏离均衡定价的现象均被视为"异象"（Asness,Moskowitz 和 Pedersen,2013；Cornell,Hsu 和 Nanigian,2017；Daniel 和 Moskowitz,2016；Power,Lonie 和 Lonie,1991；Wang,2008)[75,106,107,156,157]。其中,全球金融市场广泛存在着一种异象:过去表现相对较弱（较强）的证券在不久的将来持续表现为弱势（强势)（Asness,Moskowitz 和 Pedersen,2013；Zaremba,2018)[75,158]。在这种背景下,对于全球股票市场的研究应当侧重于信息融合与公司治理以及国家层面下治理水平之间的关系。这将有效减少投资者因挖掘超额收益率而带来非效率的投机行为。以往的会计和金融研究发现,价格并不一定随着信息融合波动。然而时至今日,超额收益率持续的惯性现象依旧挑战着有效市场假说。

　　价格的惯性理论一开始主要关注于挖掘过去的信息。Jegadeesh 和 Titman(1993)根据过去 12 个月的收益率表现构建投资组合,通过买赢卖输的交易策略在美国市场持续获得了超额收益率。他们将这一现象定义为价格惯性。该研究成果随后被广泛应用于全球市场的实证研究中（Antoniou，Doukas 和 Subrahmanyam，2013；Foltice 和 Langer，2015；Griffin，Ji 和 Martin，2003；Jegadeesh 和 Titman，2001）[21, 142, 159, 160]。类似地，Moskowitz 和 Grinblatt（1999）[15] 以及 Hameed 和 Mian（2015）按照过去行业收益率构建惯性投资组合[88]，他们的研究均为惯性现象提供了重要的实证依据。在随后的研究中，研究人员依据有效市场假说的强弱分级拓展了惯性交易策略：拓展后的惯性策略不仅包含过去的收益信息，还包含了即时信息用以构建投资组合并取得超额投资收益率。这一方面的实证研究以 George 和 Hwang（2004）的惯性交易最具代表性[13]。他们按照当下的价格与过去 52 周该股的最高价格的比值进行排序并构建惯性投资组合从而获取超额收益率。这一灵感来自行为金融学的锚定效应：投资者在决策时，易受第一印象支配，就像船锚固定船只一样固定人的思维。过去 52 周股票的最高价即为投资者脑中的船锚，随时与波动中的股价进行比对，从而影响投资决策，导致价格惯性现象的产生。这一惯性策略随后得到了诸多学者的支持（Bhootra 和 Hur，2013；Chen 和 Yang，2016；Liu，Liu 和 Ma，2011）[144, 161, 162]。然而，尽管惯性投资策略受到广泛的关注，但研究人员在构建惯性组合的方法上尚未达成一致。这主要是由于各个地区的市场存在明显差异，并且惯性策略在投资周期上具有随机性（Zaremba，2018）[158]。针对过往文献中出现的分歧，本章在全球各大股票市场中构建两种惯性投资组合，并将惯性组合应用于短、中和长三种投资周期测算超额收益率。

尽管价格惯性引发了多方学者的关注，然而这种异象却难以被理论解释。针对惯性异象的理论解释，研究人员做了以下两个方向的尝试：一是从传统金融学的"收益—风险"权衡模型角度出发挖掘惯性超额收益率的理论解释（Avramov 和 Chordia，2006；Fama 和 French，1996；Liu 和 Zhang，2008）[17, 20, 22]，另一种则是从行为金融学的角度对投资者非理性行为进行阐述（Antoniou，Doukas 和 Subrahmanyam，2013；Avramov，Cheng，和 Hameed，2016；Baker 和 Stein，2004；Barberis，Shleifer 和 Vishny，1998；Chen 和 Vincent，2016；Hong 和 Stein，1999；Stambaugh，Yu 和 Yuan，2012；

Wang 和 Xu,2015)[24, 25, 106, 159, 163−165]。最近,有学者提出将两个方向结合起来共同解释价格惯性异象(Brunnermeier 和 Sannikov,2014;Hutchinson 和 O'Brien,2020;Perez-Quiros 和 Timmermann,2000)[93, 94, 96]。本章对文献进行梳理,在解释惯性异象理论方面运用崭新的研究视角考察了问责权以及国家治理水平对股价惯性及超额收益率的影响,通过各国治理能力情况的研究为惯性异象提供了国家层面的解释。

国家治理水平按照国家治理能力指标划分为六大类,分别为:贪腐控制程度、政府施政有效性、司法有效性、市场经济限制程度、政治稳定程度、政治参与度。过往研究表明,国家治理水平的提升显著影响着企业融资(Fan,Wei 和 Xu, 2011)[166] 和发展质量(Kaufmann,Kraay 和 Zoido-Lobaton,2000)[167]。由于国家层面的治理能力提高对系统性风险有一定程度的抑制作用,因此国家治理能力与市场惯性异象存在一定负相关性(Hooper,Sim 和 Uppal,2009)[168]。本章正是基于这一假设提出国家治理水平可以通过降低系统性风险来达到稳定金融市场的功能,进而对惯性异象有所抑制。

亚当·斯密在《国富论》中提出了自由主义经济学的理论雏形。自由主义经济学认为市场是由一只"看不见的手"所控制。政府不应对市场有过多的管理和干预,当市场处于自由竞争时期,供给和需求将决定市场均衡水平。直到 20 世纪 30 年代,美国出现严重的经济危机引发大萧条之后,以凯恩斯为首的国家干预理论逐渐占据主导,逐步取代了自由主义,大多数国家开始强化政府对市场的管理。直到 20 世纪 70 年代,各国经济纷纷出现了"滞胀"现象,各国经济学家提出将市场和政府干预有机结合,共同促进经济的发展。汪向阳和胡春阳(2000)的研究认为,市场虽然对资源配置有重要影响,但也会造成社会分配的不公。大企业的垄断行为严重干扰着市场秩序,容易导致失业率上升进而影响整体经济的健康发展。因此,治理理论应运而生[169]。

综上,本章研究了国家治理水平对股票价格超额收益率以及惯性异象的作用机制,对已有文献有以下几点贡献。第一,本章从国家层面上研究了各治理能力指标对价格惯性起到的解释作用,综合了传统金融学及行为金融学理论,为价格惯性文献提供了新的理论解释,具有重要理论意义。第二,本章运用两种惯性交易策略分别对弱有效市场假说和中强有效市场假说模拟冲击,并对两种组合策略进行 Fama-Macbeth(1973)截面分析。在全球各市场范围内控制市场大小以及价值等特定的变量之后,笔者发现价格在各国市场上均呈现显著的持续惯性现象,且仅包含过去收益率信息的组合惯性收益率更高。这从一定程度上反映了市场发展水平,为决策者维护金融市场稳定提供了理论依据。第三,本章研究了短、中、长三种周期下的惯性交易组合并复盘了相应的超额收益率,为已有文献提供了持有期维度的经验数据,为决策者制定相应的政策法规提供了实证依据,具有重要的实际意义。

5.2 国家治理水平与资本市场价格

本章文献综述从治理环境与股价惯性表现出发,分别梳理了过往相关文献。随后,笔者梳理了国家治理能力指标在解释惯性异象方面的相关文献,并根据已有文献的不足,提出从国家层面以及全球视角研究国家治理水平与股价惯性的关系。

5.2.1 国家治理水平与股票市场表现文献研究

目前的学术研究对国家治理水平与股票市场表现展开了激烈的讨论:机构组织治理能力的提高如何更好地为投资者提供保护并促进股票市场表现是这项讨论的基本前提。对于从国家层面进行估值并度量治理水平成了目前文献上的焦点。近年来,研究人员的研究视角已逐渐从公司层面的治理水平转向更高层面,即组织或国家层面的治理水平上来(Ball,Kothari 和 Robin,2000;Bota-Avram,2013;Shleifer 和 Vishny,1993;Zaremba,2018)[158,170-172]。在决策方面,国家治理水平是全球各个国家以及资本市场关注的重要问题:Milyo(2012)发现国家治理能力显著影响着资本市场的稳定[173]。Bechtel(2009)以及 Jorion 和 Goetzmann(1999)的研究则显示,系统性投资风险与稳定的政治政策环境显著相关[174,175]。一个稳定的政治环境对提高资本市场整体表现有着积极的促进作用(Bailey,Heck 和 Wilkens,

2005；Chiu，Chen 和 Tang，2005；Frey 和 Waldenstrom，2004）[87,176,177]。Low，Kew 和 Tee(2011)则得出相反的结论,他们发现政治参与度与金融市场表现负相关[178]。

在发展经济体的研究中,Munteanu 和 Brezeanu(2014)提出加大对贪腐的控制程度以及提高政府施政有效性有助于提高银行利润[179]。Hail 和 Leuz(2009)发现有效的政治环境有助于降低机构的资本成本[180]。他们的研究得到了 Albuquerue 和 Wang(2008)的证实:缺乏投资者保护的国家和市场在成交量以及投资总额方面表现较弱[181]。类似的研究在发达经济体中得到证实(Giannetti 和 Koskinen,2010)[182]。张卫国,马文霞和任九泉(2002)指出,国民经济的健康运转不仅需要个体企业的积极参与,更需要国家监管部门的宏观调控。只有将市场的自主性和政府的宏观调控有机结合起来,金融市场才能健康发展[183]。

总体而言,目前的文献虽然强调增强国家层面治理水平的认知,进而促进金融市场的发展,世界范围内的实证研究结论却呈现出几种不同的声音。因此,本章针对世界市场整体的研究将为目前此方向的文献提供更全面的实证数据及结论。

5.2.2 价格惯性解释以及国家治理环境文献研究

价格惯性现象是当前资本市场上被观测到的一种普遍存在的异象。股价惯性是指在一定时间内,股票的收益率保持同方向的变化趋势。换而言之,过去表现良好的股票将在未来一段时间内持续盈利,而过去表现不好的股票则将继续表现颓势。惯性理论最早由 Jegadeesh 和 Titman(1993)提出。他们通过研究 1965—1989 年美国股票市场发现,购买过去 12 个月内表现最好的股票同时卖空表现最差的股票组合可以在未来 12 个月内获得超额回报。随后,世界范围内的实证研究均印证了惯性理论的存在。在进一步探索中,研究人员依据有效市场假说的强弱分级拓展了惯性交易策略:拓展后的惯性策略不仅包含过去的收益信息,还包含即时信息用以构建投资组合并取得超额投资收益率。这一方面的实证研究以 George 和 Hwang(2004)的惯性交易最具代表性。他们按照当下的价格与过去 52 周该股的最高价格的比值进行排序并构建惯性投资组合从而获取超额收益率。这一灵感来自行为金融学的锚定效应:即投资者在决策时,易受第一印象支配,就像船锚固定船只一样固定人的思维。过去52周股票的最高价即为投资者脑中的船锚,随时与波动中的股价进行比对,从而影响投资决策,导致价格惯性现象的产生。这一惯性策略随后得到诸多学者的支持(Bhootra和Hur,2013;Liu,Liu和Ma,2011)[144,161]。

股票价格惯性的发现使得有效市场理论以及传统金融学面临着极大的挑战。针对惯性现象的形成机理,国内外学者始终未达成共识。传统经济学通常从宏观经济风险的角度来解释惯性的超额收益(Fama和French,1996;Conrad和Kaul,1998;Griffin,Ji和Martin,2003;Pastor和Stambaugh,2003;Bansal,Dittmar和Lundblad,2005;Liu和Zhang,2008)[11,18-22]。行为金融学派则认为股价惯性所获得的超额收益率源自投资者的过度自信(Barberis,Shleifer和Vishny,1998;Hong,Lim和Stein,2000;Baker和Stein,2004)[24-26]。学术界之所以有分歧,究其原因,一方面来自心理学的解释忽略了造成价格惯性的风险因素,另一方面,单纯的风险收益理论则很难解释为什么最近价格上涨的股票风险就更大这一问题。

因此,在解释惯性异象这一问题上,越来越多的学者将两派观点结合起来进行研究(Avramov,Cheng和Hameed,2016;Fama和French,2018)[82,184]。2007年年末美国爆发的金融危机波及全球。研究表明,美国股票市场在金融危机爆发期间,其惯性异象土崩瓦解(Daniel和Moskowitz,2016)[107]。这主要是由于突发的金融危机触发了流动性危机。在流动性危机框架下,进一步研究促使股价回归均衡的要素成为亟待探讨的新课题。Kaufmann,Kraay和Zoido-Lobatón(2000)指出,国家治理能力与风险负相关,推进国家治理能力有助于降低市场风险[167]。此后,各国学者展开一系列国家治理能力与市场表现的相关性研究(Hooper,Sim和Uppal,2009;Eroglu和Kangal,2016;Huang和Ho,2017;Boysen-Hogrefe,2017)[168,185-187]。然而,已有文献尚停留在对国家治理能力构成要素的探讨上,对突发流动性危机事件之后,国家治理能力如何影响惯性超额收益率的波动缺少系统性实证研究。本章系统地研究世界各国治理能力与股价惯性的相关性。不仅补充了文献,更为推进符合国情的国家治理能力提供实证依据。

此外,众多国内学者也对股票市场上的惯性效应进行了研究。王志强等(2006)研究了从1991年至2005年间的中国股票数据[188]。与美国和欧洲市场不一样的是,我国规模大、股价高、换手率较低的股票具有较高的惯性收益率。肖宇谷(2004)指出,我国股票的惯性现象往往发生在牛市之后,这与投资者的心态密不可分[189]。张贺(2006)指出,我国股票市场的结构较为单一,致使中小投资者选择较少,缺乏多层次的结构性金融产品进行对冲。并且,由于中小散户在投资经验上的匮乏,其投资行为往往偏向于参考其他投资者的行为,从众效应明显。在信息披露方面,我国上市公司的信息披露能力较差,投资者只能根据现行股市状况来预测未来的收益,进而导致股价惯性效应增强,当股价上升时,中小投资者倾向于跟风购买,即使投资者对股票的价格的偏离有所预判,但投机心理加上从众行为加剧了股价惯性[190]。权延(2011)发现预期收益、风险因素都无法很好地解释惯性现象[191]。他将股票的超额收益率归结为投资者对股票消息的反应不足。总体而言,我国对于股价惯性现象的研究相较国外尚不完善。与欧美市场主要由机构投资者组成不同,我国股市参与者中散户的比例高。这一特征使得惯性现象在我国显得尤为突出。我国的文献大多数还停留在研究是否存在惯性现象这一问题上(陈立毅,2004;王可梅,2011)[192,193],对于其成因机制的研究较为欠缺。行为金融学方面,我国文献偏好研究机构投资者行为(王珊珊,2015;梁绎凡,2015;雷啸,2015)[194-196],在以散户型市场为主的我国,针对中小投资者行为的研究亟待补充。

在国家治理能力方面,胡鞍钢(2014)给出了具体定义,即国家治理能力是国家权力运作的能力,代表国家机构的政策执行力,包含人民群众管理国家事务的能力、人民参与经济文化事业的能力和处理社会事务的能力。建设国家治理现代化体系是未来我国发展的方向,主要包括党的治理、国家治理和社会治理[197]。萧鸣政和张博(2017)指出,治理指标体系源于世界银行。由于西方国家的性质与我国社会主义性质有所区别,世界银行提出的治理理论在西方层面更易操作。其政府只需对各机构提供政策指导和建议,并致力于公共基础设施的建设。在中国,需要设立一套中国特色社会主义性质的社会治理评价指标体系。我国由于国情较为复杂,政府不只是扮演"守夜人"的角色,还需要承担更多的责任。总体而言,目前学术研究对具体的评价指标尚存不足,主要原因在于实际操作中难以得到实践。因此,只有将具体的治理指标进行科学的赋值,才可以确保国家治理体系现代化的稳步推进和建设[198]。荆林波(2013)的研究强调,推进国家治理体系的建设和治理能力现代化的提升是全面深化改革的目标。在这种情况下,我国要形成自己的治理理念和治理观念,进而实现政治、经济、文化、社会以及生态的一体进步。现阶段,我国国家治理能力的高低主要反映在政府如何协调市场和政府的利益关系[199]。

总体而言,我国的学者分别从国家治理能力构成要素和国家治理体系的构建两个方面进行研究。张长东(2014)系统地阐释了何为国家治理能力以及国家治理能力现代化[200],并从治国方式以及国家治理法制化、制度化等方面着手,提出推进国家治理能力现代化的落实方法。李玉华和杜晓燕(2009)通过对比中国和新加坡的国家治理体系,从实际国情出发,研究世界银行构建的全球治理能力因子在中国和新加坡的评分状况。世界通用的治理能力由六个要素构成,包括了政治参与度、政治稳定程度、政府施政有效性、监管质量(市场经济限制程度)、司法有效性,以及贪腐控制。通过对比研究发现,新加坡在治理评分上比中国略胜一筹。目前,我国已经在积极培育公民的参政意识,提高公民的议政能力和水平,不断提高公民的主人翁意识。在监管质量方面,我国的评分排名在稳步上升。这主要归功于我国在近年来不断增强监管的力度,完善监管机制。在司法有效性方面,我国以宪法为母法,以其他多个法律部门的法律为主干,逐步形成了完备的中国特色社会主义法律体系。在评分上虽不及新加坡的司法有效性高,但改善效果显著[201]。

徐澜波(2013)的研究指出,在现代法治社会和市场经济的背景下,如何正确调控市场是国家治理面临的关键问题。政府宏观调控是国家治理在经济中的体现,其关键在于对调控权力行为的规范和控制,用以应对经济运行的一系列不确定性以及宏观调控手段的复杂性问题[202]。吴若冰和马念谊(2015)则提出,治理体系现代化就是处理好政府与市场以及社会三者之间的关系。他们指出,国家治理能力是可以用指标来度量的,研究提出政府质量是度量国家治理能力的指标,并将政府质量进一步细化为政府规模、政府能力、民主水平、法治水平和公信力五个维度进行深入研究[203]。

　　总体而言,国家治理能力的提升有利于维护金融系统的平稳发展。李明(2014)的研究指出,改革开放以来我国经济快速增长了十几倍。在亚太经济危机爆发的时候,中国依然保持增长状态。中国经济的迅猛发展在世界范围内创造了奇迹。究其原因,是中国独有的治理体系和措施。国家治理能力的提升被认为是在经济危机中保持经济平稳快速发展的重要前提。综合已有文献,鲜有研究从宏观治理层面对股价惯性异象进行解读,本章正是从这一角度出发,研究了国家治理能力的提升在平稳股价波动方面起到的作用。

5.3 国家治理水平与价格惯性研究

5.3.1 数据采集

　　本章研究的重点在于国家治理水平与价格惯性的关系。因此,我们需要构建国家治理水平所需的指标。江必新和邵长茂(2015)指出,国家的治理能力在很多方面有所体现:包括国家治理的商数相、国家治理评估以及构建国家治理指数等。以上评判指标均为西方治理理论中衍生出来的评判标准。根据欧盟统计局的统计,以上三种构建方法的指标出现在了超过550个有关于人权、民主和治理的文献中。其中有170个被认为有重要突出贡献,45个已成为固定的评估方法和指标。这其中,就有联合国开发署提出的"治理指标项目"(governance indicators project)以及世界银行依照Kaufmann(2011)的要素模型构建的国家治理能力指标体系(the worldwide governance indicators),统称WGI数据库[204]。卢春龙和张华(2017)通过参考多样性的指标和数据来源,研究发现 WGI 指数充分利用了非聚合性治理指标,并强调不同类型数据之间的互补性,是一项采用综合聚类方法而构建的聚合性治理指数[205]。事实上,世界银行多年来致力于构建度量国家及地区治理能力的体系:研究专家根据 30 余处数据来源,参考了超过 340 种变量,最终按照要素模型综合评定世界各国治理水平。本章采用世界银行 WGI 数据库提供的国家治理能力指标数据进行实证研究:主要包括政治参与度、政治稳定程度、政府施政有效性、市场经济限制程度、司法有效性和贪腐控制六个维度,如表 5.1 所示。政治参与度(voice and accountability,VA)主要度量的是一个国家的公民参与政府选举的程度。这当中还包括公民言论、结社以及新闻自由的程度。政治稳定程度(political stability and absence of violence,PS)度量的是一个国家或地区有没有全局性的政治动荡和暴乱风险。其社会政权是否存在频繁变更,公民是否使用非法或暴力手段夺取政权,且政府是否对公民行为进行压制。该指标主要度量社会秩序的稳定程度。其中,政治暴动和恐怖主义行为都在该指标中有所体现。政府施政有效性(government effectiveness,GE)主要度量政府公共服务的质量、公职人员素质以及政府对政策制定和执行效果的评价。市场经济限制程度(regulatory quality,RQ)重点度量了政府制定和执行政策和法规,并对其实行效果进行监察管理的程度。司法有效性(rule of law,RL)的指标度量的是与人治相对应、用法来治理国家的程度,该指标主要度量社会成员遵守社会法律及规则的程度、法律对公民权利的保护以及对政府权力的限制程度。对于现代中国来说,法治国家、法治政府以及法治社会的一体化建设,才是真正的法治。贪腐控制(control of corruption,CC)度量的是一个国家和地区对腐败的控制程度。腐败现象严重危害国家政治安全,影响社会稳定和百姓的利益[206]。

表 5.1　国家治理能力指标

变量名称	变量符号	变量定义
political stability and absence of violence	PSAV	政治稳定程度
voice and accountability	VA	政治参与度
government effectiveness	GE	政府施政有效性
regulatory quality	RQ	市场经济限制程度
rule of law	RL	司法有效性
control of corruption	CC	贪腐控制

　　本章选取 WIND 数据库中的全球 48 个国家和地区具有代表性的股票指数。该样本包含了主要的发达国家和发展中国家的具有代表性的股票指数。样本数据选取区间为 1997 年至 2016 年,包含了 2000 年互联网泡沫破灭以及 2008 年金融危机的周期。图 5.1 描绘了各股票指数在样本周期内的时间序列。对所选取的指数,为方便观测其变化趋势,本章以 1996 年 12 月 31 日为起始点,所有指数值均除以起始值做归一化处理后取对数。其变化趋势如图 5.4 所示。图中清晰地描绘了全球指数变化存在较大的相关性,尤其是 2000 年互联网泡沫破灭及 2008 年金融危机期间,全球指数呈现普遍性下跌的情况。

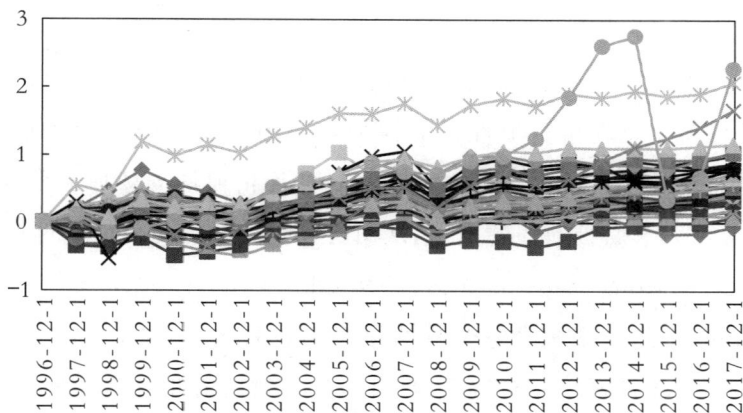

图 5.1　股票指数走势图

　　为进一步分析所有指数的相关性,并计算所有指数 1997 年至 2017 年的收益率序列,本章统计了收益率序列的相关性。收益序列相关系数的分布如图 5.2 所示。其中,绝大多数指数的相关系数分布在[0.4,0.8]区间。

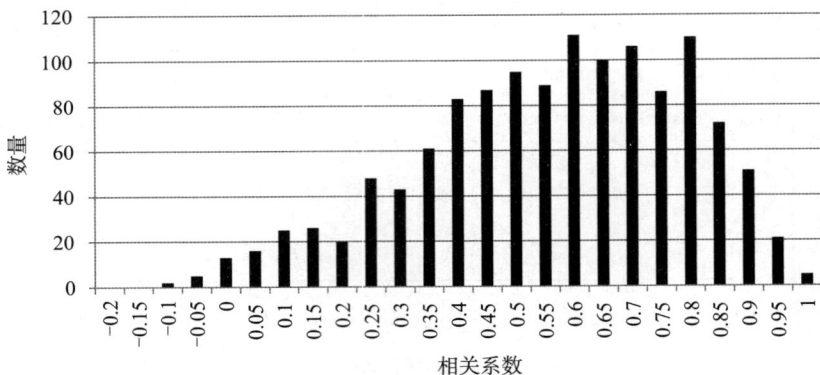

图 5.2 指数收益率相关系数分布特性

此外,本章还研究了股票市场价格的惯性现象,进而从国家层面研究国家治理能力对稳定价格波动所起到的作用。因此,本章从 Thompson DataStream 和 Bloomberg 数据库收集了 2001 年至 2016 年间的世界各个股票市场数据,主要包括:股价、考虑分红的收益率、市值、成交量、股票数量、账面价值与市场价值比率,以及现价与过去 52 周最高股价比率[①]。为避免幸存者偏差,本章既包括了上市股票数据,也包含了曾经一段时间内上市股票的数据。

5.3.2 国家治理能力指标与面板回归

基于已有文献在价格惯性方面缺少对于国家治理能力的解释,本章旨在揭示国家治理水平对稳定价格水平和降低价格惯性异象所起的作用。因此,本章采用以下面板回归的模型,从而研究制度环境与价格惯性的关系:

$$\text{Mom}_{i,t} = \alpha + \beta_1 \text{VA}_{i,t} + \beta_2 \text{GE}_{i,t} + \beta_3 \text{CC}_{i,t} + e_{i,t} \tag{5-1}$$

其中,$\text{Mom}_{i,t}$ 表示每个国家每个月的惯性收益总水平,$\text{VA}_{i,t}$、$\text{GE}_{i,t}$、$\text{CC}_{i,t}$ 则分别表示每月底各国政治参与度、政府施政有效性情况以及贪腐控制程度。

针对原始数据,本章做了以下数据调整。首先,由于 WGI 数据库将各

---

① 现价与过去 52 周最高股价比率由 DataStream 计算器程序计算生成。

国家治理能力指标按照百分比进行评分,百分比越高代表治理水平越高,反之则代表治理水平较低。本章将原始百分比数据转换为符合标准正态分布的 Z 评分。其次,由于世界银行提供的国家治理能力指标为年度数据,本章采用样条插值法将年度治理水平数据转换为月度数据,构建了面板回归的初始数据。

5.3.3　惯性组合的构建与 Fama-Macbeth 回归

通过对价格惯性的文献梳理,本章构建了两种惯性交易组合:一种是基于过去的月回报率进行排序从而构建的输赢投资组合(后文用 JT 表示),另一种是基于当前价格与过去 52 周最高价之比进行排序构建的输赢投资组合(后文用 GH 表示)。其中,输赢组合均按排序结果的 30% 构建而来。按照 JT 惯性交易法,在每月月末,根据过去 3、6、9、12 个月的月回报率构建并动态地调整输赢组合,每个组合分别持续 3、6、9、12 个月的投资周期。按照 GH 惯性交易法,每月月末,按照以下公式构建动态的输赢组合,每个组合分别持续 3、6、9、12 个月的投资周期:

$$\text{GH}_{i,t} = P_{i,t-1}/\text{High}_{i,t-1} \tag{5-2}$$

其中,$\text{GH}_{i,t}$ 为股票 i 在第 t 个月的 GH 比率,$P_{i,t-1}$ 为该股票在第 $t-1$ 个月月末的收盘价,$\text{High}_{i,t-1}$ 则表示股票 i 在过去 52 周中的最高股价。

综上,本章构建了短、中、长三个持有周期下的惯性组合收益率,JT 交易构建了"4×4"的周期组合,分为四个排序组合以及四个持有周期组合;GH 交易则为"1×4"周期,排序根据 GH 比率,持有周期则为 4 个周期组合。在惯性组合的构建基础上,本章对两种惯性交易策略进行了 Fama 和 Macbeth 回归,进而研究世界范围内不同惯性组合的超额收益率表现,具体回归模型如下:

$$R_{i,t} = \alpha + \beta_1 R_{i,t-1} + \beta_2 \text{Size}_{i,t-1} + \beta_3 \text{GHH}_{i,t-j} + \beta_4 \text{GHL}_{i,t-j} + \beta_5 \text{JTH}_{i,t-j} + \beta_6 \text{JTL}_{i,t-j} + e_{i,t} \tag{5-3}$$

其中,$R_{i,t}$ 为股票 i 在第 t 个月的收益率,$R_{i,t-1}$ 为股票 i 在前一个月的收益率,$\text{Size}_{i,t-1}$ 则表示股票 i 在前一个月的规模,$\text{GHH}_{i,t-j}$、$\text{GHL}_{i,t-j}$、$\text{JTH}_{i,t-j}$ 和 $\text{JTL}_{i,t-j}$ 是虚拟变量,$\text{GHH}_{i,t-j}$($\text{GHL}_{i,t-j}$)为 1 表示股票 i 在 $t-j$($j=2$,

…,7)个月被 GH 策略选为赢家(输家)组合的一只股票,否则为 0。$JTH_{i,t-j}$($JTL_{i,t-j}$)为 1 表示股票 i 在 $t-j$($j=2,\cdots,7$)个月被 JT 策略选为赢家(输家)组合的一只股票,否则为 0。本章所用变量的定义详见表 5.2。

表 5.2　国家发展程度分组表

指数	名称	国家	发展程度
ISEQ.GI	爱尔兰综指	爱尔兰	发达
LUXX.GI	卢森堡 LUXX	卢森堡	发达
PX.GI	布拉格综指	匈牙利	发达
KAX.GI	丹麦 OMX20	丹麦	发达
ASE.GI	希腊 ASE 综指	希腊	发达
STI.GI	富时新加坡 STI	新加坡	发达
NZ50.GI	新西兰 NZ50	新西兰	发达
IBEX.GI	西班牙 IBEX35	西班牙	发达
AEX.GI	荷兰 AEX	荷兰	发达
OMXSPI.GI	瑞典 OMXSPI	瑞典	发达
SSMI.GI	瑞士 SMI	瑞士	发达
BFX.GI	比利时 BFX	比利时	发达
ATX.GI	奥地利 ATX	奥地利	发达
OSEAX.GI	挪威 OSEAX	挪威	发达
TA100.GI	以色列 TA100	以色列	发达
GSPTSE.GI	多伦多 300	加拿大	发达
WIG.GI	华沙 WIG	波兰	发达
ITLMS.GI	意大利指数	意大利	发达
NGSEINDX.GI	尼日利亚综指	尼日利亚	发达
ADX.GI	阿联酋 ADX 综指	阿联酋	发达
BVLX.GI	葡萄牙 PSI	葡萄牙	发达
SPX.GI	标普 500	美国	发达
FTSE.GI	富时 100	英国	发达
FCHI.GI	法国 CAC40	法国	发达

续表

指数	名称	国家	发展程度
GDAXI.GI	德国 DAX	德国	发达
N225.GI	日经 225	日本	发达
KS11.GI	韩国综合指数	韩国	发达
HSI.HI	恒生指数	中国香港	发达
AS51.GI	澳洲标普 200	澳大利亚	发达
IBOVESPA.GI	圣保罗 IBOVESPA 指数	巴西	发展
SENSEX.GI	孟买 SENSEX30	印度	发展
RTS.GI	俄罗斯 RTS	俄罗斯	发展
000001.SH	上证综指	中国	发展
TWII.TW	台湾加权指数	中国台湾	发展
CCSI.GI	埃及 CMA	埃及	发展
IPSA.GI	IPSA 智利 40	智利	发展
UX.GI	乌克兰股票指数	乌克兰	发展
XU100.GI	伊斯坦堡 ISE100	土耳其	发展
MERV.GI	阿根廷 MERV	阿根廷	发展
MXX.GI	墨西哥 MXX	墨西哥	发展
IBVC.GI	委内瑞拉 IBC	委内瑞拉	发展
JKSE.GI	雅加达综指	印尼	发展
KLSE.GI	富时吉隆坡综指	马来西亚	发展
SETI.GI	泰国综指	泰国	发展
PSI.GI	马尼拉综指	菲律宾	发展
BLOM.GI	贝鲁特 BLOM	黎巴嫩	发展
VNINDEX.GI	胡志明指数	越南	发展
SASEIDX.GI	沙特全指	沙特	发展

5.4 国家治理能力指标构建

5.4.1 国家治理能力指标的描述性统计

本章的实证研究从国家治理能力的描述性统计开始。由于发展中国家和发达国家在监管水平以及投资者结构等方面存在的较大的差异,因此,本章首先对样本地区按照发展程度进行分组研究。表 5.2 汇总了世界 48 个国家和地区的发展程度。本章参照 2010 年联合国发布的《人文发展报告》对样本国家进行分组。其中发达经济国家或地区为 28 个,发展中国家和地区为 20 个。

图 5.2 和图 5.3 分别统计了发达国家和地区以及发展中国家和地区的指数收益率的相关性分布图。图中显示,发达国家及地区的指数收益相关性较高且集中,发展中国家及地区的指数收益率相关性较低,分布方差较大。

接着,本章采用 Hansen(1999)的面板阈值回归模型对国家治理能力与股价惯性之间的关系进行描述性分析[207],本章将各国和地区的经济及政治环境作为阈值变量,考察了 WGI 治理指标处于不同区间时,股价的惯性是否存在显著性差异。由于 WGI 公布的是年度分数,因此,本章首先对 WGI 评分进行标准化,对指数的收益率进行阈值回归,随后采用 1 000 次 Bootstrap 抽样,得到了具体的 F 统计量和临界值。

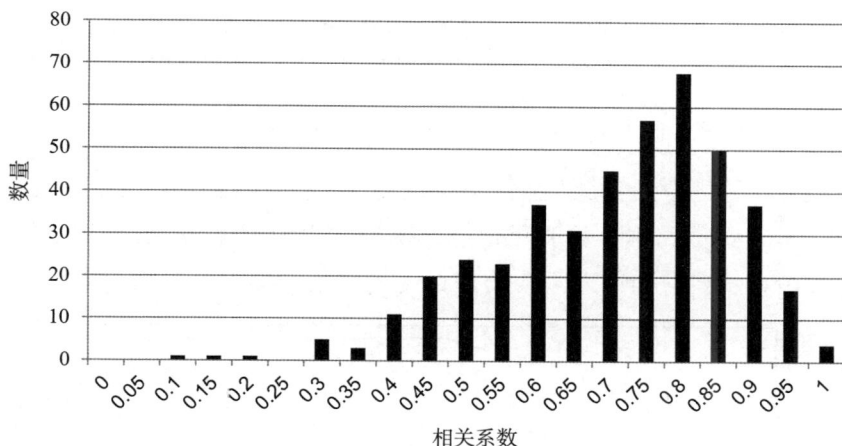

图 5.2 发达国家及地区指数收益相关系数

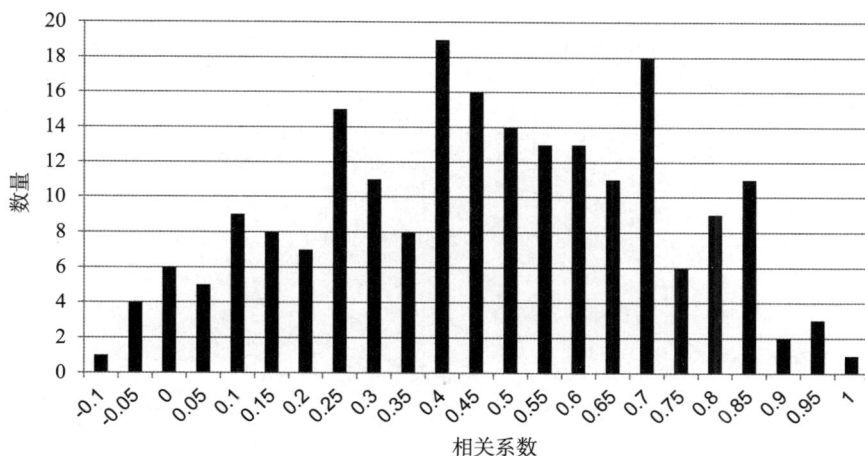

图 5.3 发展中国家及地区指数收益相关系数

建立阈值回归模型如下：

$$R_{i,t} = \alpha_i + \beta_1 R_{i,t-1}(I_{i,t-1} \leqslant \gamma_1) + \beta_2 R_{i,t-1}(I_{i,t-1} > \gamma_1) + \varepsilon_{it} \quad (5\text{-}4)$$

其中，$R_{i,t}$ 为收益率，i 代表不同国家和地区，t 表示年份；$I_{i,t-1}$ 为国家和地区治理能力指标，β_1 和 β_2 为不同阈值下的回归系数。

表 5.4 展示了全部样本国家和地区指数综合分析结果。单阈值效应检验的 p 值为 0.003，F 值统计量在显著水平为 1% 下显著，因此我们认为不同国家和地区治理指标下，股价惯性存在显著的差异。

表 5.4　总体样本单阈值测试统计值

F 值	29.88
p 值	0.003
(10%，5%，1%临界值)	(9.003,12.65,20.461)

如图 5.4 所示，本章检验了似然比函数。由图可见，最接近 0 处的位置在 0.25 附近，且仅出现一个峰值，故可认为样本数据满足单阈值模型。

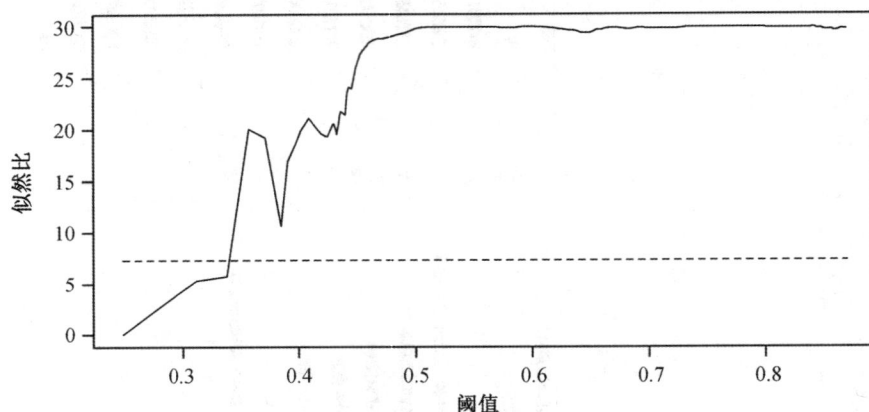

图 5.4　总样本似然比函数 LR

其中，总体样本阈值估计及置信区间如表 5.4 所示：

表 5.5　阈值及置信区间

阈值	估计值	95%置信区间
γ_1	0.248	[0.25 0.34]

表 5.6 对比了发达国家和地区组和发展中国家和地区组的阈值分析结果：

表 5.6　发达国家和地区和发展中国家和地区单阈值测试统计量

单阈值测试	发达国家组	发展中国家组
F 值	5.55	18.93
p 值	0.09	0.007
(10%,5%,1%临界值)	(5.472,6.283,7.532)	(9.828,12.729,18.463)

由表 5.5 可知,发达国家和地区单阈值效应检验的 p 值为 0.09,F 统计量在显著水平为 10% 下显著,因此我们认为发达国家和地区的各国治理指标对国家的股价惯性存在一定的影响。同样的,发展中国家和地区单阈值效应检验的 p 值为 0.007,F 统计量在显著水平为 1% 下显著,由此可见,在发展中国家中,不同的治理指标同样对该国股价惯性存在显著的影响。

在进行单阈值计算的同时,发达国家和地区的似然比函数 LR 如图 5.5 所示。图中最接近 0 处的点出现在 0.64 附近,且仅出现一个峰值,故可认为满足单阈值模型。

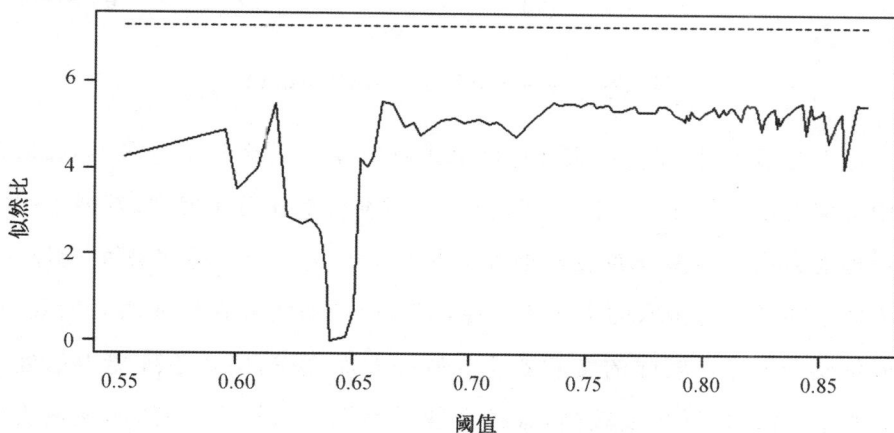

图 5.8　发达国家和地区似然比函数 LR

分样本阈值估计及置信区间如表 5.7 所示:

表 5.7　阈值及置信区间

发达国家和地区	估计值	95% 置信区间
	0.641	[0.552 0.871]
发展中国家和地区	估计值	95% 置信区间
	0.254	[0.254 0.334]

发展中国家的似然比函数 LR 如图 5.6 所示,可见最接近 0 处的点出现在 0.25 附近,且仅有一个峰值,故可认为满足单阈值模型。

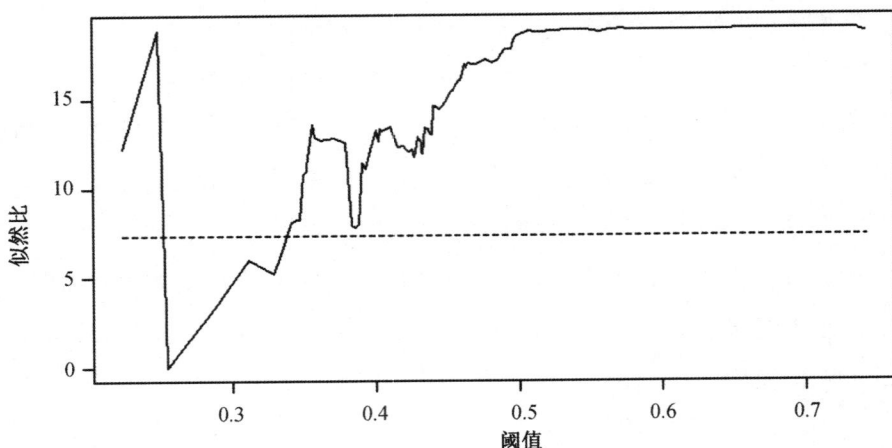

图 5.9 发展中国家和地区似然比函数 LR

综上分析可见,发达国家和地区的单阈值在10％水平下显著。同时,发展中国家的单阈值在1％水平下显著。通过初步对比分析发现,发展中国家的治理能力指标的差异对股价惯性影响更为显著。造成这种现象的原因,一方面可能是发达国家的市场关联性较强,股票市场存在较强的联动效应,在股价变动上存在较强的交互效应。另一方面,发达国家治理能力已处于较高水平,经济发展程度较高,且社会各项治理体系较为完善,体现在股票市场上具体表现为市场有效性高、波动率小。与之对比的是发展中国家市场普遍存在较高的波动性,且存在市场过度反应的现象,惯性效应更为显著。

表 5.7 变量描述

变量		定 义
惯性策略	JT	JT 方法产生的惯性收益
	JTH	虚拟变量,如果股票 i 属于 JT 赢家投资组合,取值为1,否则为0
	JTL	虚拟变量,如果股票 i 属于 JT 输家投资组合,取值为1,否则为0
	GH	GH 方法产生的惯性收益
	GHH	虚拟变量,如果股票 i 属于 GH 赢家投资组合,取值为1,否则为0
	GHL	虚拟变量,如果股票 i 属于 GH 输家投资组合,取值为1,否则为0

续表

变量		定 义
治理变量	VA	国家公民参与政府选拔的能力水平、媒体自由程度、结社自由和言论自由
	PSAV	非法活动下政府地位不稳定甚至被推翻的可能性
	GE	公民水平和公共服务的质量、政策制定和管制的过程、政治压力下的公民独立程度以及有政策承诺时政府的可靠性
	RQ	政府制定完善政策的能力,这是私营部门发展的基础
	RL	着重于司法部门对社会规则的容忍和信任程度,特别是合同效力、法院和执行当局的权力,并考虑到发生暴力和犯罪的可能性
	CC	通过滥用权力和腐败来获取个人利益的公共权力水平

本章重点研究政治参与度、政府施政有效性情况以及贪腐控制程度三个治理指标。因此,本章首先对以上三个指标进行相关性研究。表 5.8 统计了各样本国家政治参与度(VA)、政府施政有效性(GE)、贪腐控制程度(CC)以及价格惯性超额收益率(JT)之间的相关系数矩阵。这为贪腐控制程度与政府施政有效性之间的高度相关性、政治参与度与政府施政有效性的相对较低水平的相关提供了定量证据;这些发现表明,当腐败得到控制,公民具有参政渠道时,政府的施政有效性会得到提高。这并不令人惊讶,反而为证实这些措施的结果可能如预期那样提供了定量证据。如果对以上三个指标的排名取平均值,结果如下:加拿大第一,德国和英国第二,其次是美国和日本,美国居中,排名第四。这些结果显示了国家之间的差异,以及在 1% 的显著性水平下,三个治理能力指标均具有统计学意义。

表 5.8 描述性统计:政治参与度,贪腐程度及治理能力指标

描述性统计

	均值	标准差	偏态	峰度
英国				
VA	4.528	0.0117	0.3794	3.513
GE	4.532	0.0142	−0.484	2.729
CC	4.531	0.0187	−0.5585	3.732
德国				
VA	4.535	0.0082	−2.134	10.595
GE	4.519	0.0194	1.975	8.325
CC	4.536	0.0108	2.816	12.96
加拿大				
VA	4.555	.0157	−0.1913	4.4109
GE	4.563	0.0123	−.5658459	4.035
CC	4.553	0.0120	−0.7375	3.191
日本				
VA	4.376	0.0346	−0.203	1.817
GE	4.485	0.0184	−1.877	6.499
CC	4.4789	0.0367	−0.0699	1.5564
法国				
VA	4.501	.0309	−.6084	2.609
GE	4.502	0.0186	−0.117	1.925
CC	4.499	.0174	−1.713	6.657
美国				
VA	4.468	0.0325	0.6497	2.077
GE	4.516	.0075	.3362	2.118
CC	4.502	0.0338	.2248	3.258

相关性检验

	VA	GE	CC	JT
英国				
VA	1.000	—	—	—
GE	0.1927	1.000	—	—
CC	0.1380	0.4033	1.000	—
JT	−0.4339	0.2186	0.1011	1.000
德国				
VA	1.000	—	—	—
GE	−0.6979	1.000	—	—
CC	−0.6236	0.6666	1.000	—
JT	0.1848	−0.820	−0.6143	1.000
加拿大				
VA	1.000	—	—	—
GE	0.5219	1.000	—	—
CC	−0.4222	−0.0846	1.000	—
JT	0.3988	0.0911	0.2014	1.000
日本				
VA	1.000	—	—	—
GE	0.2728	1.000	—	—
CC	0.4897	0.6498	1.000	—
JT	−0.3760	0.2371	0.327	1.000
法国				
VA	1.000	—	—	—
GE	0.2239	1.000	—	—
CC	0.3962	−0.0277	1.000	—
JT	−0.3760	0.2371	0.3279	1.000
美国				
VA	1.000	—	—	—
GE	−0.0607	1.000	—	—
CC	0.7129	0.4236	1.000	—
JT	0.0237	−0.041	0.715	1.000

注:该表报告了世界银行提供的六种治理能力指标的描述性统计数据。所有数据均以其百分比形式呈现。JT是惯性策略。

5.4.2 治理有效性和惯性收益

表 5.9 记录了国家层面上政府治理有效性和惯性组合（包括 JT 和 GH）表现之间的相关系数。如上所述，本研究是在面板数据上进行的。因此，为了在固定效应和随机效应之间做出选择，笔者进行了 Hausman 检验，其中的零假设表明，笔者首选的模型是随机效应模型。对于 JT 惯性方法，本章发现大多数国家和地区的治理水平和惯性收益之间呈负相关。对此结果的一个可能的解释是治理有效性能降低股票市场风险。拥有有效制度和治理环境的国家和地区拥有更低的金融市场异常回报率（Ward 和 Dorussen，2015），这些国家的市场也拥有更低水平的风险[208]；同时，关于 GH 惯性方法的治理指标也揭示了相同的结果。

研究结果还显示，有效市场具有更高的市场回报和更低的风险水平。其他治理能力指标如政治参与度和政府施政有效性系数为负且在统计上具有显著性，表明在制度环境较好的国家和地区超额回报持续效应较弱。这一发现与 Jiang，Habib 和 Wang（2018）一致，他们发现制度环境与未来表现之间存在正向关系[209]。

综上，治理有效性显著地影响着国际惯性收益。这一发现从宏观经济背景下解释了超额回报持续性效应，并通过证明治理有效性能影响金融市场的稳定性，对惯性文献作出贡献，进而对理解定价机制具有重要意义。

5.4.3 全球超额回报持续效应

表 5.10 报告了样本国家和地区 GH 惯性回报的描述性统计。本章的结果表明，通过采取惯性策略，投资者可以通过买入赢家组合或卖出输家组合获利。因此，投资者通过动态构建输赢组合获取了加倍回报，在所有 6 个样本国家的估计中，加拿大在（12,3）[①]策略下的惯性均值收益率最高，月收益率 $R=8.16\%$，但也有较高的标准差和波动性（$S=0.047$）。加拿大的输家投资组合的高峰度（$k=19.094$）显示了输家投资组合存在异常值。因此，在收益率 1% 的水平上进行了极值调整，以消除极端异常值的影响。

---

① （12,3）指根据过去 12 个月的周期排序构建惯性组合，并将该组合模拟持有 3 个月的周期。

表 5.9　国家层面的政治参与度和治理能力指标估计

面板 A:JT 惯性策略

国家	β_0	β_{VA}	β_{GE}	β_{CC}	$ADJR^2$
		政治参与度及国家层面的治理环境			
英国	7.041***	−0.9592***	−0.6573***	0.0774	0.252
加拿大	−9.987***	1.541***	−0.6723***	1.346***	0.35
法国	2.346***	−0.2561***	0.0803	−0.3311***	0.18
德国	−1.533	0.4125	−0.3267	0.2668	0.020
日本	2.558***	−0.1052*	−0.6248***	0.1741**	0.16
美国	4.664*	−0.0219	−1.040*	0.04657	0.031

面板 B:GH 惯性策略

国家	β_0	β_{VA}	β_{GE}	β_{CC}	$ADJR^2$
		政治参与度及国家层面的治理环境			
英国	2.635**	−1.130***	0.5012***	0.0493	0.20
加拿大	−1.138	0.5491***	−0.3426	0.0476	0.04
法国	2.87***	−0.1934**	−0.0811	−0.3623***	0.12
德国	−16.03***	2.435***	0.4741*	0.6296	0.10
日本	0.4812	−0.0427	−0.0985	0.0340	0.01
美国	−0.1050	−0.01471	−0.0829	0.1231	0.01

注:本表为面板回归结果。β_{VA}指是政治参与度;β_{GE}治理有效性;β_{CC}指国家 i 在月 t 的贪腐程度。*、**、***分别表示 10%、5%和 1%水平下的显著性。

表5.10　国家层面惯性效应的描述性统计

国家	K=3					K=6				
	平均值	标准差	偏态	峰度	t检验	平均值	标准差	偏态	峰度	t检验
英国（W－L）	0.47%	0.038	0.869	7.792	1.565	0.86%	0.027	0.475	5.441	4.085
英国（W）	0.40%	0.022	-0.643	3.460	2.316	0.78%	0.017	-0.708	4.062	5.756
英国（L）	-0.75%	0.051	1.317	7.560	-1.902	-0.41%	0.039	1.084	5.428	-1.357
加拿大（W－L）	1.40%	0.036	0.695	8.548	5.025	1.61%	0.027	0.169	4.668	7.557
加拿大（W）	1.03%	0.026	-0.981	8.689	5.123	1.36%	0.022	-1.365	9.150	8.089
加拿大（L）	-1.05%	0.049	2.008	14.393	-2.780	-0.60%	0.037	1.368	8.256	-2.094
法国（W－L）	0.84%	0.041	0.497	3.934	2.646	1.08%	0.029	0.668	4.248	4.780
法国（W）	-0.01%	0.030	-1.440	5.951	-0.022	0.30%	0.023	-1.270	4.822	1.661
法国（L）	-1.52%	0.060	1.137	5.467	-3.298	-1.12%	0.043	0.941	4.403	-3.326
德国（W－L）	0.51%	0.049	0.656	6.507	1.368	0.85%	0.032	1.014	8.848	3.357
德国（W）	-0.03%	0.031	-1.533	7.066	-0.114	0.39%	0.024	-1.258	5.043	2.047
德国（L）	-1.21%	0.068	1.390	6.491	-2.302	-0.80%	0.050	1.716	8.758	2.052
日本（W－L）	0.00%	0.032	0.330	5.203	-0.011	0.25%	0.022	0.179	4.948	1.484
日本（W）	-0.33%	0.034	-0.290	3.441	-1.248	-0.05%	0.027	-0.118	3.626	-0.259
日本（L）	-1.00%	0.054	0.631	4.739	-2.387	-0.64%	0.040	0.554	3.912	-2.081
美国（W－L）	0.45%	0.038	1.038	8.691	1.558	0.82%	0.028	1.313	8.050	3.721
美国（W）	0.38%	0.026	-1.882	9.624	1.891	0.69%	0.020	-2.225	10.153	4.367
美国（L）	-0.75%	0.057	1.870	11.952	-1.717	-0.47%	0.044	1.931	10.074	-1.364
	K=9					K=12				

续表

英国（W－L）	1.13%	0.023	0.897	6.288	0.91%	0.020	1.151	4.381	5.683
英国（W）	1.07%	0.015	-0.751	9.016	0.87%	0.013	-0.573	2.644	8.303
英国（L）	-0.07%	0.033	1.211	-0.269	-0.21%	0.029	1.317	4.693	-0.910
加拿大（W－L）	1.99%	0.025	0.690	10.1527	1.70%	0.021	0.392	5.034	10.257
加拿大（W）	1.73%	0.020	-0.360	10.846	1.47%	0.017	-0.314	4.666	10.959
加拿大（L）	-0.28%	0.029	0.899	-1.217	-0.41%	0.025	0.704	6.137	-2.084
法国（W－L）	1.37%	0.023	0.571	7.474	1.16%	0.021	0.602	3.236	7.073
法国（W）	0.63%	0.019	-0.980	4.132	0.47%	0.017	-0.751	3.264	3.399
法国（L）	-0.74%	0.035	0.624	-2.708	-0.86%	0.030	0.548	2.669	-3.639
德国（W－L）	1.17%	0.024	0.496	6.158	1.02%	0.020	0.602	5.305	6.285
德国（W）	0.73%	0.021	-1.106	4.379	0.58%	0.019	-0.851	3.104	3.832
德国（L）	-0.45%	0.039	1.313	-1.436	-0.62%	0.033	1.214	5.181	-2.328
日本（W－L）	0.53%	0.015	-0.077	4.392	0.28%	0.012	-0.620	4.467	2.895
日本（W）	0.26%	0.022	0.065	1.447	0.04%	0.020	0.068	3.011	0.265
日本（L）	-0.28%	0.030	0.291	-1.164	-0.41%	0.025	0.055	2.592	-2.028
美国（W－L）	1.10%	0.023	1.022	6.046	0.91%	0.020	0.845	4.439	5.760
美国（W）	0.97%	0.017	-1.903	7.421	0.78%	0.014	-1.543	5.951	6.910
美国（L）	-0.14%	0.036	1.553	-0.497	-0.30%	0.030	1.193	5.402	-1.238

注：该表报告了国家层面惯性效应的描述性统计。"W－L"是卖出过去的输家，买入过去的赢家；W是赢家组合，L是输家组合。

在"4×4"周期组合中,所有样本国家和地区中 JT 惯性异常回报在短期和中期中都持续存在。除根据过去三个月的收益对股票进行排序方式外,收益随排序和持有期的增加而单调递减。这种例外可能像 Jegadeesh 和 Titman(1993)所言,因为排名期太短而无法缓解买卖价反弹。此外,结果表明,惯性收益最高的策略来自(3,3)投资窗口,且收益受到高波动性的影响。综上,在 JT 惯性策略下,在不同国家间均为选择更短的排名期与更长的持有期获利更多。

表 5.11 给出了 6 个国家根据过去 12 个月的表现和持续 3 个月、6 个月、9 个月和 12 个月的投资周期进行排名所得的 GH 惯性收益的描述性结果。就此方法而言,虽然每月的收益仍然显著为正,但与 JT 方法相比,异常惯性收益显著减少。超额收益率的减少可能是因为在构建投资组合时已经包含了即时信息。值得注意的是,样本国家和地区中大多数 GH 超额收益率都由赢家投资组合产生,鲜少来自输家组合,并且呈现负偏态分布。加拿大拥有最高的平均超额收益率,在(12,3)策略下,其收益率为 2.07%。这一结果与 52 周 的 高 惯 性 文 献 一 致(George 和 Hwang,2004;Hao 等,2018)[13,210]。

表 5.11　超额回报持续:JT 惯性策略与 GH 惯性策略

面板 A:JT 方法惯性收益

国家	(3,3)	(3,6)	(3,9)	(3,12)	(6,3)	(6,6)	(6,9)	(6,12)
英国	9.86%***	5.11%***	3.78%***	3.01%***	7.30%***	6.83%***	4.86%***	3.90%***
加拿大	13.82%***	7.71%***	5.75%***	4.84%***	10.54%***	9.86%***	7.24%***	5.93%***
法国	9.78%***	5.04%***	3.57%***	2.91%***	7.27%***	6.78%***	4.68%***	3.70%***
德国	10.06%***	5.27%***	3.55%***	2.90%***	7.46%***	6.98%***	4.78%***	3.80%***
日本	11.14%***	5.67%***	3.80%***	3.00%***	8.11%***	7.58%***	5.04%***	3.84%***
美国	11.52%***	6.19%***	4.47%***	3.60%***	8.61%***	8.06%***	5.68%***	4.53%***

国家	(9,3)	(9,6)	(9,9)	(9,12)	(12,3)	(12,6)	(12,9)	(12,12)
英国	6.25%***	5.77%***	5.61%***	4.43%***	5.59%***	5.23%***	5.03%***	4.86%***
加拿大	9.06%***	8.52%***	8.21%***	6.73%***	8.16%***	7.71%***	7.45%***	7.27%***
法国	6.16%***	5.72%***	5.49%***	4.32%***	5.54%***	5.13%***	4.87%***	4.75%***
德国	6.26%***	5.92%***	5.56%***	4.37%***	5.71%***	5.35%***	4.98%***	4.79%***
日本	6.66%***	6.31%***	5.96%***	4.49%***	6.03%***	5.56%***	5.22%***	5.04%***
美国	7.34%***	6.88%***	6.52%***	5.12%***	6.62%***	6.21%***	5.88%***	5.60%***

面板 B:GH 方法惯性收益

国家	(12,3)	(12,6)	(12,9)	(12,12)
英国	1.14%***	1.19%***	1.13%***	1.08%***
加拿大	2.07%***	1.95%***	1.99%***	1.87%***
法国	1.51%***	1.41%***	1.37%***	1.32%***
德国	1.18%***	1.18%***	1.17%***	1.19%***
日本	0.66%***	0.58%***	0.53%***	0.45%***
美国	1.12%***	1.15%***	1.10%***	1.07%***

表 5.12　Fama-MacBeth 回归结果:市场和惯性策略

市场	截距	R_{t-1}	规模	GHH	GHL	GHD	JTH	JTL	JTD
英国	0.40***	-0.04***	-0.04**	0.0014	0.001	0.0004	0.044***	0.001	0.043***
加拿大	0.40***	-0.06***	-0.06***	0.0025	0.0044*	-0.0019	-0.009	0.0023	-0.0113
法国	0.52***	-0.03	-0.05***	0.0016	-0.0041	0.0057	0.0039	-0.002	0.0061
德国	0.53***	0.01	-0.05***	-0.004	-0.01	0.006	0.006	0.005	0.001
日本	0.76***	0.01	-0.06***	0.0004	0.0018	-0.0018	-0.0009-	-0.003	0.0023
美国	0.59***	-0.06***	-0.06***	0.0012	0.0005	0.0007	0.0032***	0.0001	0.0031**

注:此表报告了两阶段 Fama-MacBeth 回归的系数估计。R_{t-1} 是股票 i 在第 $t-1$ 个月的回报。规模是股票 i 第 $t-1$ 个月的市值的对数值,GHH(GHL)是虚拟变量,如果股票 i 属于月 $t-j$($j=2,\cdots,7$)中的 GH 赢家(败者)投资组合,则取值为 1,否则为 0。JTH 和 JTL 的定义类似于 JT 惯性策略。*、** 和 *** 分别表示 10%、5% 和 1% 的显著性。

表 5.13　惯性和交易成本:JT/GH 惯性策略对比

面板 A:JT 方法

国家	(3,3)	(3,6)	(3,9)	(3,12)	(6,3)	(6,6)	(6,9)	(6,12)
英国	9.19%***	4.78%***	3.56%***	2.85%***	6.63%***	6.50%***	4.64%***	3.73%***
加拿大	13.16%***	7.38%***	5.52%***	4.68%***	9.87%***	9.53%***	7.02%***	5.76%***
法国	9.11%***	4.71%***	3.35%***	2.75%***	6.60%***	6.45%***	4.46%***	3.54%***
德国	9.40%***	4.94%***	3.32%***	2.73%***	6.80%***	6.64%***	4.56%***	3.63%***
日本	10.47%***	5.34%***	3.57%***	2.83%***	7.44%***	7.25%***	4.82%***	3.68%***
美国	10.85%***	5.86%***	4.25%***	3.43%***	7.94%***	7.72%***	5.46%***	4.36%***

国家	(9,3)	(9,6)	(9,9)	(9,12)	(12,3)	(12,6)	(12,9)	(12,12)
英国	5.59%***	5.43%***	5.38%***	4.26%***	4.92%***	4.90%***	4.81%***	4.69%***
加拿大	8.39%***	8.19%***	7.98%***	6.56%***	7.49%***	7.37%***	7.23%***	7.11%***
法国	5.49%***	5.38%***	5.27%***	4.16%***	4.87%***	4.80%***	4.65%***	4.58%***
德国	5.59%***	5.58%***	5.33%***	4.20%***	5.04%***	5.02%***	4.76%***	4.62%***
日本	5.99%***	5.97%***	5.74%***	4.33%***	5.37%***	5.22%***	5.00%***	4.87%***
美国	6.67%***	6.55%***	6.30%***	4.95%***	5.96%***	5.87%***	5.65%***	5.43%***

面板 B:GH 方法

国家	(12,3)	(12,6)	(12,9)	(12,12)
英国	0.47%	0.86%***	0.91%***	0.91%***
加拿大	1.40%***	1.61%***	1.77%***	1.70%***
法国	0.84%***	1.08%***	1.15%***	1.16%***
德国	0.51%	0.85%***	0.95%***	1.02%***
日本	0.00%	0.25%	0.31%***	0.28%***
美国	0.45%	0.82%***	0.88%***	0.91%***

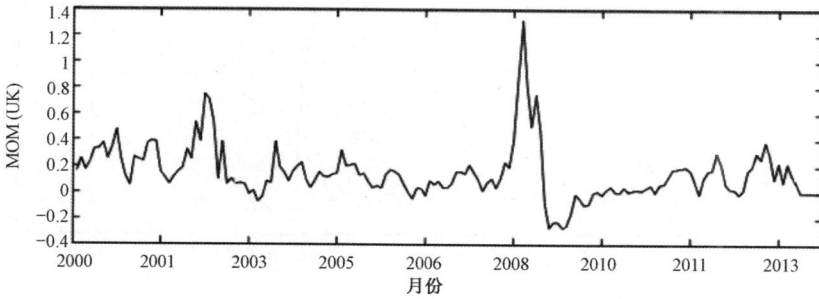

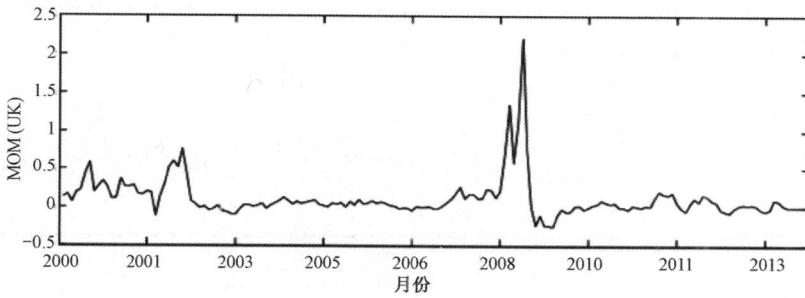

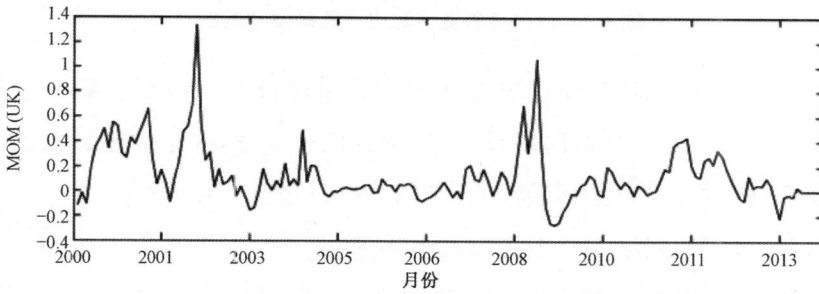

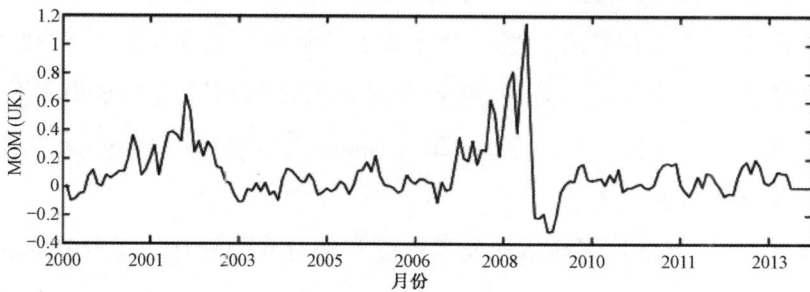

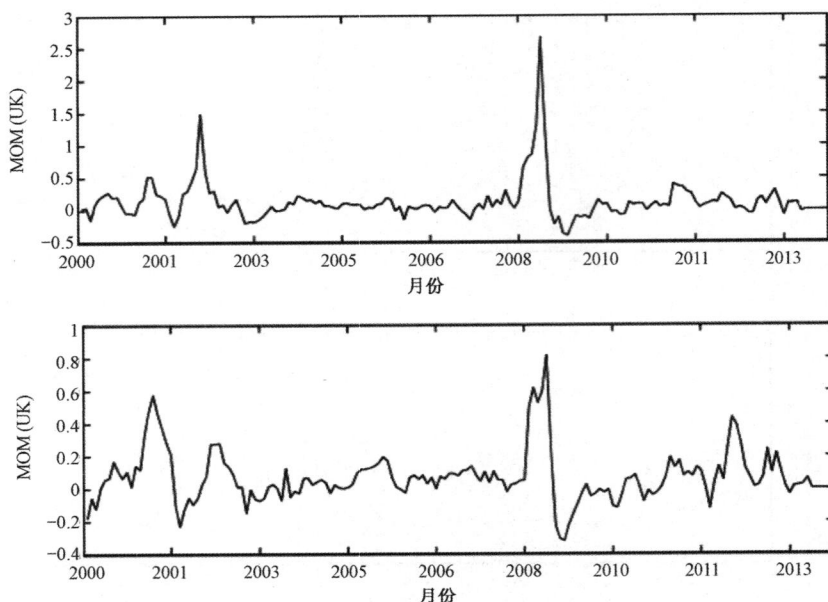

图 5.7 国家层面随着时间推移的惯性效应

实证研究结果表明,除在英美两国股票市场外,持有时间越长,获得的超额收益越少。对于其他国家,较短的持有期($K=3$)产生的超额收益率最高;然而,对于英国和美国市场,$K=6$ 的策略月惯性收益最高。

综上,这两种方法在 6 个国家的样本期间都产生了显著的正回报。虽然两者都表明,更短的排名和持有周期能获得较高的超额收益率;但 JT 惯性策略优于 GH 惯性策略。笔者对此结果的解释是由于 GH 策略比 JT 策略包含了更多定价信息。另外,笔者发现 6 个月的间隔是最平滑最稳定的估计窗口。这一发现与 Jegadeesh 和 Titman(2001)以及 Docherty 和 Hurst (2018)的研究结果一致[160, 211]。

接下来,笔者报告了样本期间惯性收益随时间的变化。图 5.7 显示了六个国家惯性收益的时间序列。本章用绘制图记录"12×6"的 GH 方法。惯性收益的时间序列清楚地捕捉到了金融冲击,例如 2001 年互联网泡沫破灭和 2007 年至 2009 年的全球金融危机。笔者还在所有样本国家中发现:突然的流动性冲击导致惯性异象瓦解。这一发现与 Chen 和 Sherif(2016)

一致[112]。

5.4.4 稳健性检验：使用 Fama-MacBeth 估计持续性超额回报及交易成本

为控制不同国家及策略间在异质性和横截面的不同表现，本章采用 Fama 和 MacBeth 引入的两步回归法。此方法提高了实证研究结果的度量，并修正了与普通最小二乘法（Fama 和 MacBeth，1973）之间的不一致之处。表 5.12 给出了 Fama-MacBeth 方法的估计结果。第三列负的系数表明：虽然有部分市场部分月份例外，但股票市场往往有一个月的收益反转效应。此外，所有样本国家的样本规模变量的系数均为负值，其显著性变量列在第 7 列和最后一列中。该两列数据显示，在控制其他变量之后，赢家组合和输家组合虚拟变量间的系数差异。笔者发现只有英国、美国市场显示出了显著的正向 JT 惯性收益，且英国和美国的惯性超额收益最为显著。

根据上述分析和结果，本章得出 JT 惯性现象在美国和英国非常普遍，但其他样本国家却并非与其保持相同的模式。此外，GH 和 JT 惯性在所有国家都存在，但 JT 惯性策略略优于 GH 策略。这支持并符合"治理有效性"的假设，且意味着当使用 JT 而非 GH 惯性策略时，治理能力指标对收益持续效应的解释能力更强。

实施惯性策略需要投资者相当频繁地进行交易。因此，交易成本成为度量惯性策略盈利能力的关键因素（Hanna 和 Ready，2005；Tajaddini，Crack 和 Roberts，2015）[212, 213]。因此，作为稳健性测试，本章进一步研究和检验惯性策略在剔除交易成本后是否仍然盈利。根据 Solnik（2009）的做法，笔者在计算买卖策略的交易成本时，使用每一次转手 2% 的估计值[214]。一次转换①被称为在一个持有期限内买卖股票周期的交易成本。本章中的转换包含经纪成本、税收和买卖差价的损失。因此，月度交易成本被模拟并确定为：

---

① 此处转换的定义源自 Solnik 和 McLeavey（2013）。

$$c = \left(\frac{1}{m}\right) \times 2\%$$
(5-5)

其中 c 为交易成本，m 为 3，6，9，12 个月的持有周期。

表 5.13 列出了剔除交易成本后的 JT 和 GH 惯性收益。表 5.13 显示的结果表明，6 个样本国家所有估计窗口的 JT 惯性均显著且具有持续性。相比之下，当持有期较短时（K=3），英国、德国和美国的 GH 惯性收益会部分消失。GH 超额回报在其他持仓区间（K=6、9 和 12）保持稳定和强劲。本章的稳健性结果表明，短期内惯性利润不会持续，且长期来看回报会明显下降。对于这两种投资策略而言，6 个月的估计窗口期都是最平稳且具有稳定的投资周期，其结果是稳健的。本章的研究结果表明，当纳入即时的公共信息时，惯性收益减少且部分消失。这与有效市场假说的理论框架是一致的。然而，由于 GH 方法仍然提供了积极稳健的中期月度利润，因此本章的结论表明样本市场并不完全有效。

5.5 本章研究结论

本章研究了股价惯性策略（买赢卖输）在全球市场上的表现。针对全球股市呈现出的超额回报率持续的现象，本章从国家层面提出了新的系统性解释变量：政治参与度、贪腐程度以及治理有效性。为了考察政治参与度、贪腐程度、治理有效性和惯性效应（高于平均股票回报）之间的关系，本章采用了两个关键（JT）和近期（GH）惯性策略，并在 3、6、9 和 12 个月的样本期内构建了四个投资组合。本章执行了 30% 层面的过滤法则：前 30% 分位数的股票被定义为赢家投资组合，后 30% 分位数的股票被定义为输家投资组合。

本章研究发现，政治参与度和贪腐程度均与治理有效性显著正相关；政治参与度与贪腐控制评分较高的国家或制度环境呈现出更高的治理有效性。透明程度高的国家在生产、提供公共机构服务方面可能更加有效率。虽然统计意义上强有力的相关性并不能充分证明因果关系，但它们确实使得治理与价格异象之间的因果关系更加具有说服力。在这种情况下，本章的相关性研究表明,更好的政治参与度和对贪腐的控制将带来更高的治理有效性。比起政治参与度,贪腐程度与治理有效性的关系更为密切。这一发现在所有的 6 个国际股票市场中仍然有效。关于治理有效性和惯性策略之间的关系,本章研究表明,在不同时期和不同国家使用两种惯性策略时,超额收益均显著为正。在治理有效性方面,尽管对治理能力指标的正负号有不同的解释,但治理有效性始终影响着国际市场上的惯性收益。总体而言,本章的研究结果解释了国际背景下惯性异象的普遍存在性,并通过表明治理有效性对金融市场稳定性的影响,增添了惯性相关的文献研究。这一结论的补充对于理解定价效应和股市异象具有重要意义。本章还发现,通过国家层面的分析,JT 和 GH 惯性策略都会产生显著的正收益,并且 JT 惯性策略明显优于 GH 惯性策略。本章对这一结果的解释是 GH 策略比 JT 策略包含更多的定价信息。经过一系列的稳健性检验,所有的实证结果均成立。

本章的研究有以下几点启示:首先,本章的结果为增强各国投资者的保护提供了建议和重要的解决方法。由于治理有效性在引领股票市场表现中的重要性,本章的研究结果表明治理有效性能显著降低交易成本,进而为投资者和股东带来价值。其次,本章的研究结果为采用法规来限制未来利益冲突的决策者提供了实证依据。本章的分析强调了治理措施和治理维度的重要性,表明治理结构薄弱的国家亟须对治理改革给予政策关注。最后,本章为金融市场和机构以及金融分析师提供了战略性启示。本章建议对每一个治理能力指标均进行进一步的研究。未来,更精确的治理因素以及所有权对惯性收益的潜在微观影响将是前景广阔的研究领域。此外,与政治参与度权和腐败相关的管理和会计改革等变量没有纳入本研究,值得通过治理能力变量之间的相互作用和多元回归分析进行更深入的研究。

第六章　中国资本市场的发展与治理

6.1 引言

我国经济社会在改革开放以来发生了深刻变革。在这一发展过程中，我国资本市场从成立、起步到发展，走过了成熟市场上百年的道路。现在，我国资本市场无论是在法律制度上，还是在交易制度和监管体系上都已日趋完善。党的十九大报告进一步强调了深化我国金融改革的决心。盘点中国资本市场走过的 40 年，当前资本市场仍然面临三大挑战：资本市场的市场化、国际化以及法治化有待进一步提高。本章结合以上三个角度回顾了我国资本市场的发展历程，并提出国家治理能力提高的方向。

6.2 中国资本市场发展史

资本市场能不能成为社会主义市场经济的组成部分在我国历史上曾备受争议，直到党的十四届三中全会通过了《中共中央关于建立社会主义市场经济体制若干问题的决定》才第一次明确资本市场这一概念。在邓小平同志的积极倡导之下，中国改革开放在 20 世纪 90 年代初迎来了重要时刻。中国于 1990 年 12 月成立了上交所，并于 1991 年 5 月开启深交所试点。与西方资本主义国家的自然演进发展模式不同的是，我国资本市场是在政府与市场共同的推动努力下探索发展而来的。30 年来，我国的资本市场采用先试点，再规范发展；先重点突破，再整体推进的探索性方式，逐步完善资本市场体系的建设。在流通股股权方面，我国实行先增量后存量，先进行股权的分置，再实施全流通的模式。对于新股首次公开发行采用审核制，等条件成熟后逐步实施国外资本市场更为常见的注册制。在管理方面，政府先出

台规章制度,再逐步进行法制化覆盖的道路。在以上方针的引领之下,资本
市场的市场化进程走出了独特的道路[215]。

6.2.1 资本市场发展里程碑

党的十一届三中全会制定了以经济建设为中心和实行改革开放的基本
国策,彻底打破了中国的计划经济体制,企业发展对资金的需求迫切需要资
本市场的发展,我国社会主义背景下的资本市场因此萌生。迄今为止,资本
市场的发展经历了以下几个阶段:

第一阶段是资本市场的萌芽时期。由于市场的萌生极为迅猛,与此同
时却没有明确的政治定位,也缺乏法律和监管,进而导致资本市场初期投机
行为盛行。在改革开放之后,我国的证券市场首先恢复了国债市场,并于
1981年启动了国债发行,发行规模约为40亿元。随着证券流通需求的扩
大,股票和债券柜台交易开始萌生,我国的二级交易市场初步形成,并在
1988年由中国人民银行拨款组建了33家证券公司。之后,上海证券交易所
和深圳证券交易所成立。1990年,郑州粮食批发市场开业引入期货机制,开
启了衍生品市场。尽管在资本市场初期,我国市场经历了一系列风波事件,
但邓小平同志的南方谈话表明了我国政府对发展资本市场的决心。邓小平
的南方谈话加快了国有企业股份制改革的脚步,同时也坚定了我国走市场
经济道路的决心,在1993年,我国的股票发行试点由一开始的上海和深圳
正式推广到了全国。

第二阶段,从1993年到1998年是资本市场形成和发展的初步阶段。
这一阶段开始,资本市场的监督管理机构开始了运作,在资本市场的体系构
建和制度建设方面取得了卓越的成效。1992年年末,国务院成立了证券管
理委员会。同时,中国证券监督管理委员会成立,标志着中国的资本市场逐
步纳入全国监管框架。1994年7月《中华人民共和国公司法》颁布实施,这
是我国证券市场监管的第一部重要法律。随着中国证监会的成立,一系列
监管条例正式颁布,资本市场法规体系初步建立,我国的资本市场开始走上
了规范化的道路。资本市场上可供选择的交易品种逐渐增加,出现了国债、
权证、企业债、可转债和部分基金。人民币特种股票B股开始出现,境内的

企业也逐渐开始在海外市场上市,筹资的方式开始多元化。

　　第三阶段,由 1999 年到 2005 年是我国资本市场承前启后的深化改革阶段。在经历了摸着石头过河的初级阶段之后,国家对发展资本市场有了一定的认识,并在制度体系的构建方面有了重大进展。在这一时期,我国监管机构对资本市场遗留的一系列不规范现象进行整顿,大幅提高国民对资本市场的认知水平,交易品种在这段时期进一步丰富。我国第一部规范证券的发行与交易的法律《中华人民共和国证券法》于 1999 年 7 月正式实施,使我国资本市场在法制化建设上迈出了一大步。我国证监会在各个证监局设立了稽查机构,并增设了查处操纵市场和内幕交易的专司机构。在 2004 年 1 月,国务院颁布了《关于推进资本市场改革开放和稳定发展的若干意见》,奠定了一系列改革的基础。这些改革包括:实施股权分置改革,提高上市公司的治理能力,大力发展机构投资,综合治理证券公司以及改革发行制度等。在这一时期,上市公司的数量和规模,股票发行的筹资额,投资者的开户数量以及交易量都进入了快速上升的轨道。此外,这一时期我国加入了世界贸易组织,逐步履行有关证券市场对外开放的承诺。这一举措使得我国资本市场的市场化以及国际化进程进一步加快,促进了市场的成熟,并壮大了市场的规模。合格境外机构投资者(QFII)以及合格的境内机构投资者 QDII 的机制相继在这一时期建立。我国大型国有企业开始推进重组与境外上市,外国投资者开始以投资股份公司的形式进驻中国进行境内发行上市,并允许对上市公司进行战略投资。在监管方面,证券监管的国际合作开始建立和扩大。中国资本市场在 2005 年开始实施股权分置改革,标志着资本市场的全流通时代来临。实证金融中经常把 2005 年股权分置改革作为事件研究的时间窗口[216]。在我国证券市场建立前期,各项法规制度还不完善。出于对市场风险控制的考虑,我国一直明令禁止各金融机构开展融资融券的业务。这项禁令在证券市场成立的早期有利于降低市场风险,有利于保护中小投资者的权益,进而促进证券市场的稳定发展。但随着资本市场规模的扩大,相关制度不断健全。单边交易市场逐渐暴露出各种弊端,证券市场急需进行制度改革以适应新的发展需要。面对这一客观需求,我国于 2005 年 10 月 27 日发布了新修订的《证券法》,其中废除了关于融资融券的限制条款,从法律层面为融资融券业务的开展奠定了基础。

第四阶段是 2006 年至今的全流通时代。我国的证券市场与国际资本市场充分接轨,在制度上进行了大幅度的变革,逐渐向成熟资本市场迈进。2006 年,我国相继出台了《证券公司融资融券业务内部控制指引》和《融资融券交易试点实施细则》,正式拉开了融资融券试点工作的序幕。随后,证监会于 2008 年 10 月 5 日宣布我国启动融资融券交易的试点行动。证监会先后组织了 11 家券商进行联网测试,对融资融券的业务程序作出了详细规定。受到美国 2007—2009 年金融危机的影响,直至 2010 年 3 月 31 日,融资融券交易才正式进入实质性操作阶段。随后,在 2011 年 10 月,证监会公布了《融资融券业务管理办法》,制定了详细的融资融券业务的规章制度。同年 11 月 25 日,沪深交易所公布并实行《融资融券交易实施细则》。从此,融资融券业务由试点正式转为常规。2012 年 8 月,转融通业务被准许进入市场,融资融券的业务规模得以进一步扩大。

除了融资融券制度,在 2020 年的今天,我们逐步开始探究注册制,真正与世界市场融为一体,成为国际资本市场的重要组成部分。我国的证券法在 2020 年重新进行了修订,使之更加适合中国资本市场的发展需要。

6.2.2 中国资本市场的市场化进程

在中国资本市场的市场化进程中,最根本的是用市场机制替代传统计划机制。这里,对于市场化的定义就体现在了市场机制在经济活动中对资源配置的作用在增强,从而使经济在市场机制的作用下得到快速发展。在这一经济体制的转型过程当中,我国金融行业不断探索并建立有中国特色的与市场经济体制相适应的一套金融体系。资本市场是资本市场化的载体和场所。一方面,资本市场使上市公司的利润得到增加,从而提高了资源配置的效率,创造价值。另一方面,资本市场促进了资本社会化和公众化的发展。在 20 世纪 90 年代初期,由于公司的股份证券化了,股本单位因此降低,加上证券在市场上的快速流通,使得资本的社会化和公众化极大地发展了起来。资本市场拓宽了公司的融资渠道,从而加快了经济社会的发展。

我国的资本市场的市场化进程具备以下两个特点:第一,由金融的市场化改革促进金融行业的发展。在资本市场上,具体表现为资本市场对外开放稳步扩大,使资本市场各项功能得到进一步发挥。第二,与其他新兴市场国家相比,中国资本市场改革并没有引起经济的剧烈波动。金融自由化的本质具备两面性,中国资本市场能否成功深化自身的体制改革,避免出现系统性金融风险,急需学术界进行深入的研究。

学术界对于金融市场化的研究始于 1969 年。Goldsmith(1966)注意到了政府对金融机构的控制和参与的程度不同从而影响金融结构和金融发展[217]。学者们普遍认为市场化提高了市场发展的动力最终带来经济的获利,从而使宏观经济得到长期增长(Bandiea 等,2000;Bekaert,Harvey 和 Lundblad,2005)[218, 219],且市场化进程的提高有利于促使无效率的金融机构退出,对资本市场的结构进行优化,从而提高整体效率(Dilip,2004)[220]。

我国的金融结构大致可以分为三个阶段(吴晓求,2006)[221]。第一阶段在 1983 年前期,被称为是高度计划经济体制下的大一统结构。第二阶段为转型期,一般认为在 1983 年到 1990 年之间,以国务院分设中国人民银行作为央行,同时组建四家商业银行为开端构建了多元化的金融结构体系,创建了资本市场并建立了中央银行体制。第三阶段是 1990 年之后的深化金融改革时期。这一时期表现为,一方面金融结构体系进一步多元化发展和扩张,另一方面建设资本市场,使资金的配置以及金融资产的交易走向市场化。1990 年以后我国的金融市场化改革进入了飞速发展时期,经历了 1995 年前后的金融秩序大整顿,1997 年亚洲金融危机,2000 年的市场化进程波动之后,在 2004 年出现了转机。国务院于 2004 年 1 月发布了《关于推进资本市场改革开放和稳定发展的若干意见》,使资本市场的市场化进程回归上升趋势。目前,中国已经形成了以债券与股票为主体的多证券形式并存,以及证券交易所、市场中介机构和监管机构健全的资本市场体系。

随着《公司法》与《证券法》中新制度与新理念的引进,我国资本市场摒弃了以前单一的交易市场,破除了单一的交易方式,丰富了交易品种。取而代之的是多重交易市场、多元交易方式以及多样化交易品种。目前我国的资本市场具备了国际化的市场格局,截至 2020 年年初,全球资金流向检测机构 EPFR 指出,800 多只美元管理的基金近 2 万亿美元对中国股票的配置达到了近四分之一。这正是我国资本市场市场化进程的体现。那么,资本市场化的指标究竟是什么呢？本书认为，资本市场化的主要标志是政府不再是资本唯一的供给者。按照我国统计局的数据显示，资本的供给主要来自国家预算内资金、国内贷款、外商投资、自筹资金以及其他资金。

在中国统计年鉴上，国家预算内资金分为财政拨款和财政安排的贷款两部分。这当中主要包括中央财政的基本建设基金、中央专项支出、收回再贷、贴息资金等用于固定资产投资的资金以及地方财政中由国家统筹安排用于房地产开发的资金。政府的投资主要通过国家预算内资金参与。这部分资金的规模和投资的方向都由政府直接控制，是完全计划性的投资额。国家预算内资金的投资规模与全社会固定资产投资比例在学术文献中被广泛运用来度量资本市场市场化的程度。表 6.1 展示了我国 1998 年到 2017年国家预算内资金占全社会固定资产投资的绝对值和比重。一般而言，比例越低，政府干预力度越低，资本的市场化程度越高。我国资本市场在 2003年开始逐步走向市场化，在 2008 年受外围经济危机的影响，政府干预力度增大，这个比重略有上升，随后趋于稳定。

表 6.1　国家预算内资金总额及其占全社会固定资产投资比重

年份	1998	1999	2000	2001	2002	2003	2004
绝对值（亿元）	1 108.72	1 613.81	1 795.02	2 261.74	2 750.81	2 360.14	2 855.60
比重（%）	4.20	6.22	6.40	6.70	7.00	4.60	4.40
年份	2005	2006	2007	2008	2009	2010	2011
绝对值（亿元）	3 637.87	4 438.74	5 464.13	7 377.01	11 493.63	13 104.67	14 843.29
比重（%）	4.39	3.93	3.88	4.35	5.07	4.72	4.30
年份	2012	2013	2014	2015	2016	2017	—
绝对值（亿元）	18 958.66	22 305.26	26 745.42	30 924.28	36 211.67	38 741.71	—
比重（%）	4.60	4.50	4.92	5.29	5.87	6.06	—

数据来源：中国统计年鉴

第二个资本供给来源是国内贷款。银行作为资本市场的重要参与方，银行的贷款是度量资本市场化程度的另一个指标。在改革开放的初期,我国为了提高国有资金的使用效率,将财政直接拨款改为通过银行转贷给企业的模式。国有企业与银行之间不再是无偿划拨关系,而是有偿借贷关系。从 2008 年开始,国有企业与银行的市场化资金供求关系基本趋于稳定。表 6.2 列出了国内贷款占全社会固定资产投资的比重。从表中数据来看,银行与企业的市场化资金供求关系趋于稳定。

表 6.2　国内贷款占全社会固定资产比重

年份	1998	1999	2000	2001	2002	2003	2004
绝对值（亿元）	5 542.89	5 725.93	6 727.27	7 239.79	8 859.07	12 044.36	13 788.04
比重（%）	19.30	19.24	20.30	19.10	19.70	20.50	18.50
年份	2005	2006	2007	2008	2009	2010	2011
绝对值（亿元）	16 319.01	19 590.47	23 044.20	26 443.74	39 302.82	44 020.83	46 344.51
比重（%）	17.25	16.47	15.28	14.46	15.71	15.20	13.40
年份	2012	2013	2014	2015	2016	2017	—
绝对值（亿元）	51 593.50	59 442.04	65 221.03	61 053.99	67 200.30	72 435.10	—
比重（%）	12.60	12.10	12.00	10.45	10.89	11.33	—

数据来源:中国统计年鉴

此外,外商投资规模同样反映了资本市场的开放程度。由于外商追求利益最大化,且运作方式是全市场运作。因此,外商投资的规模能够一定程度上反映市场化程度。外商在全球一体化经济发展过程中,对华投资规模有了显著提升,我国的开放程度和市场化程度都有显著提高。此外,企业自筹资金总额也在逐步增长,企业的融资空间得到了显著的拓宽。表 6.3 记录了股票市场从 2000 年到 2019 年股票发行筹资额的情况。我国股票市场的发行筹资额与资本市场建立早期相比已经有了显著增长,在 2019 年达到了42 161.01亿元。

表 6.3 股票市场发行筹资情况

单位:亿元

年份	股票发行筹资额	年份	股票发行筹资额	年份	股票发行筹资额
2000	2 089.21	2007	8 858.72	2014	10 630.18
2001	1 251.63	2008	3 852.22	2015	23 007.68
2002	961.38	2009	6 631.24	2016	47 927.37
2003	1 383.74	2010	12 638.67	2017	35 406.98
2004	1 525.81	2011	7 489.45	2018	31 810.92
2005	2 022.83	2012	6 852.87	2019	42 161.01
2006	5 493.68	2013	8 124.91	—	—

数据来源:Wind 数据库

6.2.3 中国资本市场的国际化进程

国际化(internationalization)从定义上主要指各国金融市场的运作紧密联系在一起。它主要表现在全世界投资者可以 24 小时在任何主要的金融市场上从事金融类活动,且投资者可以在世界范围内选择有价证券的买卖。与此同时,金融机构和银行自由开展跨国业务(吴鑫,1998)[222]。孙建东(1996)提出,全球市场一体化应当是在全球维度上的一种相互依赖关系,不仅仅包括了相互影响,也包含共同整合的作用[223]。

我国的资本市场从一开始的对自由和资本主义的恐惧与惧怕心理,逐渐开始认识到国际化进程的重要性。我国的资本市场与西方资本市场发展路径存在较大差异。主要是因为我国资本市场借鉴了西方市场的成熟经验。受到经济发展水平、市场成熟度以及金融机构多样性发展程度和法律制度水平的限制,我国的对外开放是循序渐进的过程。由于货币兑换与资本流动受到一定的限制,我国资本市场直到近十年才逐渐开始国际化进程。

事实上,资本市场是否可以走国际化路线一直以来备受争议。例如,日本在将东京建设为国际金融中心方面并不成功。日元的国际化进程也并不顺利。对此,日本经济学家的解释为日本在国内没有实现资本市场国际化之前就试图将日元进行国际流通(郑学勤,2018)[224]。因此,从长远利益出发,国际化的时机非常重要。目前,中国对外国投资者直接和间接投资证券公司、基金公司以及期货公司的比例在逐步放宽,股票市场规模在全球位于前列,商品期货市场规模排名第一,新时代背景下,我国资本市场走向国际化已然是必然之路。在过去 30 年间,我国资本市场不断在探索中前进,孕育并发展自己,中国资本市场已经经历了 30 年,多数时间在不断地孕育发展壮大自己。在前 15 年中,我国资本市场处于一种相对闭塞状态。随着中国加入世贸组织,我国的经济规模正在逐步赶上欧美大国,随之而来的是我国资本市场吸收国际流动性的需求。众所周知,与国际市场的有效结合有利于增强我国资本市场的活力与创新能力。

二战以后,美国迅速崛起成为西方最大的债权国,从此开启了美元的霸权地位。1944 年布雷顿森林体系的建立标志着世界开始进入以美元为中心的国际货币体系。1970 年之后,西方国家逐步开始放松金融的管制,内容主要为存贷款利率的自由化。美国在 1986 年开始取消定期存款利率,开启了利率自由化的进程。随后,加拿大、日本等发达国家相继实行了利率自由化。我国 1993 年开始强化中央银行对货币的管理,于 1994 年开始实行普通商业银行结售汇业务,取消外汇的双重汇率,开始进入单一市场汇率时代。在 1996 年年底,我国开始实行人民币经常项目的兑换政策。在进入 21 世纪之后,人民币汇率逐步放开,自由贸易试验区的建立在众多压力之下持续推进。2015 年 7 月,我国允许部分国际货币基金组织(IMF)成员国参与我国的银行间债券市场活动,对外国金融机构参与我国在岸市场配额管理进行了修改,不再固定投资配额(郑学勤,2018)[224]。外国主权财富基金、央行以及其他金融机构和代理人均可进入中国资本市场投资,并对市场工具进行配置。自同年 8 月开始,离岸实体可以按照在岸汇率对服务性贸易和投资进行结算,这在以前仅限于货物交易。从 2015 年 9 月开始,我国对外国央行类的金融机构发放了许可证,可以进行即期外汇交易与衍生金融工具等外汇交易活动。到 2015 年年底,IMF 通过决议,正式将人民币纳入特别提款权(SDR)中,并于 2016 年 10 月 1 日正式生效(薛晓燕,2019)[225]。

随着人民币逐步行使自身结算功能,资金结余等回流投资的处理方式开始引起我国经济学家的重视。由于美国通过美元输出迅速提升了自身对外投资和贸易的效率,使得美元短时间内大量流入全球,在石油美元结算之后,美国对自身资本市场进一步加快建设,使全球投资者积极进入美国国债市场,促进美元资产有效回流。由此可见,人民币在国际市场上的地位与人民币回流机制直接相关,而人民币回流则主要依靠境内的市场投资,因此,人民币进入一篮子货币倒逼我国资本市场进一步地往国际化发展。

除了货币的自由兑换,机构设置的自由化也是国际化进程的重要步伐之一:主要包括逐步放松境外金融机构在本国开设分支机构的限制,减少证券业在国外投资和上市的限制,打通并降低证券行业准入门槛和壁垒,放松对金融创新的限制等措施。

在我国的资本市场国际化进程主要包括国际金融机构和商业机构在我国的股票市场和期货市场进行实质性运作。合格的境外机构投资者(QFII)可以在中国股票市场持股。与此同时,国外商业机构在我国期货市场的交易通道被打通。此外,香港投资者可以通过沪港通、深港通、债券通等渠道,在监管体系允许的范围内进入中国资本市场进行投资。国外投资者的入场资格由监管体系严格监控,采用公开透明的方式,在法律框架体系下与本地投资者平等交易,进而替代了通过特殊待遇政策管理国外投资者的传统手段,有效帮助国际投资者了解中国资本市场的运作规则,进而更好地壮大市场规模,有效提升了资本市场的流动性。

在 2010 年之后,我国资本市场开启了大步迈向全球金融生态的步伐。2014 年 4 月 10 日,证监会批复了关于开展总额度为 5 500 亿元人民币的沪港通试点工作。同年 11 月 17 日,沪港通开始进行股票交易。沪港通的试点标志着中国资本市场对外开放开启了新的篇章,作为一次里程碑事件,为深港通的提出和发展做出了示范。两年之后,2016 年 12 月 5 日,中国证监会与香港证监会发布联合公告,宣布正式启动深港通计划。随着沪港通和深港通的正式实施,中国资本市场进一步开放,内地与香港投资者的投资通道被开启,有力地加强和推动了两地资本市场的深入合作与发展,加快了上海、深圳及香港金融中心的建设,为进一步推动人民币的国际化奠定了基础。此后,2017 年 6 月 20 日,MSCI 宣布将中国资本市场 A 股纳入 MSCI 的新兴市场指数中去。这一举措进一步吸引了境外资本热钱,A 股市场进一步扩容,为推进我国资本市场国际化进程,加强投资者的法治观念铺平了道路。继人民币在伦敦进行自由兑换试点之后,中英两国资本市场开始进一步合作,试点开展沪伦通的工作(李奇霖,2019)[226]。在我国有关部门的积极推进之下,QFII、RQFII等优秀的海外基金在我国股票市场上面表现活跃,大大优化了我国资本市场的制度和创新性,更好地促进保护投资者利益。

表6.4汇总了我国资本市场国际化的进程。到今天,我国资本市场的国际化进程已经有了质的飞跃。截至2020年5月31日,陆股通月买入成交净额为301.11亿元,港股通日买入成交净额为244.09亿元。QFII月度投资额约900亿美元,RQFII月度投资额约5 500亿美元(Wind,2020)。当前对外开放依然存在一定局限性,导致我国股票市场的流动性与总体市值的比例处于较低水平。随着国际化程度的提高,我国流动性与市值比也在逐年上升。由于发达市场上的股票估值普遍偏高,越来越多的国际投资者到中国市场寻求收益。由此可见,中国资本市场正在逐渐吸收国际流动性,这将进一步增强我国的市场活力与创新水平。

表6.4 中国资本市场国际化进程

时间轴	政策内容
1992年	证券市场开放B股,允许外国投资者以B股形式投资中国上市公司
2001年	允许合资券商成立,承销各类股票(A股、B股和H股)、政府债券、公司债券,允许设立基金
2002年	允许核准的QFII按照规定的限额汇入资金,通过监管专门账户投资当地资本市场,其中资本利得和股息收入经审核后可转为外汇汇出
2006年	QDII制度试行,允许符合条件的金融投资机构在限额内以人民币购汇投资境外资本市场
2014年	沪港通试行,允许两地投资者通过当地证券公司在规定范围内买卖对方交易所股票
2016年	深港通启动,深交所和香港联合交易所允许投资者买卖对方交易所股票
2017年	MSCI指数纳入我国A股股票
2019年	沪伦通启动,符合条件的两地上市公司,可以发行存托凭证在对方市场交易

6.2.4 中国资本市场的法治化进程

除了资本市场的市场化和国际化以外,法治化对于推动资本市场向前发展同样起到了重要的作用。制度的改革需要伴随法治的进步。政策的支持仅仅是基础,一个市场的健康发展离不开规则的建立与市场制度的变革。随着市场化程度的加深,"政策市"正在逐步淡出我国资本市场。在我国证监会的主导下,资本市场法治化进程正在逐级推进。

我国监管部门在近几年几轮新股发行体制改革过程中,始终坚持市场化的原则。作为市场化进程的重要标志之一,几轮股改的顺利推行强化了管理层对市场的信心。通过分散决策,管理层尽可能将权力下放,在监管层面上逐渐迈向了法治化进程。随着《证券法》以及《公司法》的颁布,标志着我国完善规则、全力以法治推动资本市场发展的决心。

自 1978 年改革开放以来,我国资本市场的法治化进程大体分为以下四个阶段。第一阶段是股份制改革起步阶段。随着改革开放的推进,企业开始探索股份制并发行股票和债券。随之而来的是与买卖证券关联的交易系统的诞生。1984 年,上海市政府批准了中国人民银行上海分行发布的《关于发行股票的暂行管理办法》。这是自改革开放以后,我国颁布的有关股票的第一个政府规章。三年之后,国务院起草了《关于股票、债券管理的通知》。随后,1992 年国家发布了《股份有限公司规范意见》。自此,我国第一个股份有限公司的章程文件问世,标志着我国资本市场法治化进程完成起步工作。

第二阶段是法治化框架的确立。1993 年,国务院公布了《股票发行与交易管理暂行条例》。这项条例奠定了我国法治化监管资本市场的框架。该条例规定,国务院证券委是证券市场的主管机构,依法依规对全国证券市场进行统一管理。与此同时,中国证监会是证券委的监督管理执行机构。证监会依法依规对证券发行和交易等具体活动进行管理与监督。国务院颁布的股票条例标志着我国股票发行审批制的正式确立。在这种制度下,股票发行由证监会根据经济发展和市场供需情况制定当年股票发行的总规模额度指标。该指标经由国务院批准,下达计委根据各省级行政区域和各个行业在国民经济发展中的地位和需求进行进一步配额。总的额度被下放到各省、直辖市、自治区和计划单列市及有关部委。各省级政府在各自发行规模配额内推荐预选企业,由证监会对符合条件的预选企业提交的申报材料进行审批。在审批制的框架内,企业需进行两级行政审批。首先由企业提交额度申请,经由企业所在地政府或直属中央部委批准,再由证监会进行复审。复审过程中,证监会对企业进行尽职审查,并对拟发行股票的规模和价格以及具体发行时间做出安排。该条例还规范了具体股票发行、交易,上市公司收购、保管、清算和过户,信息披露,调查处罚以及仲裁等详细做法。

第三阶段的开端是 1999 年 7 月 1 日,《中华人民共和国证券法》颁布实施。这是我国第一部系统性规范证券市场的法律条文。这份法律文件是基于 1998 年东南亚金融危机的背景,为防范系统性金融风险而制定的,在很大程度上体现了政府对资本市场的干预。到 2004 年,我国十届人大常务委员会第十一次会议通过了《关于修改〈中华人民共和国证券法〉的决定》。这一次修订明确了我国资本市场走市场化的理念。在这次修订中一共做了两个重大修改。第一是删除了发行价格报送国务院证券监督管理机构进行核准的规定,改为"股票发行采取溢价发行的,其发行价格由发行人与承销的证券公司协商确定"。第二是监管权限的下放:公司债券上市交易,由原先的国务院监督管理机构核准变更为可以授权证券交易所依法依规对公司债券上市进行核准。随后,《证券法》在 2006 年又经历了一次较为系统的修订。修订后的《证券法》仍为十二个章节,名称维持不变但内容出现了较大变化。2006 年 1 月 1 日起施行的新《证券法》在很大程度上放松了资本市场的过度管制。法律第一次允许混合经营,允许了证券的衍生品种以及期货期权交易,开放了融资融券的业务,放开了国有企业、国有资产控股企业以及银行资金进入证券市场的一系列限制。除此之外,新《证券法》还强调了提升市场安全性、维护投资者权益等新规定,并设计了六方面的新制度。第一,完善上市公司的监管制度,提高公司治理水平,进而提高上市公司的质量。其中,具体包括了建立证券发行上市的保荐制度,增加上市公司的控股股东数,明确上市公司各董事、监事和高管人员的法律责任,建立发行申请文件预披露制度,进而提高发行审核的透明度。第二,新法强化了对证券公司的监管职责,明确防范和化解系统性风险。这当中包括建立健全证券公司的内控制度,保护客户资产信息安全,严格防范风险。新法明确了证券公司高管的任职资格管理制度,对证券公司的主要股东资格增加了明确要求,并禁止证券公司向股东和关联方提供融资与担保服务,从监管层面补充完善了措施。第三,新法加强了对中小散户的权益保护,明确了民事赔偿责任制。第四,新法规范了市场秩序,完善发行、交易与登记结算的制度。第五,新法赋予了证监会强制执法权,强化了证券违法行为在法律层面上的责任。以上条例的改进,使得企业上市的门槛进一步降低,融资的条件被放宽,从而推进多层次资本市场的发展,使得上市公司的数量与总市值不断增加,证监会执法手段得到加强,证券违法行为被有效遏制,投资者的权益被立法保护。

第四阶段是从 2013 年至今,我国频繁修正《证券法》,使我国资本市场的法规更加精细、科学、高效和有力。2013 年 6 月,第十二届全国人民代表大会常务委员会第二次修订了《证券法》。这次修正删除了证券公司撤销分支机构、变更业务范围以及变更公司形式也必须经国务院证券监督管理机构批准的要求,进一步减少了政府的干预。到 2014 年 8 月,第十二届全国人民代表大会常务委员会第十次会议第三次修订了《证券法》。这次修订主要涉及上市公司的收购问题。第三版《证券法》删除了要约收购人必须事先向国务院证券监督管理机构报送上市公司收购报告书的规定,并同时删除了国务院监管机构对收购人变更收购要约批准的规定。2015 年、2017 年和 2019 年的 4 月,《证券法》修订草案分别进行了三次审议。对之前的《证券法》进行了大幅修改,甚至从证券发行审批制改为全面注册制。在 2015 年年中的股市危机之后,注册制被暂时搁置,对于《证券法》的编制方向有一定的逆转作用。直到上海证券交易所设立科创板并且试行注册制之后,对于新股发行注册制的改革才重新提上日程。到 2020 年 3 月,历经"四年四审"的最新版《证券法》开始施行,标志着我国资本市场的新时代正式来临。与之前的《证券法》相比,修订后的证券法共计十四章,新增了信息披露和投资者保护的专章。新法对证券违法违规加大了打击力度。针对虚假陈述等行为指明了多样化的维权和诉讼手段。新法通过引入投资者保护机构的诉讼支持,以及提出代表人诉讼等方式,大幅降低投资者的诉讼难度,同时更明确了由投资者保护机构牵头的"中国特色集体诉讼制度",从法律层面坚定了我国资本市场法治化的立场和决心。

6.2.5 资本市场的功能与现状

我国资本市场的发展与壮大极大地推动了国民经济的健康发展。截至2020 年 6 月 1 日,我国上市公司总数达到了 3 869 家,总股本 71 288.7 亿股,总市值达到了 673 160.05 亿元(数据来源:Wind)。资本市场的发展不仅推动了经济持续发展,并且极大地提升了经济总量和企业规模。资本市场既是中国经济前进的动力,也是企业发展的必备载体。因此,在今天看来,资本市场在我国已经不再是探索化的存在,而是国民经济中不可或缺的一部分。资本市场主要有以下五个功能。

第一,资本市场是联系投资者与筹资方的纽带。资本市场有利于实现资源的优化配置,对提高经济结构与产业结构的质量有重要推进作用。资本市场的制度和风险资本的进入极大地促进了企业的科技创新,从而形成良性循环。因此,资本市场的逐利特性决定了资源配置机制,促进了供给侧结构改革(吴迪,2013)[227]。

第二,资本市场有利于完善上市公司法人的治理结构,进而完善现代企业管理制度(王国忠,2004)[228]。企业法人治理,简而言之,为控制公司的机制。上市公司由于出资方较为多元化,因此,有助于提升公司的质量,进而推动公司价值增长,对增强投资者信心以及推进公司的可持续发展具有重要意义。资本市场的法治化进程有力打击了上市公司的弄虚作假行为,规范了资产转换和收购、租赁等重大资产重组行为,从法律和市场两个层面促进上市公司全面履行信息披露义务,进而促进上市公司的良性发展。

第三,资本市场作为金融体系中的重要一环,健全了现代金融体系。在我国资本市场发展初期,金融体系是建立在商业银行的基础上的。在资本市场充分发展的今天,金融体系不再仅仅是处理资金供求关系的简单网络,而是具备资源优化配置,进而分散风险、增长财富的多层次体系。资本市场成为现代金融体系的核心,对改善宏观杠杆、降低债务比重等起到了重要的作用,全面改善了企业融资困难、民间借贷不规范等问题。

第四,资本市场加速了社会财富和金融资产的增长。资本市场提供了与经济增长相一致的财富增长机制,中国家庭可以依靠存量增加财富。国际资本市场经验表明:股票、房地产、黄金和国债的产生提供了财富分享机制,资本市场则为这种分享机制提供了场所。

第五,中国特色资本市场体现了股份制与股份合作制与社会主义公有制的有机融合。在十八届三中全会《决定》之后,国企进行了混合所有制的改革。这次改革强调了国有资本与集体资本以及非公有制资本交叉持股并相互融合,使得更多国有经济和其他的所有制经济发展成为混合所有制经济。证券交易所以及各类产权交易所是实现这些举措的重要场所。更重要的是,资本市场能够提供定价机制,激发市场流动性,提供退出机制。由于资本市场具有信息公开、关注度极高且监管机制健全的特征,因此,资本市场有助于推动深化混合所有制改革的进程(邵鸥,2014)[229]。资本市场的发展对我国的体制改革具有突出贡献:促进了我国社会主义市场经济体制的形成与完善。市场经济下的企业大多数是股份制企业。股份制是市场经济中最为核心的制度安排,也是资本市场的核心。上市公司以股份有限公司的形式在社会主义市场经济中发挥着重要作用。

中国资本市场从无到有,从小到大,从人治到法治,渐渐发展成为经济中不可或缺的重要组成部分。表 6.5 统计了截至 2020 年 1 月我国资本市场的规模已超过 167 万亿元。其中,股票市值已超过 65 万亿元,发展成为全球规模第二大的股票市场,商品期货的成交量位居世界第一。

表 6.5　中国资本市场规模统计(截至 2020 年 1 月)

市场范围	规模总额(亿元)	规模占比(%)
封闭式基金	1 376.2465	0.08
股指期货	3 818.6266	0.23
商品期货	18 884.9249	1.13

续表

市场范围	规模总额(亿元)	规模占比(%)
开放式基金	146 498.6703	8.76
股票	658 716.3107	39.41
债券	842 209.6741	50.39
合计	1 671 504.4532	100.00

数据来源：Wind 数据库

图 6.1 则展示了资本市场截至 2020 年 1 月的交易结构图。图中显示，我国商品期货、债券、股票以及股指期货等市场交易蓬勃发展。金融产品的种类日益丰富，形成了多层次的资本市场，有力地支持了企业的直接融资需求。目前，多层次的资本市场体系，基本满足了不同规模和类型企业的融资需求。

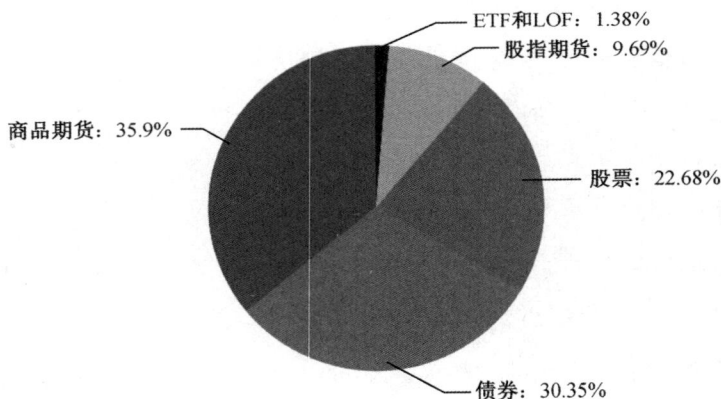

图 6.1　中国资本市场交易结构图(截至 2020 年 1 月)

数据来源：Wind 数据库

6.2.6 我国资本市场发展中存在的问题

过去 30 年中，中国资本市场的功能已经得到充分发挥。然而，中国资本市场目前还存在着一系列问题需要改进。首先，从认知层面上，投资者对资本市场的理解依旧存在欠缺。市场整体呈现明显的投机行为，整体波动性较大，投资的功能存在明显不足。投资者的结构严重不合理。在我国资本市场，散户投资者众多而机构投资者较少。根据 Wind 数据库统计，截至

2017年,在沪市交易中机构投资者买卖占比仅为14.76%。这种情况会导致资本价格出现极大的偏差。

第二,由于我国是社会主义国家,采用的是边探索边发展资本市场的模式。我国的资本市场在发展过程中往往受到政策变化的干扰。因此,大力推进资本市场法治化是我国资本市场健康发展的重要前提。

第三,尽管我国资本市场的交易品种得到了极大的丰富,但仍有较大成长空间,尤其是债券市场的发展存在一定的滞后。交易品种不齐全带来的后果是风险对冲机制的不完善。目前我国中小企业和创业板企业估值明显高于西方市场同类型股票。对中小企业板和创业板等企业的投机行为会在一定程度上加大资本市场的系统性风险。

第四,从新股的发行机制来看,我国的发行机制无法满足资本市场的长期发展需要。审核制对拟上市公司上市之前的业绩要求较高,却忽视了上市后的监管。在核准制度的框架下,政府部门对股票发行的干预和话语权较大,难以使市场机制发挥作用。针对这一情况,我国目前在科创板尝试注册制的发行机制,从制度和体系设计上进行完善。科创板的制度设计体现了市场化的导向性,主要围绕着上市审核、发行承销、市场交易、资本运作以及退市等方面做出了突破,加大了市场的力量,增加了信息披露的规定。

第五,法律法规不完善导致资本市场出现了一系列乱象。我国现行的《证券法》主要约束场内交易,对场外市场交易规范的规定较少;对投资者保护的形式性规范较多,对实质性条款规范较少。

第七章　中国股市惯性异象研究

7.1 研究背景与意义

股票价格异象对传统金融理论提出了极大的挑战。在我国,股票市场由于历史时期短、制度特殊、参与者众多且非理性程度偏高而持续出现股价惯性现象(一定时期内赢家恒赢、输家恒输)。在过去的数十年里,全球学者对股价惯性的形成机理进行了大量研究却始终未能达成共识。本章将对我国股市的惯性异象进行详细的实证研究,进而为后文探究制度环境和治理能力缓解价格异象提供实证参考依据。股票价格的异象在极大程度上挑战了有效市场假说(EMH),对传统资本资产定价模型(CAPM)以及现代资产组合理论(MPT)提出了新的修正需求,受到学者们的广泛关注。有效市场假说最早由法国的 Louis Bachelier 在 1900 年提出理论雏形[230]。随后,诺贝尔经济学奖得主 Eugene Fama 在 20 世纪 60 年代对有效市场的定义进行了系统的描述,尤其是明晰了信息与定价的关系。该假说认为,有效市场中的信息能够得到充分披露,股票的价格直接体现了所有信息。依据股票价格反映信息的充分程度,有效市场被进一步划分为:弱有效市场、半强式有效市场及强式有效市场三种:

(1)当市场处于弱有效市场时,股票的价格可充分反映出历史证券交易信息。这些信息主要包含股票的成交价格、成交量、融资金额、历史收益率等。在弱式有效市场状态下,研究人员通过技术分析手段对股价走势进行判断收效甚微。分析师无法依据历史信息获取超额收益,但分析师依然可以挖掘价格基本面信息对股票进行估值判断。

(2)当市场处于半强式有效市场时,股票价格除了充分反映出股票交易的所有历史信息外,还能充分反映当前公司运营发展中所有已公开的信息。
这些信息具体包括政策的变化、公司的经营管理状况、依法依规公开披露的
财务报表等。半强有效市场阐释了投资者可以通过各种途径迅速消化现有
信息,因此,股价会在短时间内做出反应。在半强式有效市场状态下,投资
者很难通过技术分析和基本面信息等手段挖掘股票价值,部分投资者可能
通过内幕消息获得更准确的定价信息。

(3)当市场处于强式有效市场时,无论是对外已公开的还是对内未公开
的信息,无论过去的还是现在的信息,所有与公司相关的信息都已经通过股
票价格得以充分反映。此时,股票价格充分反映了市场对信息的判断,体现
了供给与需求的平衡。在强式有效市场状态下,投资者获得的回报为均衡
回报。

然而,有效市场假说建立在严苛的假设基础上。首先,该假说假设信息
充分而完全,即所有与公司相关的信息都得到了充分的披露。在这一假设
基础上,每个投资者被认为可以及时有效地获取信息,信息的获取是免费
的。其次,该假说假设投资者处于理性人的状态,即投资者在构建投资组
合,应对投资决策时,能够理性地对证券的价格进行同质性分析。即使存在
少量非理性的投资者,这类投资者的投资行为是随机的且可以相互抵消。
少量非理性投资者的对股票价格的影响甚微。进一步而言,即使这些非理
性投资者投资行为不随机且无法完全抵消,此时非理性的投资者对股票的
价格产生了一定的影响,市场上也会存在其他理性的投资者发掘套利机会,
从而在短时间内抵消这种影响,使市场重新回到均衡的状态。

然而,随着研究人员对证券市场不断深入的研究,一系列实证研究均发
现一些无法通过有效市场假说来解释的价格异象:比如价格惯性、盈余报告
后的价格漂移、日历效应等。学者们针对这些异象进行了大量的实证研究,
发现股票的价格走势在一定程度上可预测。这一结论对传统金融理论产生
一定的冲击。在本书前面章节中,笔者挑选了发达世界的 6 个股票市场进
行了价格惯性研究。价格的惯性效应指的是在过去的一段时间内,大部分
表现良好的股票在未来,通常是短期,仍会持续良好的表现,即存在较高的

超额收益率,如同物理学中的惯性一样。与之相反,反转效应指的是,在过去一段时间内表现较差的股票在未来会呈现出与过去相反的状态。从价格上而言,反转效应体现了过去表现较差的股票在未来却拥有较高超额收益率的情况。Jegadeesh 和 Titman(1993)以美国市场为研究对象,发现了惯性现象在市场中长期存在。因此,投资者可以根据这一现象对股票过去的信息进行分析和筛选,从而构建投资组合获取超额的收益率。根据惯性效应构建的投资组合被称为惯性投资策略,即买入在过去业绩表现优异的股票组合,同时卖出过去业绩表现不佳的股票组合。根据反转效应构建的投资策略被称为反转投资策略,即卖出过去业绩优异的股票组合,同时买入过去业绩不佳的股票组合。本章将重点研究惯性与反转效应在我国资本市场上的表现。

我国股票市场自 20 世纪 90 年代起步以来,仅有 30 多年的发展历史。由于社会体制不同,文化与国情不同,我国资本市场的发展程度和历程与发达国家存在较大不同。根据上一章的回顾,我国股市主要存在以下几个特征:第一,中小投资者在总投资者人群中所占比重较大,机构投资者所占比重较小。这一特征造成了非理性投资者数量较多,理性投资者数量较少,进而在一定程度上影响了市场的秩序。第二,由于我国是社会主义国家,其治理体系与西方资本主义国家存在本质差异,因此我国的股市受政策的影响较大。这种影响会直接导致市场价格出现暴涨暴跌,进而引发股价崩盘风险。第三,由于法律法规的不健全,导致上市公司在信息披露时存在披露信息不完全,信息披露延迟,甚至弄虚作假的现象。以上这些特征导致我国资本市场的有效程度较低,从而常常出现股价异象。

由于我国资本市场发展历史较短,国内的相关性研究开展得较晚。目前,王永宏和赵学军(2001),吴世农和吴超鹏(2003),鲁臻和邹恒甫(2007),梁秋霞等(2016)的研究已发现我国股票市场存在一定的反转效应和惯性效应[231-234]。然而,由于各学者在研究时对于样本数据的采集、实验方法的选用以及实证模型的构建等方面存在较大差异,因此,已有实证研究得到的研究结果也大不相同。从研究背景的角度来看,经济危机给金融市场的稳定性造成了极大的冲击,但目前国内学者更多的还是以常态经济大环境为研究背景。针对经济危机为研究背景的实证研究较少。此外,对于价格异象的实证研究选择的研究区间大多都在 2015 年前,事实上,自从我国 2013 年开放融资融券以来,资本市场发生了一系列变化。

因此,本章以 2015 年 6 月 1 日至 2017 年 12 月 30 日的沪深 300 成分股作为研究样本,以较短的周频率考察了近期 A 股市场中短期惯性效应及反转效应的现象。通过构建零成本投资的策略以期观察在政策频繁变化的背景下,惯性效应和反转效应投资组合的超额收益表现。

本章研究具有以下理论和实际意义。首先,中国股票市场自成立以来仅有短短 30 年的发展历史,市场体制和发展程度与西方国家存在较大差异。由于制度上的一些缺陷,以及中小投资者占据主力,目前我国的股票市场依然被定性为欠成熟的市场。根据有效市场假说,我国股票市场处于弱式有效的市场状态,价格异象也时有发生。这当中,又以惯性效应和反转效应为代表,不仅在学术理论上具有很高的研究价值,对于投资者在股票市场中的投资实践同样具有重大意义。

从学术层面上看,研究 A 股市场的价格惯性及反转效应,不仅有助于进一步完善有效市场假说,验证有效市场假说在我国股票市场中的适用性,还可以为行为金融学的发展提供理论和经验依据,进而对我国的金融学理论体系做出建设性的补充和推进。

从实践层面上看,通过探究价格的惯性和反转效应,监管者可以进一步地了解股价的定价原理,从而制定有效的政策,以期更好地监管市场,防范系统性金融风险,从而保障股票市场的稳健运行,更好地保护投资者,尤其是广大中小投资者。除此之外,研究股价的惯性效应可以在一定程度上引导非理性的个人投资者趋于理性,学会运用惯性以及反转投资策略来构建投资组合,进而获取均衡收益。

在我国股票市场上关于价格惯性及反转效应的研究中,A 股市场究竟表现为惯性效应还是反转效应目前还是没有统一的定论,存在较大的分歧,这种分歧大多是因为研究者所选的样本区间差异造成的。由于大多的研究以正常的经济环境为背景,忽略了特殊波动周期内价格的异象。过往的数据表明,全球性经济危机给世界各国带来了巨额损失。例如,1987 年美国股市崩盘,1998 年俄罗斯债务危机以及东南亚金融危机,前文介绍的 2008 年美国金融危机以及 2016 年我国股市的巨幅震荡,无一例外都给金融市场的稳定性带来了巨大的冲击。在 2016 年的股市震荡中,我国上市公司受到了巨大的影响,上证指数在短短的半年内,就从 2015 年 6 月 12 日的 5 178 点跌落到 2016 年 1 月 27 日的 2 638 点。在这之后的市场始终处于一种缓慢恢复起起落落的状态。因此,研究震荡市中 A 股市场的惯性及反转效应具有较高的价值。

综上,本章研究将观察震荡市发生后我国股票市场的惯性以及反转效应,并从传统经济学和行为金融学两个维度去分析价格惯性异象,对中国股市价格异象的研究予以补充。

7.2 我国资本市场惯性及反转效应研究现状

国内学者王永宏和赵学军(2001)沿用了 Jegadeesh 和 Titman(1993)的研究方法,他们以 1993 年到 2000 年间所有沪市和深市的股票作为研究样本,按照月度的频率进行检验。经过研究他们发现:以惯性投资组合策略进行投资,超额收益在 8 年样本周期内不显著。以反转投资组合策略进行投资,赢家组合与输家组合的超额收益都具有统计意义。该研究得出了我国股票市场的惯性效应在资本市场建立初期虽不显著,但存在显著的反转效应的结论[231]。吴世农和吴超鹏(2003)以 1997 年至 2002 年在上交所上市的共计 342 个公司为样本数据,以六个月的形成期进行惯性投资组合策略的构建。研究发现,当持有该惯性投资组合少于一年时,组合超额收益较为显著。同时,他们还进行了盈余价格漂移的惯性策略的研究,发现盈余价格漂移调整后的惯性策略比普通惯性投资组合收益更高,且获得超额收益的周期明显缩短。该研究表明,证券的价格无法完全根据市场上的新信息同步进行变动,市场呈现了一定程度的反应不足[232]。类似地,鲁臻和邹恒甫(2007)以 1998 年之前上市的 529 只股票为研究样本,对 1998 年至 2005 年间的月度数据做出了检验,他们的研究结果发现大部分构建的投资组合都在短期和长期反转,只有小部分的投资组合在中期表现出惯性效应。对于这一结论,研究认为是由于中国长期处于政策市的背景中,因此,中国股市的惯性效应低于反转效应,且惯性效应不如西方成熟市场明显[233]。王浩,李晓帆和陈伟忠(2018)通过对 1997 年至 2017 年沪深两市所有上市的 A 股公司构建横截面和时间序列两个维度的惯性与反转投资组合后发现,在横截面序列上,呈现了较强的反转效应,然而在时间序列上,我国市场则呈现了较强的惯性效应[235]。

在时间序列的研究中,代瑞鹏(2018)将时间序列进行分解,定义 2014年 10 月到 2015 年 5 月之间为 A 股的快速增长期,将 2016 年 7 月到 2017 年4 月定义为 A 股的缓慢增长期。该研究通过样本股票的月度数据,探究了沪深 300 股指上的成分股在快速增长与慢速增长时期的惯性及反转效应。该研究发现,在快速增长的股市周期下,市场存在显著的短期惯性及中长期反转效应。在缓慢增长的股市周期下,市场则存在显著的短期反转及中长期惯性效应。究其原因,该研究认为主要是由于两个时期的市场热度、投资者心理预期以及政策不同导致了市场异象的变化[236]。李萌(2018)则将样本周期分为 2001 年至 2016 年,2005 年至 2016 年以及 2006 年至 2016 年三个区间。该研究对全部 A 股的月度数据进行了研究,研究结果表明我国市场存在显著的中期反转效应,且随着研究区间的缩短,反转效应的显著性有所提升[237]。

除了主板的股票样本外,还有一些学者针对我国资本市场的特征,对特殊板块的股票样本进行了研究分析。梁秋霞,程豪,姚乔和袁磊(2016)采集了中国创业板市场的 100 只股票,研究了自 2013 年 1 月 1 日到 2015 年 8 月28 日之间我国创业板市场的价格异象。他们的研究结果表明我国创业板市场上存在显著的短期反转效应[234]。李江平(2018)则对市场上的次新股展开了研究,该研究采用 2015 年到 2016 年的股票交易数据,以单日频率对次新股的价格异象进行研究,结果表明我国 A 股市场的部分次新股由于游资的存在导致了超短期的惯性效应,与此同时,次新股板块整体则呈现短期的反转效应[238]。

综合而言,我国股市的惯性效应和反转效应在结论上存在较大的差异性。这主要是由于之前的研究选取的样本区间不同,选择的板块不同,样本股票不同,且对于数据的处理方法,研究的时间频率以及在形成期和持有期的设定等方面均存在显著差异,因此造成了实证结论的偏差。尽管如此,我国股票市场存在着中期的惯性效应以及长期的反转效应这一观点已得到了大部分学者的认同。本章则以中国股票市场 2016 年的暴跌事件为研究背景,重点研究暴跌背景下的短时间内,中国股市是否存在惯性及反转效应,以最新的数据进行检验以期更好地反映当下我国资本市场的情况,为国内的研究作出补充。

7.3 样本数据的选择及研究方法

本章选取的研究样本区间为 2015 年 6 月 1 日至 2017 年 12 月 31 日之间,涵盖了 2016 年我国股票市场的暴跌时期,为了使样本数据更具有代表性,更好地体现我国股票市场的总体情况,本章选取沪深 300 指数的成分股作为样本数据进行检验,一共涵盖了 300 只股票,共计 31 个月以及 135 个周收益数据。所有的样本数据均来自国泰安数据库和万得数据库。在 2014 年至 2015 年之间,我国股市一直处在牛市的状态。具体表现为上证指数持续而快速的上涨。截至 2015 年 6 月 12 日,上证指数达到顶峰 5 178 点,但随后行情开始一路走低(数据来源:Wind)。2016 年的第一个交易日,A 股正式试行熔断机制,当沪深 300 指数触发到 5% 的熔断阈值时,三家交易所将暂停交易 5 分钟。尾盘触发 5% 或在任意时段触发 7% 的阈值时,市场将暂停交易至收市。在熔断这一新型交易规则的试行期间,由于巨大的抛盘压力,大盘在试行开盘后就连续破位 3 500 点和 3 400 点的大关,立即触发了熔断,导致整个市场停止交易。2016 年 1 月 7 日,A 股在经历了一个小反弹之后,再次触发熔断。随后,A 股市场出现了持续性下跌,截至 2016 年的 1 月 27 日,上证指数已经从年初 3 500 点以上下跌至 2 638 点,较 2015 年年中的 5 178 点峰值下跌了 49% 左右。在仅仅半年多的时间,我国 A 股市场累计最大跌幅达到了近50％。这一乱象引起了无数投资者的恐慌,熔断机制也成为我国资本市场中最短命的一个机制。在施行熔断机制后,多个交易日内出现数次熔断,严重影响了股票市场的流动性和连贯性,这一机制也随之被终止。

基于以上背景,本章的研究区间从2015年6月1日开始,于2017年12月30日终止。这个区间较为全面地涵盖了2016年的市场暴跌:上证指数从最高5 178点一路震荡下行至2 638点的阶段,随后一路缓慢恢复上行。其中,震荡下行的市场环境自2015年6月1日至2016年1月27日,缓慢上行的市场环境自2016年1月28日至2017年12月30日。

本章同样参照了Jegadeesh和Titman(1993)的惯性构建方法。首先选取样本股票数据,将研究数据的区间划分为形成期J和持有期K,在形成期J内,以样本在J期内的累计收益率为标准进行排序,筛选排名靠前的股票组合为赢家组合,排名靠后的股票组合为输家组合。运用零成本投资策略进行实证检验:在持有期内买入赢家组合,同时卖空输家组合,进而观察零成本的投资策略获取的超额收益率,并对结果进行分析。

本章以周为频率对我国市场的惯性及反转效应做短期研究。由于样本区间仅有不到三年的时间,因此,本章选择重叠排序法来增加样本数量。实验方法如下:

第一步,选定形成期J和持有期K的策略种类。令形成期J为1,3,6,9,12周,且持有期K分别为1,3,6,9,12周,以此交叉形成25种投资组合。第二步,选择一种$J-K$组合,令第N周的前J周为投资组合的形成期,计算从第$N-J$周到N周的股票累计收益率,并将收益率大小进行排序,选出累计收益居于前10％的股票,将这些股票记为赢家组合,将收益率居于末尾10％的股票,构建为输家组合。值得注意的是,Jegadeesh和Titman(1993)构建的组合取的是30％的门槛。本研究由于样本股票数较少,因此将门槛设置为10％。第三步,构建零成本的投资策略:做空输家组合并同时做多赢家组合。分别计算第N周到$N+K$周赢家组合的收益率WR及输家组合的收益率LR,计算赢家组合收益率与输家组合收益率的差值WR—

LR。第四步,用上述第二步和第三步的方法同样检验第 $N+1$ 周,$N+2$ 周,$N+3$ 周以及 $N+4$ 周……直至循环到样本数据区间的尽头。第五步,如果 WR$-$LR>0,则表明我国 A 股市场存在短期的惯性效应。如果 WR$-$LR<0,则表明在样本期间我国股市存在短期的反转效应。最后,在一组 $J-K$ 组合的循环结束之后,开始另一组 $J-K$ 的组合继续循环,一共循环 25 次。

7.4 基于我国市场的股价惯性效应实证研究

7.4.1 变量定义与说明

与 Jegadeesh 和 Titman(1993)的构建方法一致,本章采用了买赢卖输惯性组合,同时以沪深 300 股指成分股为样本数据,检验了我国股票市场的惯性及反转效应。本检验采取的投资策略组合收益以及本章使用的变量如表 7.1 所示:

表 7.1 惯性组合变量说明表

变量		相关定义与说明
个股变量	P	样本个股的周收盘价
	CAR$_{i,t}$	样本股票 i 在 t 时期内的累计收益率
组合变量	WR$_t$	构建赢家组合的 n 只股票在 t 时期内的平均累计收益率
	LR$_t$	构建输家组合的 n 只股票在 t 时期内的平均累计收益率
	WLR$_t$	构建零成本的投资组合(买入赢家组合同时卖出输家组合)在 t 时期内的累计收益率
策略变量	ZWR	构建投资组合策略的 N 个赢家组合的总平均累计收益率
	ZLR	构建投资组合策略的 N 个输家组合的总平均累计收益率
	ZWLR	构建投资组合策略的 N 个零成本组合的总平均累计收益率

其中,各变量的计算公式为:

$$\text{CAR}_{i,t} = \frac{P_{i,a+t}}{P_{i,a}} - 1 \tag{7-1}$$

$$WR_t = \frac{1}{n} \sum_1^n \text{CAR}_{w,n,t} \tag{7-2}$$

$$\mathrm{LR}_t = \frac{1}{n} \sum_{1}^{n} \mathrm{CAR}_{L,n,t} \qquad (7\text{-}3)$$

$$\mathrm{WLR}_t = \mathrm{WR}_t - \mathrm{LR}_t \qquad (7\text{-}4)$$

其中,$P_{i,a+t}$ 表示股票 i 在第 $a+t$ 周时的周收盘价。$P_{i,a}$ 则表示股票 i 在第 a 周时的周收盘价。

7.4.2 描述性统计

本研究的描述性统计如表 7.2 所示。由于实证研究总共包含 25 个投资策略,这些策略由于排序等因素有所差异,导致投资组合中所选的样本股票在每一个节点都有区别。因此,该描述性统计汇报的是形成期为 1 周,持有期为 1 周的投资策略的样本概述。其中三个变量的样本数为 134,各变量的均值、标准差、最大和最小值以及中位数都在表中显示。

表 7.2　变量描述性统计

变量名	样本数	均值	标准差	最小值	中位数	最大值
WR_t	134	0.092	0.058	-0.043	0.083	0.334
LR_t	134	0.105	0.092	-0.007	0.078	0.495
WLR_t	134	-0.013	0.113	-0.409	0.000	0.276

从表 7.2 的数据来看,输家组合的平均收益为 0.105,大于赢家组合的 0.092。除此之外,输家组合平均收益率的最小值为 -0.007,最大值为 0.495,这两项数值均大于赢家组合的平均收益率。以上描述性统计说明,在形成期为 1 周,持有期为 1 周的投资策略中,输家投资组合的表现优于赢家投资组合。此外,表中显示三种变量的标准差都较小,表明数据较为集中。

7.4.3 周惯性效应及反转效应的实证分析

表 7.3 汇报了 5×5 的收益矩阵图(包含了 J 形成期和 K 持有期)。表中列出了买入前 10% 赢家投资组合同时卖出底部 10% 的输家投资组合的零成本投资组合回报,在每个周的初期,本章根据股票在过去 t 周的收益率,对股票进行排名并将排序过后的股票分为十分位数。其中 J 和 K 分别代表 1、3、6、9 和 12 个周,W-L 为零成本投资组合收益,W 为买入赢家组合的收益,L 为买入输家组合的收益。本研究抽样期为 2015 年 6 月 1 日到

2017 年 12 月 30 日，共计 135 周。

表 7.3   投资组合收益惯性及反转效应实证结果

形成期 J\持有期 K		1 周	3 周	6 周	9 周	12 周
1 周	W−L	−0.013	−0.003	−0.002	−0.001	0.000
	W	0.091	0.019	0.007	0.004	0.002
	L	0.105	0.022	0.011	0.007	0.004
3 周	W−L	−0.024	−0.016	−0.003	−0.003	−0.001
	W	0.043	0.048	0.012	0.007	0.005
	L	0.067	0.063	0.020	0.012	0.008
6 周	W−L	−0.024	−0.012	−0.015	−0.004	−0.002
	W	0.028	0.025	0.030	0.011	0.007
	L	0.053	0.044	0.045	0.021	0.014
9 周	W−L	−0.018	−0.012	−0.011	−0.012	−0.003
	W	0.025	0.020	0.018	0.023	0.011
	L	0.047	0.037	0.030	0.035	0.020
12 周	W−L	−0.015	−0.005	−0.008	−0.010	−0.011
	W	0.019	0.018	0.015	0.014	0.019
	L	0.043	0.034	0.026	0.025	0.030

从表 7.3 的结果可以看出，在检验了 25 个形成期与持有期不同的投资策略以后，所有赢家投资组合的累计收益率均值都要小于同一策略中输家投资组合的累计收益率均值，这说明输家组合在暴跌行情下的持有期内表现明显要优于赢家组合。与此同时，25 个投资策略内的零成本投资组合收益率均值全部为负数，这表明在 2016 年整体暴跌的大背景下，我国的 A 股市场存在十分明显的反转效应。

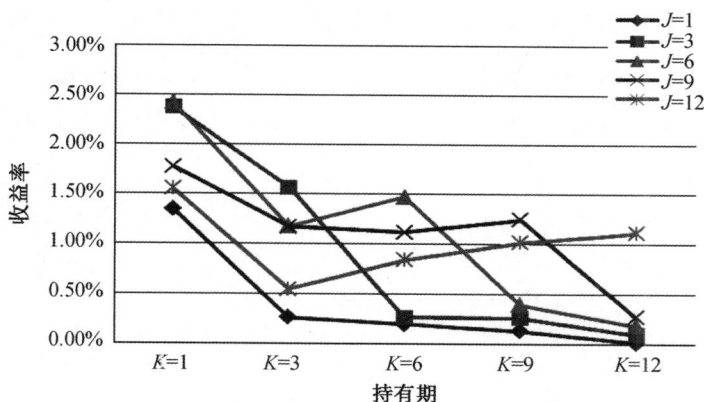

图 7.1　零成本投资组合的收益

　　进一步分析可见,第一,在持有期为 3 周的投资策略(J=1,K=3)中,十个投资组合策略的收益率均值均为负数,表现出明显的反转获利。这当中,又以(1,3)和(1,6)两个策略的反转收益率均值最高,分别为 2.374％ 和 2.416％。图 7.1 绘制了不同策略下零成本投资组合的收益均值。图 7.2 和图 7.3 则分别展示了赢家和输家投资组合的收益。从图 7.1 可以看出,形成期为 3 周的投资组合策略表现最优,而 6、9、12 和 1 周次之。同时,持有期为 1 周的五个投资策略的收益率的均值均高于其形成期相同、持有期为 3 周的另五个策略。这表明短期零成本投资组合策略的累计收益率均值随持有期的增长而减小。由此可见,在暴跌的大环境下,短期投资存在反转效应,且该反转效应随持有期的增长而减弱。

　　第二,在持有期为 6～12 周的中短期持有的投资策略里,15 个中短期策略的收益率均值依然均为负数,表现出明显的反转获利,但这些收益率均值要小于短期持有策略的均值。其中,(6,6)策略的反转收益率净值最高,为 1.463％。这表明暴跌环境下,中期投资同样存在反转效应。

　　同时,从图 7.1 中可以看出,形成期为 1 周和 3 周的投资组合,其收益率均值随持有期的延长而减弱。形成期为 6 周的投资组合,其组合收益率均值的总体趋势为随持有期延长而减弱,收益率均值仅在 3 周到 6 周的持有期之间有轻微上升。形成期为 9 周的投资组合,其组合收益率均值总体趋势为随持有期增长而减弱,收益率均值仅在 3 周到 9 周的持有期内有轻微上升。与之不同的是形成期为 12 周的投资组合,其收益均值在 3 周的持有期内随持有期的延长而减小,在 3 周至 12 周的持有期内,收益率随持有期的增长而增大。

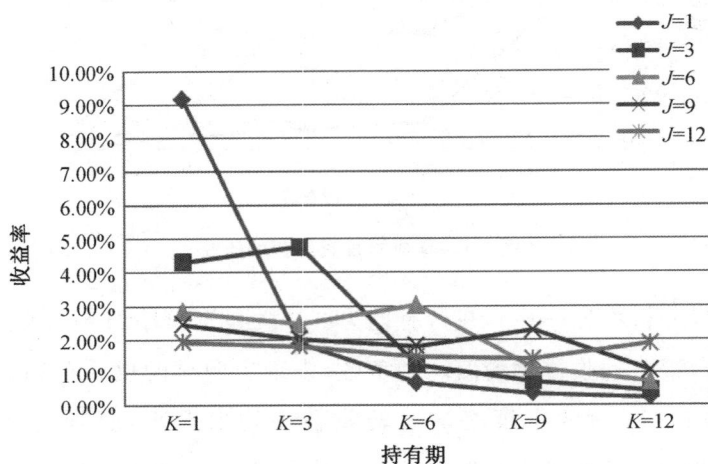

图 7.2 赢家投资组合收益

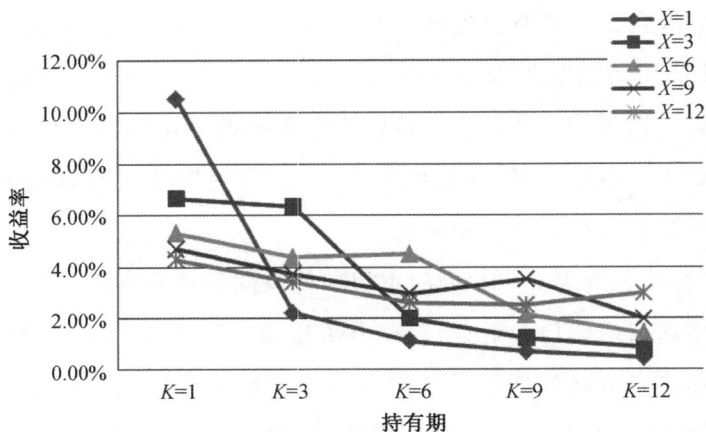

图 7.3 输家组合投资收益

7.4.4 稳健性检验——考虑交易费用下的策略收益

表 7.3 列出的投资策略收益并未扣除相应的交易费用。但在现实交易过程中,投资者在构建投资组合买卖股票时会产生交易费用。由于构建组

合时采用周频率的零成本投资策略,因此,在短短 12 周内会频繁买入和卖出,从而产生较高的交易费用,这些交易费用会显著影响到收益。因此本节将考量交易费用对收益的影响,对投资策略的收益进行稳健性检验,扣除交易的直接费用。本节按照交易印花税千分之一、交易佣金万分之三计。

从表 7.4 的结论来看,扣除交易费用虽然消耗了部分的收益,但在考虑交易费用的情况下,零成本投资组合收益仍表现出明显的反转效应。所有输家投资组合的累计收益率均值都高于同一策略中的赢家投资组合,输家投资组合在持有期内的表现明显要优于赢家组合。组合的策略收益情况基本与表 7.3 一致。其中组合策略的累计收益均值并未因将交易费用被纳入考量而产生较大的偏差,只是收益率净值稍有下降。

表 7.4 考虑交易费用的收益实证结果

形成期 J \ 持有期 K		1 周	3 周	6 周	9 周	12 周
1 周	W−L	−0.013	−0.003	−0.002	−0.001	0.000
	W	0.087	0.018	0.007	0.003	0.002
	L	0.100	0.022	0.011	0.006	0.005
3 周	W−L	−0.024	−0.016	−0.003	−0.003	−0.001
	W	0.039	0.046	0.012	0.007	0.004
	L	0.063	0.062	0.020	0.012	0.009
6 周	W−L	−0.022	−0.012	−0.015	−0.004	−0.002
	W	0.024	0.024	0.029	0.011	0.007
	L	0.049	0.043	0.044	0.021	0.014
9 周	W−L	−0.017	−0.012	−0.010	−0.012	−0.003
	W	0.021	0.019	0.017	0.022	0.011
	L	0.044	0.036	0.029	0.035	0.019
12 周	W−L	−0.016	−0.006	−0.009	−0.010	−0.011
	W	0.017	0.017	0.014	0.014	0.018
	L	0.040	0.033	0.026	0.025	0.030

7.5 本章研究结论

惯性效应与反转效应这两大股价异象对有效市场假说提出了挑战,引起了学术界和业界的广泛关注。前面章节以及众多学者的研究已表明,股价异象普遍存在于各国的股票市场当中。大部分国外的研究对股票市场存在中期惯性效应及长期反转效应的观点基本认同。中国的股票市场由于仅有短短 30 年的发展历史,与之相应的实证研究较少,各位学者在研究时对于样本数据、周期、构建组合方法等方面的选择不尽相同,更是导致实证研究结果出现显著的差异。因此,对于我国 A 股市场,如何构建惯性及反转投资组合存在较大分歧。同时,2016 年市场的突然暴跌给我国金融市场的稳定性造成了极大的冲击,严重打击了中小投资者的信心。因此,分析研究 2016 年金融市场暴跌环境背景下我国市场的惯性效应及反转效应具有较大的研究意义。不仅在学术层面上有利于进一步地完善有效市场假说的假设条件,验证有效市场假说在中国股票市场中的适用性,并为行为金融学的发展做出理论层面的贡献;还可以在实践层面上,帮助政府和监管层更好地制定政策平稳资产价格,为广大投资者学会运用惯性投资策略和反转投资策略来构建投资组合、获取超额收益率、最大化投资利润提供参考。因此本章通过实证研究探究了 2016 年股票市场价格突然暴跌发生前、发生时以及发生后的股价异象,并根据可能出现的惯性效应、反转效应做出阐述,对中国股市价格异象的研究予以补充。

本章通过采用 Jegadeesh 和 Titman(1993)的研究方法,采用重叠排序法,以 2015 年 6 月 1 日至 2017 年 12 月 30 日为研究区间,以沪深 300 股指的成分股为样本企业,构建投资组合,以 1、3、6、9、12 周为形成期和持有期进行投资组合的构建。本章共构建了 25 组投资组合策略,对投资组合的收益进行了周频率的短期检验。在进一步研究中,本章扣除了交易过程中的直接成本进行稳健性检验。稳健性检验结果表明,无论是 3 周以内的短期策略还是 6~12 周的中短期投资组合,都存在明显的反转效应。在考虑过交易费用后,A 股市场的短期反转效应仍十分明显。从投资者的角度,运用反转策略进行投资可获得较好的收益。

　　综上,通过实证研究,本章首先探究了市场暴跌的环境背景下,中国 A 股市场惯性及反转效应的存在性;其次,通过采用周频率的数据进行实证研究检验,为我国 A 股市场呈现出的股票价格惯性提供了短期和中短期投资的补充性证据。

第八章　中国制度环境与股价崩盘风险

8.1 我国制度环境与价格崩盘概述

与西方国家相比,我国资本市场发展还不成熟,股价暴涨暴跌现象严重。2015 年我国 A 股市场千股跌停挫伤股民信心,因此研究股价崩盘风险的影响因素,维护我国资本市场平稳有序地发展是目前学术界和监管层关注的重要问题。非效率投资是企业不同程度的过度投资与投资不足的总称,是一种有损企业价值的行为。已有学者的研究表明企业微观层面的非效率投资行为会加剧股价崩盘风险(许年行,2012;田昆儒等,2015;林川,2016)[239-241]。Kim,Wang 和 Zhang(2016)基于行为金融学理论发现企业过度投资与股价崩盘风险正相关,管理层过度自信是导致二者正相关的重要原因[242];但我国学者许年行等(2015)的研究认为代理问题而非管理层过度自信是导致二者正相关的主要原因[243]。非效率投资与股价崩盘风险之间的关系需要进一步实证检验的支持,如何降低企业非效率投资行为引发的股价崩盘风险也是值得关注的重要问题。本章正是从这一角度出发,以制度环境为宏观治理指标,从宏观层面研究非效率投资、制度环境与股价崩盘风险之间的关系,为政府和监管层就如何从宏观层面降低股价崩盘风险提供政策建议。

从企业微观层面来看,造成股价崩盘风险的主要原因在于对坏消息的延迟披露,管理层为追求个人私利,往往及时披露好消息而延迟披露坏消息。Jin 和 Myers(2006)首次从代理理论层面发现了管理层刻意隐瞒坏消息是造成股价崩盘风险的重要原因,而这些坏消息累积到一定程度集中爆发就会引发股价崩盘风险,即"信息隐藏假说"[244]。Hutton,Marcus 和

Tehranian(2009)的研究进一步验证了"信息隐藏假说"[245],此后,众多学者基于代理理论视角,研究了股价崩盘风险的影响因素。非效率投资行为意味着管理层没有按照企业价值最大化原则进行投资,一方面,管理层基于规避风险的动机可能会选择减少投资,从而造成投资不足;另一方面,管理层可能利用过多的自由现金进行过度投资来攫取私有利益,因此可以认为管理层进行非效率投资并对外隐瞒相应的负面消息正是代理问题的一部分。

Kaufmann,Kraay 和 Mastruzzi(2011)指出,国家治理能力与风险负相关,推进国家治理能力有助于降低市场风险[204]。Sherif 和 Chen(2019)基于全球资本市场的实证研究进一步证实了国家治理能力对抑制股价异象、降低系统性风险具有显著影响[246]。制度环境是一系列用来建立生产、交换与分配基础的政治、社会和法律规则,它是组织为了获取合法性和外界支持而必须遵守的规则(Scott,1994)[247]。我国学者樊纲认为结合我国国情的制度环境应至少包括五个方面:政府与市场的关系、非国有经济的发展、产品市场的发育程度和市场中介组织发育与法治环境(王小鲁,樊纲,胡李鹏,2018)[248]。诸多学者的研究均表明制度环境越完善,企业发展阻力越少,越有利于企业发展。制度环境发挥着企业外部治理的作用,它能够改善企业的非效率投资行为(杨兴全等,2014;杨继伟,2016)[249,250]、盈余管理行为(姚靠华等,2015)[251],有利于分析师发挥信息传递的中介作用等(江媛等,2019)[252]。那么制度环境能否发挥宏观治理的作用,降低非效率投资引发的股价崩盘风险呢?

为解决上述问题,参考过往学者的研究经验,本章选取市场化进程、地方政府干预程度、法治环境作为度量制度环境的三个维度,考察制度环境、非效率投资、股价崩盘风险三者之间的关系。

本章可能的贡献主要在以下几个方面:第一,目前文献从微观层面考虑股价崩盘风险源于企业管理层对负面消息的刻意隐瞒,却鲜有文献从宏观层面解释股价崩盘风险。本章选取制度环境作为宏观治理变量,来研究其对非效率投资与股价崩盘风险的影响,从宏观治理的视角为如何降低股价崩盘风险提供了理论支持。第二,本章从内在作用机理上解释并检验了非效率投资和股价崩盘风险的关系,对股价崩盘风险的成因,即代理问题和管理层过度自信进行了辨析和剥离,本章的进一步研究表明,非效率投资中的代理问题是导致股价崩盘风险的主要原因。第三,以往对非效率投资的研究多集中于探究造成非效率投资的影响因素,本章的研究成果将丰富非效率投资的经济后果研究;同时,本章的研究也丰富了制度环境的经济后果研究成果。第四,本章将实体经济中的投资问题与股票市场结合起来进行研究,为实体经济的投资对股票市场的影响提供经验支持。同时本章由于研究制度环境的治理作用,研究结果有很强的政策启示,有利于政府梳理并制定相关政策,从宏观制度上监管企业的经营行为并维护股票市场的稳定有序发展。

8.2 非效率投资、制度环境与价格崩盘

8.2.1 非效率投资与股价崩盘风险

股价崩盘风险是指股价急剧下跌的概率。我国学者目前对股价崩盘风险的影响因素研究可以从公司内部特征和外部影响因素两个方面来看。首先,从内部来看,许年行(2015)研究发现企业过度投资会造成股价崩盘风险显著增大[243]。王化成等(2015)研究发现第一大股东持股比例越大,股价崩盘风险越小[253]。周兰等(2019)研究表明管理者能力越高,所在企业的崩盘风险越低[254]。郑珊珊(2019)得出如下结论:管理层权力强度与股价崩盘风险正相关,有效的内部控制能够抑制两者的正相关关系[255]。此外,企业的高会计信息质量也会降低股价崩盘风险,Kim,Wang 和 Zhang(2019)的研究表明会计稳健性越高,企业负面信息的披露越及时,股价崩盘风险越低[256]。我国学者杨棉之等(2016)的实证结果也表明会计稳健性能够显著降低企业的股价崩盘风险[257]。Francis,Hasan 和 Li(2016)研究发现管理层会采用真实盈余管理手段实现对坏消息的隐瞒,真实盈余管理程度越高,企业未来的股价崩盘风险也越高[258]。此外,除了真实盈余管理手段,管理层过多使用平滑收益也会导致股价崩盘风险的提高(Chen,Kim 和 Yao,2017)[259]。然而,尽管会计质量的提高有助于降低股价崩盘风险,Da Silva

(2019)的研究却发现公司治理的好坏在金融危机期间对股价崩盘风险没有显著效应[260]。

从外部因素来看,许年行,于上尧和伊志宏(2013)研究发现机构投资者的羊群行为会提高企业的股价崩盘风险[261],曹丰等(2015)的研究也表明机构投资者会显著加剧企业的股价崩盘风险[262]。而 Piotroski(2004)发现机构投资者能够有效发挥外部监督作用,降低股价崩盘风险和股价同步性[263]。许年行等(2012)分析分析师乐观偏差与股价崩盘风险之间的关系,结果发现分析师乐观偏差会增大企业的股价崩盘风险[239]。褚剑和方军雄(2016)研究得出:高客户集中度有助于供应链整合,从而降低企业的股价崩盘风险[264]。彭旋等(2018)研究发现客户股价崩盘风险对供应商具有传染效应,并且当供应商自身抗风险能力不足,或客户和供应商两者的经济联系越密切,这种传染效应越强。李江辉(2018)从市场化进程、地方政府干预程度、法治环境三个方面度量制度环境,考察了其对股价崩盘风险的影响,结果表明,市场化程度越高、法治环境越好、地方政府干预程度越低,股价崩盘风险越低[265]。此后,Li(2019)通过对中国股票市场历史上八次崩盘事件的实证研究证实了政府干预对引发密集性股价崩盘具有显著性影响[266]。此外,最新的外部研究表明,股价的崩盘风险还受到经济不确定性的影响(Luo 和 Zhang,2020)[267]。

企业的非效率投资主要包括了过度投资与投资不足。在企业的过度投资层面,现有研究对其产生的原因多从代理问题和管理层过度自信两个方面进行分析。根据 Jensen(1986)提出的自由现金流理论,企业可支配的自由现金过多时将会加剧股东和管理层之间的代理问题,管理层可能出于私利而将资金投资于净现值为负的项目中,从而造成过度投资。基于这一理论,Chen,Sun 和 Xu(2016)研究了中国 865 家上市公司[268]。他们发现,过度投资行为与自由现金流密切相关,自由现金流越多,企业越倾向于过度投资,且这种效应会随着企业治理能力的提高而显著减弱。Bhuiyan 和 Hooks(2019)则发现这种代理问题可能不仅来自管理层的私利,还可能来自管理层人员的能力与经验。当管理层中出现问题经理人时,企业会持有过多现金从而导致过度投资[269]。这种效应会随着问题经理的人数增加而加剧,当问题经理人同时是董事会成员时,企业过度投资显得尤为显著。李云鹤(2014)从管理者代理和管理者过度自信两个方面对企业过度投资产生的原因进行了分析,研究结果发现这两类行为都会致使企业产生过度投资问题。相比之下,企业投资不足主要源于管理层对风险的厌恶以及融资约束问题[270]。田昆儒和孙瑜(2015)认为股东和管理层的利益非一致性、契约的非完备性和信息不对称都导致企业管理层产生非效率投资行为,其中利益的非一致性突出表现在对项目风险持有的态度和相应的处理手段上[271]。Hu,Jiang 和 Holmes(2019)的研究则表明,政府补贴可以显著改善因融资约束产生的投资不足,但也可能会导致过度投资[272]。

我国学者关于非效率经济后果的研究结论较少,但非效率投资是有损企业价值的行为基本可以得到认同。詹雷等(2013)对过度投资的经济后果进行了研究,结果表明过度投资减损企业价值,过度投资会降低企业未来经营业绩,增大未来财务风险[273]。李世刚(2013)发现在控制了女性高管等影响企业价值的变量之后,企业过度投资依然会导致企业价值降低[274]。金宇超,靳庆鲁和宣扬(2016)以反腐败为背景,研究发现国企高管在反腐过程中为规避政治风险而导致投资不足,并且投资不足严重损害企业价值。可以认为,管理层出于个人利益考虑而进行的非效率投资行为是代理问题的一部分[275]。

非效率投资作为有损企业价值的一种行为,加剧股价崩盘风险可能是它的又一大负面经济后果。代理理论认为股东与管理者之间的代理冲突是导致股价崩盘风险的重要原因。由于管理者个人利益与股东追求的企业价值最大化目标往往不一致,管理者有进行非效率投资而获得私利的行为,并且管理者追求私利的行为不能受到有效的监督和抑制。管理者为了获得相应的利益,以及保护自己的声誉和职位,不会主动披露这一类项目的真实情况;甚至会刻意向董事会和股东隐瞒相关信息。如此一来,造成管理者与投资者之间的信息不对称,也使这些负面信息在企业内部不断累积。当这些负面信息被累积到一定程度,股价也被高估到一定程度,一旦"坏消息"被市场发觉,股价崩盘也随之发生。

基于行为金融学理论,管理者面对过度投资损失的非理性行为会增加企业的股价崩盘风险。林川(2016)指出,管理者对过度投资的信息处理方式有所差异,即面对损失时比获得成功时更容易非理性。在投资项目获得一定的收益的情况下,管理者喜欢将这一类信息进行披露,使投资者和经理人市场看到自己的成就,从而获得满足感和成就感,管理者深知这种收益源于过度投资,因此并不会盲目地进一步加大投资;然而当投资项目遭遇损失时,管理者往往倾向于进一步增加投资来挽回之前的损失,同时为了保全声誉和地位也会隐瞒信息或延迟披露[241]。因此,管理者增加投资和隐瞒信息的非理性行为都会使过度投资导致股价崩盘风险增大。

不论是基于代理理论还是行为金融学理论,管理层有意隐瞒负面消息、信息不对称、外部监督功能失效都是非效率投资引发股价崩盘风险上升的关键原因。王化成,曹丰和叶康涛(2015)对第一大股东持股比例越大而股价崩盘风险越小的影响机制进行了分析,结果发现第一大股东主要是通过"监督效应"和"更少掏空效应"来降低股价崩盘风险的[253]。周兰和张玥(2019)认为能力较高的管理者一方面本身使企业产生的负面消息更少,因此捂盘动机也更低;高能力管理者也更加理性,不会通过隐瞒坏消息的短视行为来影响自身声誉;另一方面高能力管理者能够提高企业的信息质量和披露质量,投资者和公司的信息不对称程度较低。因此管理者能力越高,股价崩盘风险越小[254]。曹丰等(2015)研究发现机构投资者会显著加大企业的股价崩盘风险,其内在原因之一就是机构投资者会与管理者合谋进行内幕交易进而加剧信息不对称问题[262]。许年行等(2012)的研究结果发现分析师乐观偏差会增大企业的股价崩盘风险,原因就在于分析师受制于利益冲突,并不能很好地发挥信息中介作用,往往对负面信息进行保留披露[239]。

从上述研究可以看出,使股价崩盘风险上升的因素根本都源于管理层对企业负面消息的刻意隐瞒,而能够降低股价崩盘风险的因素都是管理层隐瞒坏消息的可能性小,信息不对称程度较低。非效率投资行为往往是企业管理者进行私利攫取的机会主义行为,他们抱有侥幸心理能够躲过企业内外部监督,因此非效率投资带来的负面影响势必会被企业管理者隐藏。非效率投资越严重,由其带来的负面信息也越多,当这些信息累积到一定程度时,被市场发觉的可能性也在慢慢增大,最终导致企业的股价发生崩盘。因此,提出本章的第一个研究假设。

假设 1:企业的非效率投资程度与股价崩盘风险正相关。

8.2.2 制度环境的治理功能

制度环境具有企业外部治理的作用,它能够改善企业的非效率投资行为、盈余管理行为等,有利于分析师发挥信息传递的中介作用,并且能够降低企业的股价崩盘风险。Naeem 和 Li(2019)通过对 35 个 OECD 成员国的非金融类企业进行研究发现,良好的制度环境对改善企业非效率投资具有显著影响[276]。国内学者江媛和王治(2019)研究发现,完善的法律制度和市场环境能够提高分析师的预测准确度,降低分歧度[252]。杨继伟(2016)研究发现制度环境的改善能够显著抑制过度投资[250]。姚靠华,唐家财和李斐(2015)研究结果显示,大机构投资者、稳定型机构投资者和独立型机构投资者能够抑制企业的真实盈余管理,并且制度环境能够正向调节两者的关系[251]。李江辉(2018)从市场化进程、法治环境和地方政府干预程度三个维度替代制度环境变量,研究了制度环境与股价崩盘风险之间的关系,结果发现市场化进程、法治环境和地方政府干预程度都会对股价崩盘风险产生显著影响[265]。罗进辉和杜兴强(2014)的研究发现制度环境越不完善的地区公司的股价崩盘风险越高[277]。李延喜等(2015)从政府干预、金融发展水平和法治水平三个维度度量外部治理环境,研究发现对于非国有企业,金融发展水平和法治水平越高,企业的投资效率越高[278]。杨兴全,张丽平和吴昊旻(2014)研究发现市场化进程能够抑制管理层利用权力持有大量现金进行过度投资的行为。降低股价崩盘风险的关键在于对管理层实施有效的监督,缓解代理问题,降低信息不对称程度[249]。Hu,Jiang 和 Holmes(2013)研究了法律对内幕交易的限制效果,结果发现当内部交易受到法律限制时,管理层隐瞒负面消息或获取私利的可能性显著降低,从而股价崩盘风险降低[272]。上述研究都表明制度环境越完善,越能减少企业发展阻力,从而有利于企业发展。

从市场化进程来看,较快的市场化进程能够从以下三个方面影响非效率投资对股价崩盘风险的作用。首先,赵健梅等(2017)研究发现市场化进程越快,高管的外部薪酬差距越合理,因为市场化进程越快,高管薪酬与企业业绩的关系越密切,外部薪酬差距可反映企业业绩的差距[279]。因此市场化进程促进了经理人市场的完善和发展,管理者看重自身声誉和职业发展,将主动减少短视行为。其次,市场化进程越快的地区,市场机制能够很好地发挥作用,企业的信息更加透明,信息不对称代理问题得到缓解,投资者监督管理层的信息更加充分。另外,在市场化程度越高的地区,法律制度也越完善,公司治理状况良好,能够对管理层实施有效的监督。因此,市场化进程快,非效率投资带来的负面信息能够及时被市场和投资者察觉,管理层隐瞒负面信息的可能性减小,进而股价崩盘风险减小。

从政府干预程度来看,地方政府官员往往因追求自身政绩有干预地方企业的强烈动机。在经济较不发达地区,地方官员承担提高当地 GDP、解决就业问题、维护社会稳定等任务,其会利用自身权力将相应的任务转嫁于当地企业,甚至会出现与企业管理者合谋谋取私利的行为。因此,地方政府干预程度过高会导致企业的非效率投资问题和信息不对称问题更加严重。而地方政府干预程度越低,则市场竞争机制作用的发挥效果越好,企业业绩信息能够很好地反映公司的真实发展状况,信息不对称和代理问题得到缓解,非效率投资带来的股价崩盘风险降低。

从法治环境来看,良好的法治环境能够通过抑制不利因素改善非效率投资产生的负面经济后果。首先,法治环境能够改善企业与外部的信息不对称程度,陈克兢(2017)研究发现法治环境越好,上市企业的盈余管理程度越低,这说明较完善的法治环境能够抑制管理层进行盈余操纵,会计信息质量和透明度较高[280]。同时法治环境越好,法律对投资者的权益保护也越好,外部投资者对管理层的监督更加容易。所以,法治水平越高,管理层隐瞒信息的成本越高。其次,管理者进行非效率投资的机会主义行为和隐瞒坏消息的成本增加,违规操作可能受到法律制裁,影响自身声誉。因此法治环境越好,非效率投资产生的负面影响被外部投资者发现的可能性更大,股价崩盘风险越小。

基于上述分析,提出以下研究假设:

假设 2:高市场化进程快能够抑制非效率投资对股价崩盘风险的负面影响。

假设 3:低政府干预程度能够抑制非效率投资对股价崩盘风险的负面影响。

假设 4:完善的法治环境能够抑制非效率投资对股价崩盘风险的负面影响。

8.3 非效率投资与股价崩盘模型

本章研究了我国 A 股上市公司非效率投资对股价崩盘风险的影响,以及制度环境对非效率投资与股价崩盘风险两者关系的影响。本章选取了 2000—2018 年上证 A 股和深证 A 股的非金融类全部上市公司。其中,制度环境变量采用王小鲁、樊纲、胡李鹏编著的《中国分省份市场化指数报告(2018)》(以下简称"报告")中市场化总指数、政府与市场的关系、市场中介组织的发育和法治环境作为度量制度环境的指标。本章中使用的个股数据、资本市场数据以及企业特征数据均来自国泰安 CSMAR 数据库。考虑到最新的制度环境指标记录范围为 2008—2016 年,为保证频率一致,最终本章的研究样本数据选择范围为 2008—2016 年。

8.3.1 股价崩盘风险

借鉴国内外学者的研究(Jin 和 Myers,2006;Hutton,Marcus 和 Tehranian,2009;江轩宇和许年行,2015)[244,245,281],本章选取收益上下波动比率和负收益偏态系数作为度量股价崩盘风险的指标。具体计算方法如下:

首先,利用股票 i 的周收益数据,根据模型(8-1)计算股票 i 第 t 周的特有收益率。

$$R_{i,t} = \beta_0 + \beta_1 R_{m,t-2} + \beta_2 R_{m,t-1} + \beta_3 R_{m,t} + \beta_4 R_{m,t+1} + \beta_5 R_{m,t+2} + \varepsilon_{i,t}$$

$$(8\text{-}1)$$

其中,$R_{i,t}$表示股票i在第t周考虑现金红利再投资的收益率,$R_{m,t}$为股票i所在市场第t周按流通市值加权的收益率;为控制非同步性交易带来的影响,式中还加入了市场平均收益率的两期超前项和两期滞后项。残差$\varepsilon_{i,t}$表示企业i的股票周收益率没有被市场收益率波动所解释的部分。由模型(8-1)回归得到残差$\varepsilon_{i,t}$,计算可得股票i在第t周的特有收益率$W_{i,t} = \ln(1 + \varepsilon_{i,t})$。

其次,根据股票i在第t周的周特有收益率$W_{i,t}$分别计算度量股价崩盘风险的两个指标。

(1)收益上下波动比率(Duvol)

$$\text{Duvol}_{i,t} = \ln\left\{ \frac{\left[(n_u - 1) \sum_{down} R_d^2 \right]}{\left[(n_d - 1) \sum_{up} R_u^2 \right]} \right\}$$

$$(8\text{-}2)$$

其中,n_u为股票i周特有收益$W_{i,t}$大于年平均收益$W_{i,t}$的周数,n_d为股票i周特有收益$W_{i,t}$小于年平均收益$W_{i,t}$的周数。Duvol 数值越大,表示收益率分布越倾向于左偏,股价崩盘风险越大。

(2)负收益偏态系数(Ncskew)

$$\text{Ncskew}_{i,t} = -\frac{\left[n (n-1)^{\frac{3}{2}} \sum W_{i,t}^3 \right]}{\left[(n-1)(n-2) \left(\sum W_{i,t}^2 \right)^{\frac{3}{2}} \right]}$$

$$(8\text{-}3)$$

其中,n为股票i在每个样本年度的交易周数。Ncskew 的数值越大,表示偏态系数为负的程度越严重,股价崩盘风险越大。

8.3.2 非效率投资

本章非效率投资的计算借鉴 Richardson(2006)的模型[282],并结合国内学者的相关研究,最终采用模型(8-4)来计算非效率投资。

$$\text{Inv}_{i,t} = \alpha_0 + \alpha_1 Q_{i,t-1} + \alpha_2 \text{Return}_{i,t-1} + \alpha_3 \text{Lev}_{i,t-1} + \alpha_4 \text{Size}_{i,t-1} + \alpha_5$$

$$\text{Cash}_{i,t-1} + \alpha_6 \text{Age}_{i,t-1} + \alpha_7 \text{Inv}_{i,t-1} + \sum \text{Industry} + \sum \text{Year} + \varepsilon_{i,t} \quad (8\text{-}4)$$

其中，$Inv_{i,t}$为企业 i 第 t 年现金流量表中"购建固定资产、无形资产和其他长期资产支付的现金"、"取得子公司及其他营业单位支付的现金"和"投资支付的现金"三项之和减去"处置固定资产、无形资产和其他长期资产收回的现金净额"、"处置子公司及其他营业单位收到的现金净额"和"收回投资收到的现金"三项之和与期初总资产之比；$Q_{i,t-1}$为企业 i 第 t－1 年的托宾Q 值，等于股权市值与负债账面价值之和与总资产之比，其中非流通股股权市值用净资产替代，托宾 Q 值用于度量公司的成长性；$Return_{i,t-1}$为企业 i第 t－1 年考虑现金红利再投资的年个股回报率；$Lev_{i,t-1}$是企业 i 第 t－1 年的资产负债率，等于总负债与总资产之比；$Size_{i,t-1}$为企业规模，等于企业 i第 t－1 年总资产的自然对数；$Cash_{i,t-1}$为企业 i 第 t－1 年现金及现金等价物余额与总资产的比值；$Age_{i,t-1}$是企业 i 截至第 t－1 年的上市年限，等于当前年度减去上市年度；$Inv_{i,t-1}$是企业 i 第 t－1 年"购建固定资产、无形资产和其他长期资产支付的现金"、"取得子公司及其他营业单位支付的现金"和"投资支付的现金"三项之和减去"处置固定资产、无形资产和其他长期资产收回的现金净额"、"处置子公司及其他营业单位收到的现金净额"和"收回投资收到的现金"三项之和与期初总资产之比。同时在模型中控制了行业效应和年度效应。

对模型(8-4)进行回归后得到的残差即为非效率投资，其中，$\varepsilon_{i,t}>0$ 表示过度投资，$\varepsilon_{i,t}<0$ 表示投资不足，本章对残差 $\varepsilon_{i,t}$ 取绝对值来表示非效率投资程度，如式(8-5)所示。

$$IneInv_{i,t} = |\varepsilon_{i,t}| \qquad (8\text{-}5)$$

8.3.3 制度环境(InsEnvir)

本章采用王小鲁、樊纲、胡李鹏编著的《中国分省份市场化指数报告(2018)》中市场化总指数、政府与市场的关系、市场中介组织的发育和法治环境作为度量制度环境(InsEnvir)的指标，分别是市场化进程、政府干预程度、法治环境，其中市场化进程与法治环境是正向指标，即得分越高，表示市场化进程越快、法治环境越好；政府干预程度为反向指标，即得分越高，表示政府干预程度越低。

8.3.4 控制变量

参考已有学者的研究,本章选取周回报率的均值(W_mean)、周回报率的标准差(W_sd)、去趋势化的换手率(Dturn)、信息透明度(AbsDACC)、会计稳健性(C_SCORE)、企业规模(Size)、财务杠杆(Lev)、总资产收益率(ROA)、股权集中度(First)作为控制变量,同时控制行业和年度的固定效应。表8.1列示了本章主要变量的定义。

表 8.1 各变量定义

变量	符号	定 义
收益上下波动比率	Duvol	度量股价崩盘风险,由公式(8-2)计算可得
负收益偏态系数	Ncskew	度量股价崩盘风险,由公式(8-3)计算可得
非效率投资	IneInv	根据公式(8-4)计算可得
市场化进程	Market	虚拟变量,大于中位数取1;否则取0
政府干预程度	Gov	虚拟变量,大于中位数取1;否则取0
法治环境	Law	虚拟变量,大于中位数取1;否则取0
周回报率的均值	W_mean	股票i第t年的平均周回报率与100的乘积
周回报率的标准差	W_sd	股票i第t年周回报率的标准差
去趋势化的换手率	Dturn	i股票t年与$t-1$年的月均换手率之差
信息透明度	AbsDACC	修正Jones模型计算的操控性应计利润的绝对值
会计稳健性	C_SCORE	C_SCORE指数(Khan and Watts,2009)
企业规模	Size	企业总资产的常数对数
财务杠杆	Lev	资产负债率
总资产收益率	ROA	净利润/资产总额
股权集中度	First	第一大股东持股比例

8.3.5 研究模型

为验证假设1,本章设定模型(8-6)来检验非效率投资与股价崩盘风险之间的关系,模型如下:

$$Duvol_{i,t} = \alpha_0 + \alpha_1 \, IneInv_{i,t-1} + \alpha_2 \, W\_mean_{i,t-1} + \alpha_3 \, W\_sd_{i,t-1} +$$

$$\alpha_4 \, Dturn_{i,t-1} + \alpha_5 \, AbsDACC_{i,t-1} + \alpha_6 \, C\_SCORE_{i,t-1} + \alpha_7 \, Size_{i,t-1} +$$

$$\alpha_8 \, \mathrm{Lev}_{i,t-1} + \alpha_9 \, \mathrm{ROA}_{i,t-1} + \alpha_{10} \, \mathrm{First}_{i,t-1} + \sum \mathrm{Industry} + \sum \mathrm{Year} + \varepsilon_{i,t}$$

$$(8\text{-}6)$$

在模型中控制了行业和年度效应;若假设 1 成立,即非效率投资与股价崩盘风险正相关,系数 α_1 应显著为正。

本章构建了模型(8-7)来验证假设 2、假设 3、假设 4,即探究制度环境对非效率投资和股价崩盘风险两者关系的影响。已有研究表明,企业所处地区的制度环境对投资效率和股价崩盘风险均有影响,因此本章在回归模型中加入度量制度环境的虚拟变量和制度环境与非效率投资的交乘项(IneInv × InsEnvir)来研究制度环境对非效率投资和股价崩盘风险两者关系的影响。模型设定如下:

$$\mathrm{Duvol}_{i,t} = \beta_0 + \beta_1 \mathrm{IneInv}_{i,t-1} + \beta_2 \mathrm{IneInv}_{i,t-1} \times \mathrm{InsEnvir}_{i,t-1} +$$

$$\beta_3 \mathrm{InsEnvir}_{i,t-1} + \beta_4 \mathrm{W\_mean}_{i,t-1} + \beta_5 \mathrm{W\_sd}_{i,t-1} + \beta_6 \mathrm{Dturn}_{i,t-1} +$$

$$\beta_7 \mathrm{AbsDACC}_{i,t-1} + \beta_8 \mathrm{C\_SCORE}_{i,t-1} + \beta_9 \mathrm{Size}_{i,t-1} + \beta_{10} \mathrm{Lev}_{i,t-1} + \beta_{11} \mathrm{ROA}_{i,t-1}$$

$$+ \beta_{12} \mathrm{First}_{i,t-1} + \sum \mathrm{Industry} + \sum \mathrm{Year} + \delta_{i,t}$$

$$(8\text{-}7)$$

其中,InsEnvir 是制度环境,分别用市场化进程(Market)、政府干预程度(Gov)和法治环境(Law)来表示;模型中控制了行业和年度效应。根据假设,高市场化进程、低政府干预程度以及完善的法治环境能够抑制非效率投资对股价崩盘风险的负面影响,因此预期模型交乘项 $\mathrm{IneInv}_{i,t-1} \times \mathrm{InsEnvir}_{i,t-1}$ 的系数 β_2 显著为负。

8.4 制度环境与价格崩盘的实证研究

8.4.1 描述性统计

表 8.2 是本章各变量的描述性统计结果,度量股价崩盘风险的收益上下波动比率 Duvol 的最小值和最大值分别为 -1.571 和 2.111,均值为 -0.206;负收益偏态系数 Ncskew 最小值和最大值分别为 -4.681 和 3.985,均值为 -0.379。与田昆儒和孙瑜(2015)的研究基本一致[240]。非效率投资 IneInv 的均值为 0.051,最大值为 11.567,说明我国部分企业存在严重的非效率投资,

非效率投资现象普遍。市场化进程 Market、政府干预程度 Gov、法治环境 Law 的均值分别为 0.822、0.770 和 0.786,说明我国总体市场化发展水平高,但是标准差较大,说明各个地区的市场化发展水平存在较大差异。

表 8.2 描述性统计

变量名	观测值	均值	标准差	最小值	最大值
Duvol	17 310	−0.206	0.353	−1.571	2.111
Ncskew	17 310	−0.379	0.715	−4.681	3.985
IneInv	17 310	0.050	0.057	0	0.835
Market	17 310	0.822	0.382	0	1
Gov	17 310	0.770	0.421	0	1
Law	17 310	0.786	0.410	0	1
W_mean	17 310	−0.151	0.166	−4.944	0.000
W_sd	17 310	0.052	0.034	0	1.459
Dturn	17 310	−0.005	0.318	−1.738	1.601
AbsDACC	17 310	0.074	0.119	0	3.643
C_SCORE	17 310	0.058	0.055	−0.001	5.036
Size	17 310	9.483	0.581	4.709	12.381
Lev	17 310	0.461	0.337	0	9.841
ROA	17 310	0.042	0.084	−1.558	1.560
First	17 310	0.358	0.156	0	0.900

表 8.3 是各个变量之间的相关系数矩阵。从表中结果来看,被解释变量股价崩盘风险的两个度量指标收益上下波动比率 Duvol 和负收益偏态系数 Ncskew 与解释变量非效率投资 IneInv 存在显著的正相关关系,相关系数分别为 0.023 和 0.022,且均在 1% 水平上显著,初步表明企业非效率投资程度越大,其股价崩盘风险也越高,假设 1 得到初步验证。股价崩盘风险的两个度量指标收益上下波动比率 Duvol 和负收益偏态系数 Ncskew 的相关系数为 0.946,说明二者度量股价崩盘风险的一致性较高。

表 8.3　相关性分析

变量	Duvol	Ncskew	IneInv	Market	Gov	Law
Duvol	1.000					
Ncskew	0.946***	1.000				
IneInv	0.023***	0.022***	1.000			
Market	-0.017**	-0.015*	-0.004	1.000		
Gov	-0.010	-0.010	-0.001	0.732***	1.000	
Law	-0.011	-0.010	-0.002	0.750***	0.594***	1.000
W_mean	-0.026***	-0.029***	-0.002	0.016*	0.013	0.014*
W_sd	0.046***	0.053***	0.021**	-0.039***	-0.032***	-0.032***
Dturn	0.099***	0.087***	-0.002	0.014	0.003	0.003
AbsDACC	0.019**	0.019**	0.023***	-0.012	-0.006	0.000
C_SCORE	-0.034***	-0.036***	-0.022**	0.001	-0.009	-0.003
Size	-0.035***	-0.037***	-0.075***	0.004	0.012	-0.011
Lev	0.010	0.006	0.022*	-0.004	-0.027***	-0.004
ROA	-0.020**	-0.016**	0.140***	0.007	0.024***	0.007
First	-0.033***	-0.034***	-0.028***	0.028***	0.031***	0.036***

续表

	W_mean	W_sd	Dturn	AbsDACC	C_SCORE	Size	Lev	ROA	First
W_mean	1.000								
W_sd	0.701***	1.000							
Dturn	0.164***	0.275***	1.000						
AbsDACC	0.034***	0.152***	0.012	1.000					
C_SCORE	0.011	−0.043***	−0.073***	0.045***	1.000				
Size	0.042***	−0.136***	−0.014	−0.043***	0.097***	1.000			
Lev	0.009	0.032***	0.000	0.049***	0.942***	−0.091***	1.000		
ROA	0.008	−0.003	−0.003	0.004	−0.770***	0.058***	−0.582***	1.000	
First	0.022***	0.005	−0.032***	0.008	0.046***	0.290***	−0.024***	0.016**	1.000

注：***，**，* 分别表示变量在 1%，5%，10% 的水平上显著，下表同。

8.4.2 企业非效率投资与股价崩盘风险

表 8.4 是非效率投资与股价崩盘风险的回归结果,从第二列可以看出,非效率投资 IneInv 与收益上下波动比率 Duvol 度量的股价崩盘风险之间的回归系数是 0.04,并且在 5% 的水平上显著为正,这说明企业的非效率投资行为会增加股价崩盘风险,假设 1 得到验证。在控制变量方面,周回报率的标准差 W_sd、企业规模 Size、资产负债率 Lev 显著为正;会计稳健性 C_SCORE 的系数显著为负,这说明会计稳健性能够有效降低企业的股价崩盘风险,这与 Kim,Wang 和 Zhang(2019)的研究结论一致,会计稳健性越高,企业负面信息的披露越及时,股价崩盘风险越低[256]。回归结果支持现有学者的研究结论,非效率投资程度与股价崩盘风险显著正相关,说明在管理层进行非效率投资的过程中,隐瞒了负面消息,增大了企业未来的股价崩盘风险,再次验证了 Jin 和 Myers(2006)的"信息隐藏假说"[244]。

本章将股价崩盘风险的第二个度量指标——负收益偏态系数 Ncskew 与非效率投资进行回归,结果与收益上下波动比率 Duvol 度量股价崩盘风险的结果一致,说明了本章研究结果的稳健性。

表 8.4　企业非效率投资与股价崩盘风险的回归结果

变量	Duvol	Ncskew
IneInv	0.040**	0.068*
	(0.045)	(0.082)
W_mean	0.050	0.155
	(0.326)	(0.104)
W_sd	0.946**	2.709***
	(0.039)	(0.003)
Dturn	−0.008	−0.021
	(0.571)	(0.488)
AbsDACC	0.007	0.012
	(0.764)	(0.831)

续表

变量	Duvol	Ncskew
C_SCORE	−2.327***	−4.757***
	(0.000)	(0.000)
Size	0.029***	0.063***
	(0.002)	(0.001)
Lev	0.081***	0.169***
	(0.000)	(0.000)
ROA	0.007	0.083
	(0.892)	(0.348)
First	−0.000	−0.000
	(0.549)	(0.552)
_cons	−0.314	−0.686***
	(0.000)	(0.000)
Year(年度)	控制	控制
Ind(行业)	控制	控制
样本数	17 310	17 310
R^2	0.0694	0.0652

8.4.3 企业非效率投资、制度环境与股价崩盘风险

表 8.5 是制度环境对非效率投资和股价崩盘风险影响的回归结果,从第二列来看,市场化进程与非效率投资的交乘项的系数为 −0.235,并且在 10% 水平上显著为负,说明市场化进程越快,越能够抑制非效率投资引起的股价崩盘风险,假设 2 得到验证;从第三列来看,政府干预程度与非效率投资的交乘项的系数为 −0.208,并且在 10% 水平上显著为负,说明政府干预程度越低,越有利于市场发挥作用,减少非效率投资引起的股价崩盘风险,假设 3 得到验证;从第四列来看,法治环境与非效率投资的交乘项的系数为 −0.182,且在 10% 水平上显著为负,说明法治环境越完善,越能够抑制非效率投资引起的股价崩盘风险,假设 4 得到验证。总体来看,制度环境的各个指标都对非效率投资引起的股价崩盘风险具有抑制作用,这说明进一步推

进市场化发展,减少政府对市场的干预程度,使市场竞争机制充分发挥作用,以及完善法治环境,将有利于我国股市的稳定发展。

由表 8.6 可知,负收益偏态系数 Ncskew 与非效率投资和制度环境各个指标的回归结果与收益上下波动比率 Duvol 度量股价崩盘风险的结果一致,说明了本章研究结果的稳健性。

表 8.5　收益上下波动比率、制度环境与股价崩盘风险的回归结果

变量	InsEnvir＝Market	InsEnvir＝Gov	InsEnvir＝Law
IneInv	0.268＊＊	0.241＊＊	0.215＊＊
	(0.027)	(0.025)	(0.021)
IneInv×Market	−0.235＊		
	(0.055)		
Market	−0.009		
	(0.399)		
IneInv×Gov		−0.208＊	
		(0.056)	
Gov		−0.004	
		(0.684)	
IneInv×Law			−0.182＊
			(0.054)
Law			−0.004
			(0.691)
W_mean	0.870＊＊＊	0.875＊＊＊	0.872＊＊＊
	(0.000)	(0.000)	(0.000)
W_sd	5.473＊＊＊	5.500＊＊＊	5.482＊＊＊
	(0.000)	(0.000)	(0.000)
Dturn	−0.014	−0.014	−0.014
	(0.388)	(0.380)	(0.389)
AbsDACC	0.006	0.005	0.007
	(0.817)	(0.836)	(0.793)

续表

变量	InsEnvir＝Market	InsEnvir＝Gov	InsEnvir＝Law
C_SCORE	−2.280***	−2.282***	−2.284***
	(0.000)	(0.000)	(0.000)
Size	0.034***	0.034	0.034***
	(0.001)	(0.001)	(0.001)
Lev	0.077***	0.077***	0.077***
	(0.000)	(0.000)	(0.000)
ROA	0.016	0.016	0.014
	(0.747)	(0.755)	(0.773)
First	−0.000	−0.000	−0.000
	(0.777)	(0.751)	(0.735)
_cons	−0.677***	−0.683	−0.677***
	(0.000)	(0.000)	(0.000)
R^2	0.0642	0.0639	0.0638
Year(年度)	控制	控制	控制
Ind(行业)	控制	控制	控制
样本数	17,310	17,310	17,310

表 8.6　负收益偏态系数、制度环境与股价崩盘风险的回归结果

变量	InsEnvir＝Market	InsEnvir＝Gov	InsEnvir＝Law
IneInv	0.485**	0.492**	0.377**
	(0.048)	(0.028)	(0.047)
IneInv×Market	−0.428*		
	(0.083)		
Market	−0.016		
	(0.484)		
IneInv×Gov		−0.440*	
		(0.052)	

续表

变量	InsEnvir＝Market	InsEnvir＝Gov	InsEnvir＝Law
Gov		−0.010	
		(0.644)	
IneInv×Law			−0.320*
			(0.096)
Law			−0.006
			(0.777)
W_mean	1.822***	1.830***	1.826***
	(0.000)	(0.000)	(0.000)
W_sd	11.852***	11.892***	11.872***
	(0.000)	(0.000)	(0.000)
Dturn	−0.027	−0.028	−0.027
	(0.417)	(0.411)	(0.418)
AbsDACC	0.008	0.006	0.010
	(0.890)	(0.914)	(0.871)
C_SCORE	−4.590***	−4.593***	−4.596***
	(0.000)	(0.000)	(0.000)
Size	0.074***	0.075***	0.074***
	(0.000)	(0.000)	(0.000)
Lev	0.159***	0.159***	0.159***
	(0.000)	(0.000)	(0.000)
ROA	0.112	0.113	0.108
	(0.203)	(0.197)	(0.217)
First	−0.000	−0.000	−0.000
	(0.697)	(0.691)	(0.658)
_cons	−1.359***	−1.373***	−1.359***
	(0.000)	(0.000)	(0.000)
R^2	0.0598	0.0598	0.0595
Year(年度)	控 制	控 制	控 制

续表

变量	InsEnvir＝Market	InsEnvir＝Gov	InsEnvir＝Law
Ind(行业)	控制	控制	控制
样本数	17,310	17,310	17,310

8.5 基于非效率投资与崩盘的进一步研究

8.5.1 考虑产权性质的影响

在中国经济市场中政府扮演着不可忽视的作用,政府干预影响上市公司的生产经营活动。Chen 等(2011)以中国市场的数据为例研究了政府干预与投资效率之间的关系,政府干预显著降低了国有企业的投资效率,但对非国有企业投资效率的影响不明显[283]。与此同时,新制度经济学强调制度环境不仅影响宏观经济也影响微观企业。政府干预程度是度量制度环境的指标之一。本章研究制度环境对非效率投资与股价崩盘风险两者关系的影响,考虑到国有与非国有企业的非效率程度不同,对股价崩盘风险的影响可能有所差异,而制度环境的抑制作用可能也会由于企业产权性质的不同而不同,因此在进一步研究中以产权性质为依据分组进行研究。

表 8.7 是根据产权性质分组后国有企业和非国有企业的主要变量股价崩盘风险的对比分析。从表中结果来看,在国有企业与非国有企业之间股价崩盘风险 Duvol 的均值和中位数不存在显著差异。

表 8.7　根据产权性质分组的股价崩盘风险与非效率投资的对比分析

变量	分组	均值	中位数	均值 t 检验	中位数 Z 检验
Duvol	国有企业	−0.206	−0.207	−0.000	0.158
	非国有企业	−0.205	−0.204		

表 8.8 是将原样本按照产权性质不同分为国有企业子样本和非国有企业子样本分别进行非效率投资和股价崩盘风险回归的结果,从结果来看,相比非国有企业,在国有企业样本中,非效率投资 IneInv 的系数为 0.034 并且在 10％的水平上显著为正,说明相对于非国有企业,国有企业的非效率投资

行为对股价崩盘风险的影响更为严重。究其原因,本章认为国有企业管理层在承担社会责任的过程中,更容易与地方官员合谋进行非效率投资而谋取私利,因此更容易隐瞒企业的负面消息而加大股价崩盘的风险。

表 8.9 和表 8.10 分别是国有企业样本非效率投资、制度环境与股价崩盘风险的回归结果,以及非国有企业样本非效率投资、制度环境与股价崩盘风险的回归结果。在表 8.9 中,市场化进程与非效率投资的交乘项的系数为 -0.193,政府干预程度与非效率投资的交乘项的系数为 -0.138,法治环境与非效率投资的交乘项的系数为 -0.219,但是三个系数均不显著,说明制度环境没有对国有企业非效率投资行为引起的股价崩盘风险产生显著的抑制作用。因此可以认为,产权性质的不同对制度环境的抑制作用没有影响。

表 8.8 分样本非效率投资与股价崩盘风险的回归结果

变量	国有企业样本	非国有企业样本
IneInv	0.034*	0.082
	(0.074)	(0.341)
W_mean	0.095	-0.038
	(0.163)	(0.499)
W_sd	1.322**	0.116
	(0.025)	(0.861)
Dturn	0.004	-0.035
	(0.836)	(0.163)
AbsDACC	-0.028	0.027
	(0.476)	(0.467)
C_SCORE	-1.960***	-3.393***
	(0.001)	(0.000)
Size	0.0116	0.070***
	(0.311)	(0.000)
Lev	0.064***	0.163***
	(0.006)	(0.000)

续表

变量	国有企业样本	非国有企业样本
ROA	0.036 (0.500)	−0.005 (0.952)
First	0.000 (0.665)	−0.001** (0.035)
_cons	−0.172* (0.086)	−0.638*** (0.000)
Year(年度)	控制	控制
Ind(行业)	控制	控制
样本数	9 166	8 144
R^2	0.0781	0.0757

表 8.9　国有企业样本非效率投资、制度环境与股价崩盘风险的回归结果

变量	InsEnvir=Market	InsEnvir=Gov	InsEnvir=Law
IneInv	0.224 (0.180)	0.1708 (0.277)	0.249* (0.097)
IneInv×Market	−0.193 (0.251)		
Market	−0.012 (0.366)		
IneInv×Gov		−0.138 (0.382)	
Gov		−0.005 (0.714)	
IneInv×Law			−0.219 (0.147)
Law			−0.003 (0.834)

续表

变量	InsEnvir＝Market	InsEnvir＝Gov	InsEnvir＝Law
W_mean	1.029***	1.033***	1.034***
	(0.000)	(0.000)	(0.000)
W_sd	6.441***	6.466***	6.467***
	(0.000)	(0.000)	(0.000)
Dturn	−0.012	−0.012	−0.011
	(0.577)	(0.577)	(0.593)
AbsDACC	−0.027	−0.027	−0.026
	(0.523)	(0.520)	(0.526)
C_SCORE	−2.000***	−2.005***	−2.012***
	(0.004)	(0.004)	(0.004)
Size	0.021	0.021	0.021
	(0.102)	(0.105)	(0.113)
Lev	0.064**	0.065**	0.065**
	(0.013)	(0.012)	(0.013)
ROA	0.042	0.040	0.042
	(0.457)	(0.480)	(0.458)
First	0.000	0.000	0.000
	(0.362)	(0.387)	(0.391)
_cons	−0.582***	−0.581***	−0.580***
	(0.000)	(0.000)	(0.000)
R^2	0.0721	0.0716	0.0718
Year(年度)	控制	控制	控制
Ind(行业)	控制	控制	控制
样本数	9 166	9 166	9 166

表 7.10 非国有企业样本非效率投资、制度环境与股价崩盘风险的回归结果

变量	InsEnvir＝Market	InsEnvir＝Gov	InsEnvir＝Law
IneInv	0.336*	0.319**	0.185*
	(0.060)	(0.034)	(0.078)
IneInv×Market	−0.305		
	(0.142)		
Market	0.003		
	(0.873)		
IneInv×Gov		−0.315*	
		(0.094)	
Gov		−0.000	
		(0.986)	
IneInv×Law			−0.148
			(0.361)
Law			0.001
			(0.958)
W_mean	0.534*	0.541*	0.532*
	(0.072)	(0.069)	(0.073)
W_sd	3.321*	3.359*	3.317*
	(0.054)	(0.051)	(0.054)
Dturn	−0.027	−0.027	−0.028
	(0.307)	(0.301)	(0.292)
AbsDACC	0.0242	0.023	0.025
	(0.517)	(0.527)	(0.510)
C_SCORE	−3.118***	−3.117***	−3.106***
	(0.000)	(0.000)	(0.000)
Size	0.066***	0.066***	0.066***
	(0.000)	(0.000)	(0.000)
Lev	0.140	0.139***	0.139***
	(0.996)	(0.000)	(0.000)

续表

变量	InsEnvir＝Market	InsEnvir＝Gov	InsEnvir＝Law
ROA	−0.000	0.002	0.002
	(0.457)	(0.980)	(0.458)
First	−0.001*	−0.001*	−0.001**
	(0.052)	(0.053)	(0.049)
_cons	−0.904***	−0.908***	−0.901***
	(0.000)	(0.000)	(0.000)
R²	0.0697	0.0701	0.0694
Year(年度)	控制	控制	控制
Ind(行业)	控制	控制	控制
样本数	8 144	8 144	8 144

8.5.2 非效率投资对股价崩盘风险的影响机制检验

由上文可知,企业的非效率投资程度与股价崩盘风险显著正相关,股东与管理层之间的代理问题的存在是导致股价崩盘风险上升的重要原因,因此本章就代理问题是否是导致非效率投资与股价崩盘风险两者正相关的原因进行进一步验证。在高管薪酬契约的研究中,持有管理层权力观的学者认为高管薪酬本身是代理问题的一部分,管理层会利用自身权利降低薪酬契约有效性,从而为自身谋求私利,因此本章借鉴江轩宇和许年行(2015)的模型计算高管超额薪酬[281],并将其作为度量股东与管理层之间代理成本的变量,检验代理问题是否是非效率投资引起股价崩盘风险上升的内在原因。本章选取 2000—2018 年所有 A 股非金融类上市公司的数据,根据模型(8-8)计算高管超额薪酬。

$$\text{LnPay}_{i,t} = \beta_0 + \beta_1 \text{ROA}_{i,t} + \beta_2 \text{ROA}_{i,t-1} + \beta_3 \text{Nature}_{i,t} + \beta_4 \text{Dual}_{i,t} +$$
$$\beta_5 \text{Mhold}_{i,t} + \beta_6 \text{Lev}_{i,t} + \beta_7 \text{BoardSize}_{i,t} + \beta_8 \text{Size}_{i,t} + \varepsilon_{i,t} \tag{8-8}$$

其中,$\text{LnPay}_{i,t}$ 是对企业 i 第 t 年的高管前三名薪酬总额加 1 并取对数;$\text{ROA}_{i,t}$ 是企业 i 第 t 年的总资产收益率;$\text{ROA}_{i,t-1}$ 是企业 i 第 $t-1$ 年的总资产收益率;$\text{Nature}_{i,t}$ 是企业产权性质的虚拟变量,$\text{Nature}_{i,t}=0$ 表示国有企

业,Nature$_{i,t}$＝1 表示非国有企业;Dual$_{i,t}$是企业 i 第 t 年总经理与董事长兼任情况的虚拟变量,若当年总经理与董事长两职合一,则 Dual$_{i,t}$ 取 1,否则取 0;Mhold$_{i,t}$表示企业 i 第 t 年的管理层持股比例,等于管理层持股数量与总股本的比值;Lev$_{i,t}$为企业 i 第 t 年的资产负债率,等于总负债与总资产之比;BoardSize$_{i,t}$为董事会规模,等于企业 i 第 t 年的董事人数;Size$_{i,t}$为企业规模,等于总资产的自然对数。对模型(8-8)分行业分年度进行回归,残差即为超额薪酬。

根据模型(8-8)求得超额薪酬后,计算企业所在行业每一年超额薪酬的中位数,将当年高管超额薪酬大于行业中位数的样本企业定义为高代理成本组,当年高管超额薪酬小于行业中位数的样本企业定义为低代理成本组。分别对高代理成本组的样本企业和低代理成本组的样本企业进行非效率投资对股价崩盘风险的回归,结果如表 8.11 所示。

从表中可知,不论以收益上下波动比率还是负收益偏态系数来度量股价崩盘风险,非效率投资与股价崩盘风险的正相关关系只在高代理成本组(高管超额薪酬水平较高)显著成立。因此可以说明管理层与股东之间代理成本的增加是使非效率投资与股价崩盘风险显著正相关的重要原因,管理层在进行非效率投资的过程中隐瞒负面消息是导致企业未来股价崩盘风险上升的关键因素。

表 8.11　非效率投资与股价崩盘风险的回归结果:考虑代理成本的影响

变量	Duvol		Ncskew	
	高代理成本组	低代理成本组	高代理成本组	低代理成本组
IneInv	0.151**	0.010	0.285**	0.007
	(0.025)	(0.368)	(0.035)	(0.775)
W_mean	0.092	−0.011	0.225	0.047
	(0.178)	(0.872)	(0.111)	(0.715)
W_sd	1.503**	−0.019	3.725***	0.900
	(0.012)	(0.977)	(0.002)	(0.496)

续表

变量	Duvol		Ncskew	
	高代理成本组	低代理成本组	高代理成本组	低代理成本组
Dturn	−0.021	0.019	−0.049	0.040
	(0.272)	(0.415)	(0.204)	(0.403)
AbsDACC	0.001	0.020	0.004	0.021
	(0.953)	(0.753)	(0.945)	(0.873)
C_SCORE	−1.904***	−3.085***	−3.912***	−6.247***
	(0.003)	(0.000)	(0.002)	(0.000)
Size	0.025**	0.036***	0.055**	0.080***
	(0.042)	(0.004)	(0.024)	(0.003)
Lev	0.064***	0.131***	0.137***	0.252***
	(0.009)	(0.000)	(0.004)	(0.000)
ROA	−0.015	0.047	0.007	0.190
	(0.820)	(0.483)	(0.958)	(0.106)
First	0.000	−0.000**	0.000	−0.001
	(0.944)	(0.288)	(0.984)	(0.314)
_cons	−0.306***	−0.340***	−0.646***	−0.777***
	(0.004)	(0.007)	(0.003)	(0.003)
Year(年度)	控制	控制	控制	控制
Ind(行业)	控制	控制	控制	控制
样本数	10690	6620	10690	6620
R²	0.0717	0.0817	0.0676	0.0773

8.6 本章研究结论

本章以 2008—2016 年我国 A 股市场的数据为例,实证检验了企业非效率投资对股价崩盘风险的影响,并从宏观层面研究了制度环境对企业非效率投资与股价崩盘风险两者的关系的影响。研究结果表明,企业的非效率投资程度与股价崩盘风险显著正相关,这意味着在管理层进行非效率投资的过程中,对非效率投资产生的负面信息进行了刻意隐瞒,随着这些负面消息的不断累积,企业的股价崩盘风险也不断增大。在进一步考虑制度环境的治理作用后发现,较高的市场化进程、较低的政府干预程度和完善的法治环境都有助于抑制由非效率投资行为引发的股价崩盘风险。在进一步研究中,本章考虑了产权性质的影响,并进行分组检验,结果发现相对于非国有企业,国有企业的非效率投资行为对股价崩盘风险的影响更为严重;但是制度环境对国有企业的治理作用不明显。同时,在进一步研究中还发现,非效率投资与股价崩盘风险的正相关关系只在高代理成本组(高管超额薪酬水平较高)显著成立。本章的研究结论进一步验证了由于代理问题的存在,企业管理层有意隐瞒负面消息,企业内外部信息不对称、外部监督功能失效是企业股价崩盘风险上升的重要原因;同时,本章研究也对非效率投资经济后果的研究进行了补充。更为重要的是,本章的研究发现制度环境能够抑制非效率投资引起的股价崩盘风险,这为降低股价崩盘风险提供了经验证据,也说明了完善制度环境的重要性,对相关政策的制定提供参与。

从本章的研究结论来看,完善制度环境,通过制度来提高企业的信息披露质量,减少代理问题,加强对企业管理层的监督约束,降低其隐瞒负面消息的可能性,是降低股价崩盘风险的重要举措。对企业管理层而言,完善的制度环境有利于降低信息不对称程度,从而减少企业管理层的机会主义行为;对外部投资者而言,完善的制度环境有利于获取企业的全面信息,对企业进行识别和监督。因此,制度环境的完善对我国股票市场的平稳有序发展有着十分重要的意义。要进一步推动市场化发展,加快市场化进程。市场化进程越快,经理人市场的发展也越完善,管理者进行非效率投资的短视行为将主动减少,同时信息不对称问题也能够得到缓解,管理层披露的信息更加充分,股价崩盘风险降低。政府对市场的干预程度也应该进一步降低,使市场竞争更好地发挥作用,管理层进行非效率投资获取私有收益的行为会被减少,从而股价崩盘风险也会降低。最后,法律制度的进一步完善也是维护我国股市稳定有序发展的必要手段,法治环境越好,企业对财务数据进行操纵或扭曲财务报告的成本上升,同时完善的法律制度也能够有效保护投资者的利益。相关部门应不断加强对制度法规的制定和完善,有效激励和约束我国上市企业的信息披露和信息质量,从而来稳定我国股市平稳有序发展。

第九章 金融危机与危机治理
——流动性治理

9.1 金融危机的产生

正如本书开篇所述,危机在形成机理上非常类似:泡沫的形成导致了危机,泡沫的破灭最终触发了危机。以 2007 年美国的次贷危机为例,在 2002 年左右,美国就出现了较为严重的经济衰退。在这种背景下,为了刺激经济增加投资、扩大需求,美联储大幅度降低了其基准利率。在 2002 年年末,经过测算的实际利率更是低至 0.07%。这种接近于 0 的利率导致居民不会选择存款(数据来源:Wind)。与此同时,经济的衰退导致了消费能力的下降。消费能力的下降又进一步导致资产价格的下降,最直接的便是美国的房价处于较低的水平。由于房屋作为不动产,具有投资价值的属性。因此,美国的金融机构创造了通过低首付比例甚至是零首付的促销方式向信用等级较差的人提供房屋贷款的次级贷款产品。受一系列金融创新产品的刺激,越来越多的人开始购买房产。

美国的房屋抵押贷款总共分为三级市场。第一级市场由信用较好的优级房贷组成,第二级则是次优一级的房贷市场,第三级是次级贷款的市场。由于次贷政策的产生,中低收入的人群开始涌入房地产市场。一方面,次级贷款首付比例极低,甚至没有首付,相比普通住房按揭贷款的 40% 左右的首付比例,次级贷款使更多的人"买得起"住房。由于住房按揭多为 20 年以上贷款,并且机构为了鼓励投资者贷款,采用了前期利息优惠的条款,使得更多人涌入了买房的队列。这种需求是人为扩大的需求,房价在这种促进政策之下开始飙升。然而,这时的价格不仅包含了资产本身的价值,也包含了刺激政策带来零首付和低首付的价值。事实上,如果房价保持上涨,利率维持不变,次贷产品的风险相对较低。因此,次贷业务在美国迅速得到发展,大量金融机构参与其中,并将产品销售给了大量信用较差、收入相对较低的人群。由于行情火爆,在 2002 年之后,美国的房地产价格出现了暴涨,导致信贷双方对行情双双出现了误判,即使借贷人违约,机构也可以通过销售房产回笼资金。因此,在市场繁荣时期,不同环节的金融主体都参与了包括发放次级贷款、承销次贷类的债券等高风险产品的投资活动。此外,由于评级机构兼具定价和咨询两重身份,代理问题开始凸显,部分评级的真实性受到影响。

然而,尽管房价与利率的变化孕育了次级贷款,这并不足以导致系统性的金融风险,真正的风险源自这次事件对金融产业链的破坏。随着网络化与立体金融体系的构建,参与主体的责任渐渐模糊,各产业链主体为丰富金融产品种类,满足证券化产品的需求,主观简化贷款审批手续。为分散系统风险和扩张信用,通过资产证券化的形式将次级债偿还风险转嫁给第三方投资者,使信息不对称进一步加大,从而为金融危机的爆发埋下祸根。表9.1描述了住房融资由传统模式向新兴模式的转变对比。

表 9.1　住房融资的变化

传统方式	新兴模式
当地的储蓄机构为房主提供抵押贷款	证券化:金融机构购买抵押贷款并将它们捆绑在一起组成资产池
储蓄机构资产负债表中主要资产:长期抵押贷款的组合	抵押支持证券是指对相应抵押贷款资产池的索取权
储蓄机构的主要负债:储户的存款	风险分配

在新的模式下,有资质的金融机构持有或担保符合条件的证券化抵押贷款。这些抵押贷款普遍被认为风险较低,而由私营企业提供的抵押贷款则风险较高。这些私营企业提供的不符合条件的以次级贷款为支持的证券化产品往往缺少尽职调查,使得投资者承担更大的违约风险。从 2004 年开

始,这类风险较高的证券化产品数量开始增加。美国住房贷款随着一系列的创新产品开始泛滥:收入较低、信用记录较差的次一级借款人获得了巨额的买房贷款。从2005年年底开始,未偿还的按揭房屋贷款总额相当于美国当年GDP的约70%。截至2006年,住房投资占全部投资总额的30%以上。美国的住房体系下,绝大部分住房贷款并没有在原贷款机构的账本上,而是通过资产证券化打包成了不同风险层次、不同现金流和信用等级的可交易房贷担保证券。这些证券被分散到全球资本市场上分销,最终被世界各地商业银行、投资银行、保险公司以及各级公募和对冲基金持有。通过资产证券化,次级房贷的二级市场产生了。这种二级市场的创造,使原本不易变现的房产变成了流动性资产。由于二级市场的产生,大大促进了这种高风险高收益的证券产品的流通,进而反过来刺激贷款机构放松对贷款资质的审核。随着需求增加,期望获得高收益的投资者甚至向贷款机构支付费用,进而获得购买次级债券的资格。如此循环往复,各级资产的价格被推高,风险也日益升高。一方面,风险随着资产价格的升高而增加,另一方面,证券化带来的参与主体的增加降低了资本市场的不透明度,系统性风险开始孕育。

与此同时,在资本市场国际化的推动之下,金融的产业链实现了全球一体化,由于美元在国际结算中的霸主地位,美国国债受到国际投资者的热捧。美联储从2006年6月开始的两年时间里连续17次加息,使联邦基金的利率从1%提升到了5.25%。到了2007年,美国的高利率造成了按揭买房成本的迅速增加,由于按揭合同是有限责任,因此,在出现断供的时候,合同的持有人更倾向于放弃房产进而违约。同时,高利率对房屋的需求产生了抑制作用,导致房价迅速下跌,进而导致断供数目的增加。2007年夏天,美国房价均价较前一年下跌20%以上,造成了大规模违约。

美国金融危机的爆发始于2007年2月,由汇丰银行率先发出了次级房贷预警信号。房地产市场的基本面迅速恶化,具体表现在房价急跌,次级房贷违约率迅速上升,各类证券化产品价格缩水,从而导致了承销金融机构出现大规模资产减计和亏损,进而开始收缩信贷。与此同时,买入此类投资产品的投资基金遭受重创,到2008年9月,投资银行巨头雷曼兄弟申请破产保护,美国银行以 440 亿美元收购美林,标志着美国金融危机的全面爆发。

9.2 金融危机产生的根本原因与防范

9.2.1 流动性危机

由前文可见,金融产业链看似牢固,实则脆弱。随着金融危机的爆发,投资者纷纷撤资,进而导致高风险资产价格的暴跌,从而加快了危机的进程。这种产业链往往容易造成恶性循环。究其原因,是由资金的高杠杆造成的。高杠杆造成的低资本金率使金融机构在资产价格急跌过程中极为脆弱。因此,要防范金融危机,金融产品杠杆程度的高低需要有严格的论证。过高的杠杆造成了过度借贷,创造了更多的参与方,制造了信息严重不对称的金融产业链。但是,如果杠杆程度过低,同样会对金融产业链造成冲击。过低的杠杆会导致市场流动性的降低,而流动性的降低,由前文实证研究发现,会导致资产价格受到冲击,进而影响证券价格,导致价格整体下跌。价格整体的下跌会进一步影响到与次贷相关的其他套利品种的证券价格,进而最终影响到整体流动性,并冲击实体经济。

近年来,随着新技术的不断开发,金融创新改变了金融业的面貌。许多传统行业的风险加上金融创新带来的不可预知的风险被各种看似高收益低风险的表面现象掩盖,为金融体系的稳定带来了严重影响。通过 2007 年美国经济危机可见,金融衍生品具有极大的渗透性。由于金融衍生品本质是跨越国界的全球化产品,衍生品市场打破了传统银行业与资本市场,衍生品与标的资产,以及各国独立的金融体系之间的界限。任何一个单一衍生品市场出现风险,都有可能将这一风险快速传播到各个金融体系中,使得金融体系的产业链变得更为脆弱。

当市场利率下降时,投机性资金需求增加,进而刺激房地产市场与资本市场的繁荣。与此同时,衍生品市场同样开始繁荣起来,一旦爆发流动性危机,就会迫使投资机构挤兑商业银行,整个金融体系就将面临瘫痪。本书第一部分实证研究结果表明,数次金融体系的崩溃,资产价格的暴涨暴跌,都与流动性危机显著相关。由此可见,金融危机产生的根本原因是流动性危机,维持流动性、避免流动性危机是维护资本市场稳健的关键。金融体系的脆弱与缺陷警示着监管和治理的重要性,尤其是维护流动性的重要性。

因此,为使市场有效运转,我国资本市场唯有坚持国际化、市场化与法治化建设,进而维持健康的市场流动性。为进一步维持良好的市场流动性,我国自 2010 年 3 月 31 日起开通了融资融券交易系统。融资融券,主要是指投资者支付一定比例的保证金在证券公司账户内,具备业务资格的证券公司以此作为担保,向具有融资融券资格的投资者提供资金,进而供其买入证券或者借出证券供其卖出的交易活动。融资融券交易属于信用交易的一种形式,有时又被称为保证金交易。

融资融券又被分为融资交易和融券交易。其中,融资交易指的是投资者预期股票价格上涨,但由于缺乏足够的资金购买足额股票,因此,采用杠杆的形式,以保证金作担保向证券公司借入资金购买相应的股票,并按照合约的约定到期偿还本息,其偿还的方式包括卖券还款和直接还款两种。到期时,若股票价格如预期中上涨,且价差的收益超过了其融资的成本,则投资者获利。反之,若股票价格下跌,投资者不但要付出其融资本息,还要承担股价下跌的损失。融券交易,指的是投资者预期股票价格在未来即将下跌,采用杠杆形式以一定的保证金为担保向证券公司借入股票,并以合约形式约定到期后偿还股票,偿还的方式包括买券卖券以及直接还券两种。与融资交易相似,若投资者判断正确则获利;反之,若实际价格偏离预期上涨,则投资者将面临较大的损失。

自 2010 年融资融券业务推行以来,融资融券标的股票不断在增加,从最开始的 90 只标的股票,历经数次扩容,现已增加至 1 600 只。市场融资融券标的总值比重达到了 80% 以上,所涵盖的个股也从蓝筹股逐渐向中小市值的股票以及创业板股票延伸,进而有效拓宽了行业覆盖面。融资融券的六次大规模扩容不仅丰富了交易股票的品种,而且满足了投资者多样化的投资需求。另外,两融交易的规模飞速发展,融资融券交易余额在 2010 年年末仅为 127.72 亿元,到了 2019 年年末,这一数字已经增长到 8 964.95 亿元。图 9.1 描述了沪深两市的月度融资融券余额情况。由图可见,在 2015

年 6 月之前,融资融券的交易处于快速扩张阶段。A 股市场活跃度不断上升,迅速攀升至鼎盛时期。但随后随着市场的暴跌,我国市场实施了一系列降杠杆的措施,证监会加强了对两融业务的规范要求,融资融券业务的规模急转直下。不论是成交量还是成交金额,均快速下滑后维持在了一个较为稳定的位置。

融资融券余额(亿元)

图 9.1　沪深两市月度融资融券余额

数据来源:Wind

　　虽然融资融券业务在我国快速发展,其业务规模也在不断壮大,但由于该制度推行年限较短,尚存一定的问题,主要有以下四点。

　　第一,两融交易的规模占市场总交易规模比重依然较小。融资融券业务的市场规模,主要用融资融券余额和股票市场总流通市值之比来度量。截至 2019 年 3 月 29 日,沪深两市的融资融券余额为 9 222.47 亿元。整体市场总流通市值为 46.03 万亿。融资融券规模占比仅为 2%。在成熟的西方资本市场,这一数值约为 25% 至 40% 左右。由此可见,融资融券业务在我国仍然属于起步阶段。

　　第二,融资融券业务的发展不平衡,融券发展滞后于融资的发展。自融资融券业务推行以来,融资交易的规模和发展速度始终快于融券交易。并且这种差距随着业务的推进在不断地扩大。从业务规模上看,在业务执行之初,2010 年年底,融资和融券余额为 127.72 亿元,其中融资余额为 127.60

亿元,而融券余额仅 0.12 亿元。截至 2018 年年底,融资和融券余额为 7 557.04 亿元,其中融资的余额为 7 489.8 亿元,融券余额仅为 67.23 亿元。对比之下,我国融资融券业务的发展,主要是靠融资交易来推动的。与发达资本市场相比,融券交易的占比至少在 10% 以上。英美国家一般在 20% 左右。多年来,我国融券交易占整个业务比重极低,使得卖空机制无法发挥真实的作用。

第三,虽然融资融券标的股票经过多次调整与扩容,已超过 A 股股票总数的 50%,但相比于西方发达资本市场仍存在一定的差距。尤其对于融券交易,以散户为代表的中小投资者缺乏做空的操作经验,对融券交易的接受程度普遍不高。由于券商无法提供充足品种的融券股票,因此导致了投资者进行融券交易的意愿进一步降低,从而限制融券业务的发展,违背了扩充市场流动性的初衷。

第四,为了控制融资融券业务的总体风险,我国对融资融券投资者设置了较高的门槛,且保证金比例为 50%。相较于日本的 30% 和香港的 10%,我国融资融券的杠杆较低。这种高门槛和低杠杆的设立直接降低了投资者的参与意愿,减少了市场活跃度,从客观上限制了融资融券发挥正向作用。自我国引入融资融券交易系统已将近十年,下一节将重点研究融资融券对市场流动性的影响,进而探究融资融券影响市场流动性进而维护市场稳定的内在机理。

9.2.2 融资融券与市场流动性

融资融券的交易具有以下五个特征:杠杆性、高风险、灵活性、双重信用性以及交易特殊性。第一,融资融券具有杠杆性的特征。杠杆这一特征是融资融券交易区别于一般证券交易的显著特点。在融资融券之前,我国惯性交易投资者只能单边全额买入股票持股待涨,并不能做到在世界市场上同时买赢卖输,即零交易投资策略。投资者常因自有资金的限制而错过获取超额收益的投资机会。融资融券交易只需投资者在个人账户内提供一定比例的保证金,就可以撬动高于保证金价值的资金和证券进行交易,大幅度扩充了市场容量,增强了市场流动性,给投资者提供了以小博大的投资平台。

第二,融资融券的杠杆效应意味着其具有高风险的特征。杠杆虽然给投资者提供了足额资金,也提供了下跌通道的投资机会,但不可否认,融资融券同时放大了投资者潜在的获利水平和损失水平。以融券交易为例,若后市股价未能按照预期的下降而出现大幅上涨,投资者就需要按照合约以比融券卖出时更高的价格买入股票,用以偿还借入的股票,同时,投资者还需支付融券交易的融券利息费用。由此可见,融资融券交易对投资者的风险承受能力和投资水平提出了极高的要求。2013 年,各券商将融资融券的门槛调整为客户资产达 10 万元且开户时间满 6 个月,即对投资者的资质提出了一定的要求。

第三,融资融券提升了交易的活跃度,提高了交易的灵活性。交易灵活性是指投资者通过融资融券的交易机制丰富了投资策略,完善了投资组合的上行下行双轨机制。双边交易的机会给投资者提供了做多和做空双向机制。针对市场变化,投资者有投资手段及时采取应对措施。

第四,融资融券具有双重信用性的特征。在融资融券交易过程中,参与主体包含了投资者、证券公司以及其他金融机构。第一重信用关系包含了证券公司与投资者之间的信用。当证券公司向投资者提供融资及融券服务时,要求投资者提供担保,即建立第一重信用关系。第二重信用关系包含了证券公司与其他金融机构之间的第二重信用。这里指的是证券公司借给投资者的资金或证券,一部分是自有,另一部分则是通过向其他金融机构(例如证金公司)借贷后再转借给投资者。这一制度被称为转融通制度。刘光彦,郝芳静和罗阁一(2017)的研究注意到,融资融券机制在转融通之后运行得更加成熟。他们的研究认为转融通之后的研究数据更有实用性和借鉴性。因此,研究选取了自开通转融通机制以来的 4 年交易数据,经过实证研究发现,在转融通制度下的融资融券实现了更快速的发展,对提升股市流动性起到了显著的正面效应,为股市的高效运行发挥了正向的积极作用[284]。

第五,融资融券具有交易的特殊性。这里指的是投资者在办理融资融券业务之前,证券公司需要为投资者专门开设信用交易账户。在融资交易过程中,投资者在信用交易账户内存入保证金及购买的证券。在融券交易中,投资者向账户内存入保证金及卖出证券所得款项。也就是说,融资融券交易规定了信用交易账户专门用以存放投资者所融的资金和证券。

融资融券的开放大幅增加了资本市场的活跃度,它具备以下四个功能。第一,是价格发现的功能。我国证券市场由于受到政策的影响较大,且交易机制较为单一,一直以来,我国证券市场的价格发现功能未能充分发挥作用,导致资产的价格无法充分有效反映市场中的信息。融资融券的交易给了市场双边交易的可能性,有利于帮助投资者作为观察者,对其他投资者的行为进行研判,进而调整个人投资者策略。投资者的行为直接影响市场供需关系,有利于及时消除套利机会,引导证券的价格趋于均衡。耿娜(2018)研究了指数调样效应。该研究分析了沪深 300 指数从 2005 年 6 月至 2017 年 6 月期间调整的成分股的价格效应与成交量效应。通过时间序列模型,该研究发现了融资融券对指数效应存在因果关系,即融资融券的交易制度加剧了价格的波动,提升了指数活跃性[285]。

第二,融资融券的机制对稳定市场价格极为重要。在做空机制被提上日程之前,投资者只能通过单边买入获取利润。惯性投资组合中,很重要的一环便是通过卖出输家股票,缺少这一环节之后,非对称的交易模式容易导致股票市场出现大幅波动,从而加剧暴涨暴跌的股价崩盘风险。在引入融资融券机制之后,当股票市场出现暴涨时,投资者可以通过融券的机制进行卖空,向市场传递股价被高估的信号。这一信号如果被更多的投资者采纳,则股票供给逐渐增加,更多投资者抛售高价股票,进而抑制股价持续上涨,引导股价平稳回归均值,对稳定资本市场起到了重要的作用。李志生,陈晨和林秉旋(2015)通过实证研究,研究了自 2009 年 4 月至 2013 年 12 月的 A 股市场数据。他们对比了标的股票和非标股票在定价效率上的差异。其实证研究结果表明,融资融券的交易显著降低了信息的不对称性,进而显著提高了定价效率[286]。Scheinkaman 和 Xiong(2003)运用行为金融学模型研究了卖空交易与股票交易规模之间的关系,该研究发现过度自信的投资者之间的交易会因为卖空机制的出现而减少,在进一步的研究中发现,有部分过度自信的投资者因为卖空机制被挤出了市场,进而促进了市场的健康稳定发展[287]。

第三,融资融券具有套期保值的功能。当投资者持有某标的证券时,由于担心价格在未来下降较大,可利用融券功能对冲其投资风险。当股价下跌时,融券交易的收益可以弥补持有该股票遭受的损失。同样,当股价上涨较多时,持股盈利可以对冲融券交易的损失,从而达到套期保值的目的。

第四,融资融券对市场的流动性具有显著的影响。融资融券的杠杆功能使得投资者得以用较小的资金及证券进入市场进行投资,进而扩增资金与证券的需求,大幅扩大市场交易规模,增强市场活跃度,市场的流动性得以增加。

在我国实行融资融券交易机制之后,大量实证研究观察了融资融券政策对市场流动性的影响。其中,一部分研究支持了融资融券对市场流动性的正向影响。杨德勇和吴琼(2011)的研究通过对沪市股票数据的实证分析发现融资融券的交易和市场流动性之间不存在长期的协整关系,但融资融券与市场流动性直接存在因果联系。他们通过事件研究法检验了一些被新纳入融资融券标的的个股流动性,进而从个股层面研究发现融资融券对流动性具有显著的改善作用[288]。孔翔宇等(2014)通过研究 2010 年到 2013年的 500 只融资融券标的股票的交易数据,运用秩和检验方法,实证分析了标的证券调整对股票市场流动性的影响。他们的研究表明,卖空机制能够显著提升股市流动性[289]。吴佳薇(2017)以沪深 300 指数作为研究样本,使用 Amihud(2002)的低流动性指标作为评估市场和标的股票的流动性指标,实证分析了两融交易余额以及各自余额变化率分别对市场及标的股票流动性的影响。该研究结果表明,两融余额对市场流动性具备显著的正向效应,且随着时间的推移,融资余额变化率对标的股票的流动性提升作用更为稳定[290]。张博和李艳萍(2017)以我国证券市场开展融资融券业务规模跳跃式的发展为背景,研究了融资融券对 A 股市场流动性的影响,并进一步细分其影响机制为三条路径:波动渠道、交易渠道和参与渠道。他们的实证结果表明通过波动渠道可以显著增强股票市场的流动性,但交易渠道和参与渠道的扩充对股票市场流动性则没有得到实证检验的支撑[291]。钟永红和李书璇(2018)将融资融券交易开启以及之前四次扩容的时点作为时间分隔点构造了实验期和对照期(在扩容之前的组别为实验组,扩容后的组别为对照组),以2008年8月至2016年10月期间的沪深两市中两融标的作为实证研究对象,建立了五个双重差分模型,分别分析了交易开启和四次扩容背景下两融标的股票在前后发生的流动性变化。该研究通过对流动性效应的量化分析,发现两融交易机制的开通及扩容对增强市场流动性具有显著正向促进作用[292]。之后,黄巍巍(2018)进一步细分了融资和融券两个机制。该研究采用了具备融资融券资质的上市公司为研究对象,选取了2011年至2015年的月度融资融券余额数据,运用二阶差分模型分别研究了融资交易与融券交易对流动性的不同影响。研究发现,融资融券机制在整体上提高了股市的流动性,并且这种提升作用主要归功于融资交易,融券交易的正向作用并不显著[293]。王宜浓(2018)以2015年至2016年的大牛市与股价暴跌为切入点,探究了不同时间段融资融券对上证50指数流动性的影响。研究发现融资融券在短期内有助于提升上证50指数的流动性[294]。

　　然而,也有研究表明,融资融券对股票市场流动性没能发挥显著的积极效应。在融资融券制度推动之前,有一系列学者对该制度提出了一定的质疑。谷文林和孔祥忠(2010)的研究从资本流动性的角度分析了融资融券业务所产生的短期冲击效应,该研究运用单因素的方差分析进行实证研究。研究表明,短期而言,不论是融资交易还是融券交易均未对股市的流动性产生显著影响[295]。在融资融券推行之后,又有学者对实证数据进行了一系列研究。顾海峰和孙赞赞(2013)通过OLS模型以及Granger因果检验,探讨了不同市场运行态势下,融资融券制度与股市流动性的关系。该研究发现,当股市处于不同行情时,融资融券和股市流动性的长期关系会发生相应的改变。当市场处于下行趋势时,融券交易与股市流动性之间的相关性并不明显[296]。孙倩(2014)采用时间序列VAR模型、Granger因果检验以及脉冲响应函数等研究方法,实证分析了融资融券和股市流动性之间的因果关系。该研究发现融资融券对我国股市的流动性没有显著的因果关系,仅在脉冲响应上有微弱的提升流动性的效果[297]。此后,佟孟华和孟照康(2015)基于 VAR 的分析框架以及 ARDL 边限协整分析框架,对 2010 年 3 月至 2014 年 6 月期间的有关数据进行处理和实证研究,该研究发现融资融券对于市场流动性的影响并不显著[298]。Sharif 等(2014)研究了在卖空禁令解除之后我国市场首批可卖空股票,该研究发现被允许卖空的股票平均价格下降,研究结果认为是卖空的行为主导了融资融券的交易效应,并且与市场经验相反,这些被允许卖空股票的流动性随之降低了[299]。对此,一种解释是由于信息的不对称性,不知情的投资者倾向于做出避免卖空股票的决定,进而降低与知情投资者交易的风险。

综合而言,以上研究产生不一样的结论可能是因为研究周期较短造成的。事实上,在我国推行融资融券制度之前,曾参考了西方资本市场的融资融券的发展情况。对此,国外文献同样记载了一系列融资融券与市场流动性关系的文献。

Diamond 和 Verrecchia(1987)的研究通过建立具有卖空限制的理性预期模型,发现存在卖空单边限制的市场,流动性显著下降。其原因在于,禁止融券交易迫使手中没有股票,但想通过出售表现低迷的股票获利的投资者放弃其交易意愿,进而通过减少市场的股票供给,最终导致了市场流动性的降低[300]。此后,Woolridge 和 Dickinson(1994)在研究卖空交易机制是否拉动股票价格下行时,通过实证分析发现当行情上涨时,投资者会增加对于认知中价格高估的股票的卖空交易。类似地,当市场进入下行期时,对于价格偏低的股票的买空交易被发现因为投资者的投资策略而增加。在这一过程中,无形增加了市场股票的供给和需求,该研究由此发现融资融券机制为市场提供了更多的流动性[301]。Chang,Cheng 和 Yu(2007)对香港股票市场进行卖空限制和流动性研究,该研究结果表明允许卖空会增加低价股的流动性,但对高价股的流动性没有显著影响。研究还发现放宽卖空限制的条件有利于降低交易成本进而提升股市的流动性[302]。Fellner 和 Theissen(2014)通过理论模型,采用实验研究法研究了卖空限制与资产价格的关系。该研究发现,卖空限制在理论模型上严重降低成交量并增加买卖价差,进而降低流动性[303]。

在世界范围内,Jain 等(2013)选取了全球多个国家的资本市场作为研究对象,通过构建换手率这一流动性指标,研究了全球资本市场上各个国家关于两融的相关数据。该实证研究表明,对卖空交易限制较少的发达国家市场流动性要明显优于卖空限制较多的其他新兴市场国家资本市场的流动性[304]。类似地,Alessandro 和 Marco(2013)通过研究 2007 年至 2009 年美国经济危机期间各国的股票市场后发现,卖空限制对降低市场流动性有显著影响,且会降低价格发现的速度,这种限制在熊市中尤为明显[305]。

类似地,在世界范围内,同样有一部分研究表明融资融券与股票市场流动性不明显。

Chuang 和 Lee(2010)将台湾市场上的 T50 指数的成分股作为研究对象,该研究发现自 2005 年 5 月市场取消卖空限制后,T50 指数中的成分股的流动性显著下降[306]。

综合而言,国内外学者都对融资融券与市场流动性的关系做了大量研究。大部分学者的研究结论支持融资融券的施行对股市流动性有显著的正向促进作用。总体上,国外文献主要从卖空限制的角度研究融资融券对股票市场的影响。对于融资买入这一角度的研究较少。由于西方资本市场对融资融券的研究几乎与证券市场成立同步。因此,海外的文献研究为我国提供了较丰富的样本期和数据参考,在研究结论的可行度和稳健性上具有一定的参考价值。相比之下,国内学者由于取样周期的不同,导致不同样本周期的结论不尽相同。究其原因,可能由于股市所处的上行或下行通道及所处阶段有关。此外,由于缺乏统一的流动性指标,对于市场流动性度量的不同也会导致结论的不一致性。考虑到我国融资融券交易机制的开展起步较晚,至今不到十年时间,资本市场发展在不断完善,股票市场的整体环境受到一定的约束。因此,单从理论层面分析融资融券与流动性的关系及影响机制容易造成一定的偏离。总体而言,国内研究同样偏向认可两融交易机制对提升股票市场流动性的积极影响。

因此,融资融券对股市流动性的作用机制亟待明晰。首先,在融资融券机制推出之前,我国只能进行单边交易。当市场处于牛市萌芽时期时,一些敏锐的投资者能够准确发现部分价值被严重低估的股票。从投资行为后果而言,表现在投资者大量买入此类股票,导致市场需求快速上升,股票价格也随之走高。随着进程的发展,更多的投资者开始意识到牛市的到来,于是纷纷进入市场。随着股票需求的迅速攀升,股票价格逐渐超出其内在价值,直至价值被严重高估,导致投资者开始抛售股票,进而引起股价的下跌,造成熊市的恐慌。随着进程加剧,更多的投资者选择卖出股票,导致股票的供给迅速增加,股价回归到均衡价格附近。通过上述分析可知,在没有融资融券机制之前,市场容易出现暴涨暴跌的现象,这种价格的暴涨暴跌容易导致股价崩盘,进而降低市场流动性,并引发系统性金融风险。融资融券机制则能通过调节供需关系来活跃和稳定市场。这当中又分为融资和融券两个角度的作用机制。

首先是融资交易的作用机制。融资交易可被简化为借款买券和卖券还款两个步骤。这两个步骤分别以增加需求和供给的方式来提升市场的流动性。当股票价格处于低位时,部分投资者预期未来股票价格会上涨,于是选择融资买入这类股票。以上行为不但扩大了市场的需求,而且传递出股票价值被低估的信号,对引导其他投资者购买起到了一定作用,从而进一步扩大了市场需求,市场流动性也随之增强。当股价上涨偏离均衡价值而虚高时,融资买券的投资者就会卖出股票,平仓以偿还本息。以上行为增加了市场的供给,并传递出股价被高估的信号。更多的投资者选择抛售股票,使市场供给进一步增加,从而增强市场的流动性。股票供给的增加使得股价不断降低,这又促使投资者融资买入股票,如此形成良性循环。

图 9.3 和图 9.4 分别描述了融资和融券两个交易对市场流动性的影响传导机制。由图可知,融资融券对股市流动性的影响实质是调节供需关系的结果。在股价处于较低位置时可以抑制股价进一步的下跌,当股价过高时则可避免股价的过度上升,保证了股价围绕其内在价值正常的波动,进而保证了市场的活跃和稳定。同时其杠杆效应使得少量的资金可被放大进行数倍交易量的交易,创造出更大的需求和供给,从而显著提升市场流动性。

```
┌─────────────┐         ┌─────────────────┐
│  融资买入股票  │ ──────→ │  需求增加，传递    │
│             │         │  股价被低估的信号  │
└─────────────┘         └─────────────────┘
       ↑                         │
       │                         ↓
┌─────────────┐         ┌─────────────────┐
│ 股价低于内在价值 │         │  股价上升，更多    │
│             │         │  投资者跟风买入    │
└─────────────┘         └─────────────────┘
       ↑                         │
       │                         ↓
┌─────────────┐         ┌─────────────────┐
│ 供给进一步增加， │         │  需求进一步增加，  │
│ 股价进一步下跌  │         │  股价进一步上升    │
└─────────────┘         └─────────────────┘
       ↑                         │
       │                         ↓
┌─────────────┐         ┌─────────────────┐
│ 股价下跌，更多  │         │  股价高于内在价值  │
│ 投资者跟风抛售  │         │                 │
└─────────────┘         └─────────────────┘
       ↑                         │
       │                         ↓
┌─────────────┐         ┌─────────────────┐
│ 供给增加，传递股 │ ←────── │  卖出股票，       │
│ 价被高估的信号  │         │  偿还本息         │
└─────────────┘         └─────────────────┘
```

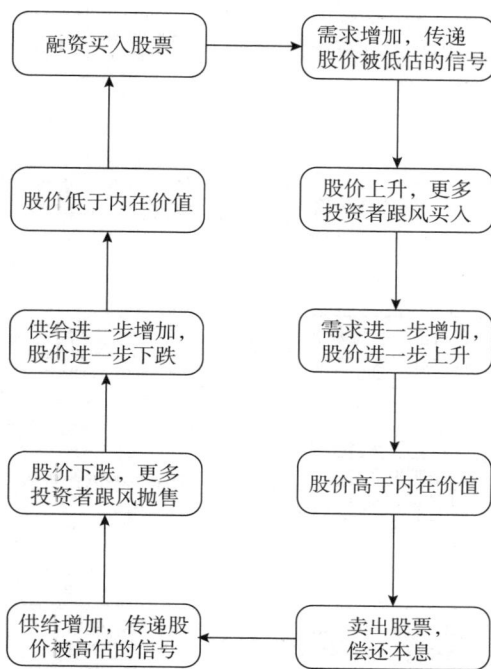

图 9.3　融资交易对股票市场流动性的影响机制

与融资交易类似,融券交易同样通过调节股票市场的供给需求来影响流动性。融券交易分为融券卖出和买券还券两个步骤。当股票价格偏离均衡价格虚高时,部分投资者预期未来股价将下跌,在行为上表现为选择融券卖出股票。这一行为增加了市场的供给,其他投资者在接收到股票价值被高估的讯号后,会跟风选择抛售手中的股票,导致市场供给的进一步扩大,为市场提供了流动性。当股价下跌至偏低水平时,通过融券卖出的投资者倾向于买入股票归还给券商。这一行为增加了市场对股票的需求,并传递出股价被低估的讯号。进而导致更多的投资者开始买入股票,因而从需求角度增加了市场的流动性。需求的增加使得股价不断上升,这又促使投资者进一步融券卖出股票,如此也形成一个循环。

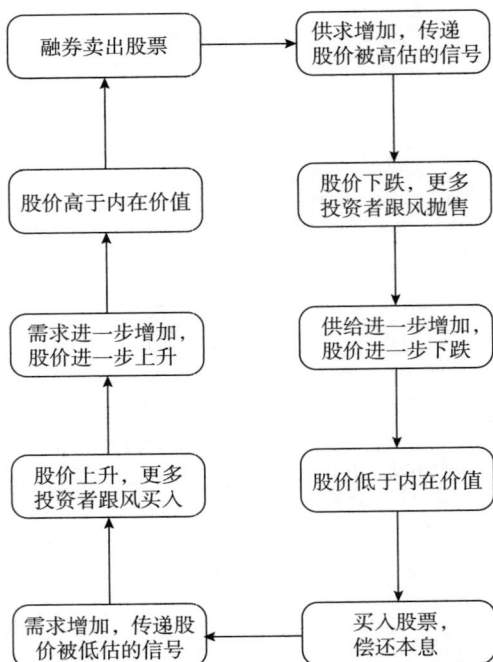

图 9.4　融券交易对股市流动性的影响机制

9.2.3 异质投资行为与市场流动性

在本书第二章中强调,市场流动性的影响因素除了融资融券机制,还有投资者行为的影响。在研究资本资产定价过程中,一个重要的前提假设是投资者具有同质性的特征。投资者同质性是指在面临相同的信息环境以及信息透明度的时候,理性的投资者产生的想法和行为趋于一致,并且投资者对于某一个期限的某一项资产的预期收益率的观点完全相同。

然而,通过前文以及之前文献的一系列实证研究可知,传统的假定以及传统的资本资产定价模型无法满足现代金融的研究。由于真实的经济社会以及人类的行为方式并不像假定中一样。每一个投资者有个人独立的特征,包括了个人偏好、性格、认知、家庭背景、财富基数,学历差异等。以上特征都会对投资者的行为选择产生或多或少的影响。这就导致了投资者在面对相同信息披露的时候产生行为差异。正是这种差异使得传统的金融学知识无法对市场的变化作出合理的解释。基于这一背景,投资者行为的异质性成为解释目前金融市场异象的工具,被越来越多的学者所接受。

对于投资者异质性的定义,国外文献普遍认为,投资者异质性是指投资者在面对某些外在约束或心理暗示和影响时所表现出来的投资行为的差异。国内学者则将投资者异质性描述为不同背景的投资者,在接受相同市场信息时,所表现出来的交易行为差异。对于异质投资者的划分,目前主流文献主要划分为异质偏好、异质约束、异质情绪以及异质信念四种情况。第一种异质性是异质偏好。异质偏好主要指由于投资者的个人兴趣爱好、性格、家庭背景、学历状态的不同,导致投资者在投资决策过程中产生差异。这种偏好在行为经济学中,主要通过效用函数进行阐述。具有异质偏好的投资者在进行投资时,所采用的效用函数参数是不一样的。第二种异质性是异质约束。异质约束是指投资者在股票市场投资时,或多或少受外界环境约束的局面。这种环境约束产生于自身条件之外,由于投资者所面临的个人情况不同,因此就产生了约束不同的情况。比如,并不是所有的投资者的个人和家庭财富状况都相同。其外在表现就呈现出了高收入的投资者和低收入的投资者之间初始财富的异质约束。第三种异质性是异质情绪。异质情绪主要是投资者表现出的个人主观情绪,该情绪对于投资者个人投资行为会产生一定影响。异质情绪又被分为乐观情绪和悲观情绪两大类。通常情况下,悲观情绪的投资者对金融资产未来的盈利预期通常较为悲观,而情绪较为乐观的投资者则倾向于对所购金融资产价格走势做出乐观的判断。第四种异质性是异质信念。传统经济学中,不同投资者有不同的风险偏好。风险厌恶型投资者在进行投资的时候,通常会出现相对保守的投资行为。反之,具有风险偏好的投资者在投资时往往偏向积极。

由于投资者的异质性行为,其表现会对股票市场的流动性产生影响。其影响途径主要包括,第一,投资者通过参与新股的询价活动进而对新股的流动性产生影响。这里的投资者一般特指机构投资者。原因是个人投资者通常在二级市场活动,而无法参与一级市场中新股的询价过程。通过机构投资者参与资产定价,使得股票的定价更为合理,从而改善了股票市场的流动性。如果机构投资者有意压低股票价格或者通过非法渠道获得内幕信息,则会对个人投资者决策产生严重影响,由于信息不对称性,中小投资者可能会因此造成决策失误,进而导致市场的暴涨暴跌,影响市场总体流动性。第二,证券公司通常采用各种承销方法承担新股的发行。新股发行过程中,承担发行的金融机构对价格的估值和工作效率极大影响了股票上市的流动性,发行公司经营状况较好的优质股票有利于改善流动性,反之则破坏市场流动性。第三,在流通市场上,证券的买卖行为是市场上最为广泛的影响股票流动性的方式。机构投资者与中小投资者由于投资策略、异质信念、操作资金量以及资金操作方式的不同,导致在同一时期同一股票有大量买入和卖出,从而增强了股票市场的流动性。

由此可见,投资者不良行为特征严重影响着市场的流动性。文献中关于投资者行为对于股票流动性的削弱影响,主要体现在投资者的不良行为特征上。这些特征主要包括羊群效应、个人投资者的处置效应以及投资机构的目光短浅等。

羊群效应是行为金融中用于描述人群当中从众行为的名词。不论是个人投资者还是机构投资者都无法避免在股票市场中出现的羊群效应。股票市场的羊群效应是指投资者通常会选择大多数人普遍选择的投资方式。即使是经过仔细思考,投资者依然倾向于跟随,而非坚持个人观点。当某一投资者发现大多数投资者并没有进行与自己相同的决策时,该投资者往往选择放弃自身意见,而参与其他人的决策。通常情况下,羊群效应能够帮助个人进行风险止损。但绝大多数人的羊群效应加在一起,便会导致整个股市流动性的枯竭和崩溃。

处置效应指个人投资者倾向于持有处于亏损期的股票而卖出价格正在上涨的股票。出现这一效应主要是由于大部分中小投资者由于对股票的分析能力较为薄弱,对处于亏损期的股票抱有看涨的心理而不愿割舍,进而导致股票价格越降越低而被牢牢套住。对于盈余的股票,这部分投资者担心可能出现的价格下跌使自己现有的利益受损,因此急切地抛出稍有盈利的股票。

不仅中小投资者可能出现处置效应,机构投资者同样可能具有短视效应。短视效应是一种对整个股票的走势产生严重负面影响的投资行为。部分机构投资者由于过于注重公司短期的业绩,因此,当一只股票短期表现不好时,机构投资者可能就会从这只股票中撤出资金,由于机构成交金额较大,处于劣势期的股票无法应对这种突然的大规模交易,资产价格会继续下跌,严重影响市场流动性,并容易导致整个投资市场出现恶性循环。

由此可见,羊群效应、个人的处置效应与机构投资者的短视行为会带来股票市场流动性的降低。中小投资者如果能保持理性的思考,在投资过程中积极通过对信息的分析与研判选择买卖股票的投资策略,机构投资者如果能坚持理性投资且关注公司的长期治理机制,则股票市场更容易产生稳定的良性循环。股票买卖价差因此而缩小,伴随成交量的增加,对于股票市场的流动性具有正向的促进作用。

过往文献表明,投资者的异质行为会对市场流动性产生巨大影响。Long 等(1990)建立了描述投资者非理性行为对于股票市场流动性影响的模型。该研究发现股票市场中的投资者由于缺乏对于股票市场走势的预测能力,同时,投资者的过度自信又使得这部分投资者过分相信自己的预测,从而导致股票价格的走势偏离股票价格的幅度越来越大,进而引起股票市场的剧烈波动,造成流动性的突然丧失[307]。王永平,孟卫东和杨秀苔(2005)研究了我国资本市场上投资者的非理性行为及非理性行为存在的原因。该研究发现市场上的非理性行为投资,不仅可以使股票价格高于其内在价值,也可以使股票价格低于其资产价值。当整个市场的非理性交易行为达到一定数量和比例的时候,非理性交易行为对于股价的推动将会大幅增加,进而导致股票市场的流动性因此受到影响[308]。尹海员和王盼盼(2019)通过实验经济学的方法,研究了投资者情绪对股票流动性的影响。该研究提出在具有完全信息背景的情况下,投资者情绪对股票流动性具有正向促进作用,在信息不对称的情况下,投资者情绪对股票流动性具有负向作用,该研究为股票流动性的影响因素研究提供了更多可能性[309]。

关于异质投资行为对于股票流动性的影响研究,文献研究中得出的研究结论有所不同。部分文献研究发现,机构投资者的参与更有利于股票市场的流动性。Baker 和 Stein(2004)的研究关注投资者的悲观信息对于整个股票市场流动性的影响。该研究发现,引起机构投资者悲观情绪的信息,一旦被乐观的个人投资者发现,便有可能引起股票市场的流动性降低,进而导致整个金融市场的流动性崩溃[24]。Chang,Cheng 和 Yu(2007)在研究了香港市场之后发现,乐观情绪的个人投资者极易受到其他投资者的悲观行为以及悲观信息的影响,相关信息会导致已经膨胀的股价泡沫破裂[302]。Grinblatt 和 Keloharju(2009)则提出个人投资者是提供流动性的反转投资者,个人投资者买入或卖出股票可以为机构投资者提供流动性[310]。杨竹清(2012)的研究选取了所有 2006 年开始的上市公司,从基金持有证券数量的角度对市场的稳定性进行了研究。该研究发现随着基金拥有证券数量的增加,整体市场流动性也有所提升,市场状态更加稳定[311]。尹海员(2017)研究发现机构投资者相较于个人投资者,在行为上较为理性,因此,机构投资者持有大量股票会使整体股票流动性更为稳定[312]。

与上述研究结论相反,也有许多文献认为,相较于个人投资者,机构投资者持有股票会对股票市场流动性造成损害。Sarin 等(1996)的研究发现机构投资者持有的股票,其有效价差增加,进而降低了报价深度,导致流动性较低。研究还发现机构在持有一定股票的情况下再次买入该股票会降低股票的流动性[313]。王灵芝和杨朝军(2009)利用 2002 年 1 月至 2005 年 9 月构建的日数据进行实证研究,该研究结果显示,股票流动性会随着个人投资者的数量增加与股票的买入而增加[314]。姚颐,刘志远和相二卫(2012)的研究细分了基金投资对市场价格带来的压力。该研究发现机构投资者以基金独大的布局不利于我国资本市场整体流动性。该研究同时发现在不同时期异质投资者的行为对流动性的作用存在差异[315]。

在异质投资者行为对于股票市场流动性影响的显著性研究方面,文献同样存在不同的研究结论。晏艳阳,蒋恒波和杨光(2010)的研究发现,不管是机构投资者还是个人投资者,投资者的行为只会对单个股票的市值产生显著影响。他们的投资行为并不会直接对股票的系统性风险产生影响[316]。李合龙和冯春娥(2014)的结论却相反。该研究认为机构与个人投资者在行为和情绪方面在短期对股价流动性并没有显著的影响。但是,从长期来看,每一次在股价流动性出现剧烈波动之前,都存在着投资者对于某一重大信息出现判断失误[317]。王春(2014)的研究基于大市值股票与小市值股票,重点分析了投资者的异质性在股票定价中的差异。该研究发现,市值较大的股票及投资组合更易于受到投资者异质性的影响。在股票市值较小的股票组合中,尽管流动性会受到投资者异质性的影响,但并不明显[318]。

综上,基于现有的研究文献及研究结果,学者们对于股票市场的流动性研究有了较为系统且详细的分类。在研究投资者行为方面,尤其是异质投资行为对流动性的影响方面,研究结论普遍支持了异质投资行为对流动性有显著影响的观点。因此,为维护市场稳定,抵御系统性金融风险,在制度设计和治理体系建设方面,应当引导投资者理性投资,稳定投资者情绪,进而降低投资者情绪对市场流动性的不良影响。

9.3 国家治理能力与资产价格的稳定

就经济和金融体系而言,治理能力的提高体现在市场活跃度、市场效率和市场弹性的提升。市场活跃度是指一个市场的制度能否最大限度地调动和发挥微观主体,如企业的积极性。市场的效率指的是社会资源能否得到科学合理地配置。市场的弹性特指一个市场抵御冲击和自我修复的能力,也就是面对突发性流动性危机时的应对能力。目前,世界各国都在推动结构性改革。随着经济的不断发展,金融危机的影响范围越来越广泛,危害程度也越来越深。因此,防范金融危机的爆发,尤其是防范系统性金融危险尤为重要。党的十八届三中全会正式提出"国家治理体系与治理能力现代化",这一概念的提出得到社会各界的强烈呼应。Kaufmann et al.(2000)指出,国家治理能力与风险负相关,推进国家治理能力有助于降低市场风险。此后,各国学者展开了一系列国家治理能力与市场表现的研究(Hooper,Sim 和 Uppal,2009;Eroglu 和 Kangal,2016;Díaz 和 Huang,2017)[168, 185, 319]。张长东(2014)系统地阐释了何为政府治理能力以及国家治理能力现代化[230]。黄小军(2014)从治国方式以及国家治理法制化、制度化等方面着手,提出推进国家治理能力现代化推进的落实方法[320]。

本书第五章曾介绍了世界银行对国家治理能力的评分维度:主要分为六个方面。国家治理能力主要包括了一个国家的公民参与政府选拔的能力水平、新闻媒体自由程度、结社自由和言论自由(VA);在非法活动背景下政府地位不稳定性以及被推翻的可能性(PSAV);一个国家公民的水平和公共服务的质量、法律政策的制定和管制的过程、在政治压力下的公民独立程度以及有政策承诺时政府的可靠性(GE);政府制定完整政策的能力,这是私营部门发展的基础(RQ);司法部门对社会规则的容忍和信任程度,特别是法院和警察的权力,并考虑到发生暴力和犯罪的可能性(RL);国家遏制政府官员通过滥用权力和腐败来获取个人利益的公共权力水平(CC)。图9.5展示了我国2002年至2018年间在WGI治理指标中各个维度的排名情况。由图可见,我国政府的施政有效性排名相比其他治理指标较高,公民话语权的评分最低。

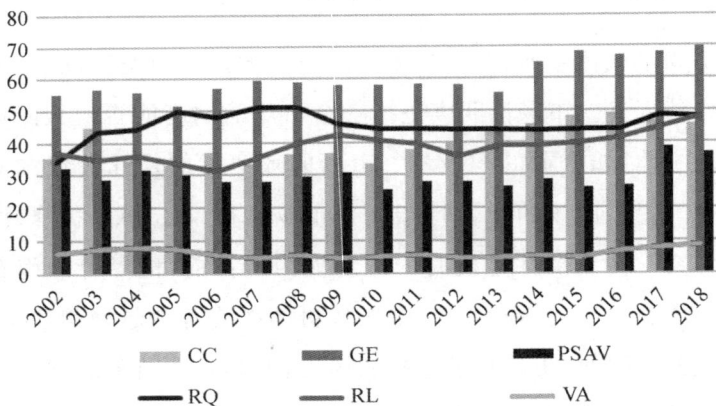

图 9.5   中国 WGI 治理指标评分序列

事实上,国家治理能力的提升,尤其是危机治理能力提升的第一个层面是加强政府与公民互动,增强公民话语权。这是根据我国传统政府的管理模式,以及在实践过程中发现问题并反思之后提出的。公民话语权的提升是新时代我国在国家治理领域的发展范式。受长期政府全能模式和政府管理主义思维的影响,公民参与国家治理往往流于形式。文献中鲜少从实质层面研究政府与公民的互动问题。社会与政府之间的联系不够紧密,客观而言,公民主动参与政府活动的意愿不高。然而,历史和现实表明,政府的治理作为国家治理的核心,随着经济与社会化的发展,治理社会化必然成为国家治理不可忽视的趋势。政府治理在社会领域越来越多地体现并有助于实现国家治理的普遍性和有效性。

2019 年年底,武汉率先爆发了新冠肺炎疫情。这一突发公共事件使地方政府传统危机治理机制面临考验。伴随着信息科技的迅速发展以及人民生活水平和意识水平的提升,每个公民开始有意识地参与到危机治理中来。我国经济社会的兴起使整个国家在危机管理中,从以政府为唯一核心的治理模式转向政府与公民互动的框架中来。目前,公民需求的提高以及公民权利的扩张表现在政府不断加强与公民的互动上。

随着网络信息技术的变革,客观上为政府与公民之间搭建了更为通畅的沟通桥梁,并有加速耦合的趋势。在政府治理过程中,民主价值的体现将成为未来国家治理的基本趋势。美国著名公共管理学家 Denhardt(1994)强调,民主国家不仅是坚持民主原则,更要民主的行政与治理,进而使民主渗透行政管理。因此,加强政府与公民的互动既体现了人类基于实践行动的逻辑,也体现政府与社会的共识[321]。

表 9.2　中国 WGI 治理指标评分

年份	CC	GE	PSAV	RQ	RL	VA
2002	35.354	55.102	32.275	34.184	37.129	6.468
2003	44.949	56.633	28.643	43.367	34.653	7.463
2004	34.634	55.665	31.553	44.335	35.885	8.173
2005	33.171	51.471	30.097	50.000	33.493	7.692
2006	37.073	57.073	28.019	48.039	31.100	5.769
2007	33.495	59.223	28.019	50.971	35.407	4.808
2008	36.408	58.738	29.327	50.971	39.904	5.769
2009	36.842	57.895	30.806	45.933	42.654	4.739
2010	33.333	57.895	25.592	44.498	40.758	5.213

续表

年份	CC	GE	PSAV	RQ	RL	VA
2011	37.915	58.294	27.962	44.550	39.437	5.634
2012	40.284	57.820	27.962	44.076	35.681	4.695
2013	44.550	55.450	26.540	44.076	38.967	4.695
2014	45.673	64.904	28.571	43.750	38.942	5.419
2015	48.077	68.269	26.190	44.231	39.904	4.926
2016	49.038	66.827	26.667	44.231	41.346	6.897
2017	46.635	67.788	38.571	48.558	44.712	7.882
2018	45.673	69.712	36.667	48.077	48.077	8.867

数据来源：世界银行

总体而言，公民话语权的提升应从政府层面主动与公民加强沟通，进而形成良性互动机制。自改革开放以来，随着经济社会的迅猛发展，法治化的建设不断加强。政府的管理日趋多元化和民主化，基层民众的自治得到了大力的推行。表9.2汇总了六个治理指标逐年的评分情况。公民话语权（VA）的分数在近几年呈现逐年上升的趋势，但总体而言，现阶段，我国在国家治理方面，尤其是与公民互动方面仍存在一些问题。在新冠肺炎疫情的突发事件处理中，我国治理显示出了决策沟通渠道狭窄，社会组织单独行动而缺乏整合，群众建言献策缺乏有效上传机制等问题。事实上，我国的社会主义制度保证了我国在应对突发公共事件时具备很强的施政有效性（GE）。因此，话语权的治理也可以在中国共产党强有力的领导下，有效地指引，进而整合社会力量。我国应主动构建专业人员和专业组织应对机制，进而从专业化的角度促使公民参与重大决策的机制化、理性化和有效化提升。一方面，可以通过党对社会各系统的领导，进一步引领社会的快速发展；另一方面，公民的参与也能够推动政府内部的改革与完善。

此外，围绕国家治理体系的现代化建设，在我国逐渐形成了一体两面的格局。其中，两面指的是制度层面和行动层面，即在制度层面上逐渐形成国家及政府为主导的国家治理体系的现代化；在行动层面上形成以行动能力为核心的现代化。这一观点的提出与传统治理理论有一致性和延续性。社会主义体制下的国家治理同样需要正确处理国家与社会的关系,进而增强政府与公民的互动效应。

随着我国改革开放的不断深入,国家的经济社会化建设与社会多元化创造以及影响力和国际化的不断加强,我国从多年前的传统农业社会快速发展到如今全球第二大经济体。伴随社会发展以及全球经济一体化,不确定性日益显现。因此,如何应对突发性事件冲击以及系统性的危机和不确定风险是对国家治理能力极大的考验。

我国对于危机的治理面临着严峻的挑战。这就要求政府在加强危机治理建设时要积极采取新的思维框架及方式。然而,已有研究尚且停留在对国家治理能力构成要素的探讨上(Moore,2004;Kalinowski 和 Park 2016;Smets 和 Knack,2018)[322-324]。如何调动社会责任,提高政府权威和公信力是政府提高危机治理能力的关键。政府与社会的协同是新时代提高国家治理能力的必然要求。

9.4 国家治理能力的提高与国家治理体系的现代化推进

除了公共事件,对资本市场而言,在突发流动性危机事件之后,国家治理能力如何影响超额收益率的波动缺少系统性实证研究。而在治理能力与定价的作用机制方面,已有文献主要从微观层面探讨公司治理评分体系对价格的影响研究(Johnson 和 Greening,1999;Tirole,2010;Ali,Liu 和 Su,2018)[325-327],为公司的特质因素分析提供了更加丰富的视角和思路,但已有研究不同程度地忽略了企业层面的公司治理在影响公司政策和决策方面的有效性受到国家治理能力的影响。Hooper,Sim 和 Uppal(2009),Milyo(2012)以及 Zaremba(2018)也仅从政治稳定等层面研究了治理因子评价体系,却忽略了治理能力与市场定价的关联作用[158, 168, 173]。

我国的学者分别从国家治理能力的内涵与构成要素、国家治理体系的构建、国家治理能力现代化的提升路径探讨三个方面进行研究,张长东(2014)系统地阐释了何为国家治理能力以及国家治理能力现代化[200]。卢洪友(2014)以及海力思(2019)等学者对国家治理能力的内涵及特征作出了定性阐述[328,329];杨琛,王宾和李群(2016)则通过定量化研究对国家治理体系和治理能力现代化建设的指标体系进行构建[330]。此外,还有学者就国家治理体系和治理能力现代化的理论内核和战略布局进行了深入探讨。在国家治理体系建设方面,国内学者大多从两个视角出发:一是静态的系统论视角,二是动态的政治生态视角(黄科,2017)[331]。此外,邱昌情(2019)还立足于全球治理视角对我国国家治理体系的构建进行了探讨[332]。

在国家治理体系和国家治理能力现代化提升上,学者们众说纷纭:魏小羊(2017)从制度、文化、生活方面提出推进国家治理能力现代化的三大路径[333],辛向阳(2014)指出推进国家治理体系和治理能力现代化要以塑造制度之形为抓手,统筹协调好国家重大关系,推进法治建设和核心价值观培育,从体系建设的三维路径入手[334]。申建林和秦舒展(2018)的研究自顶向下从宏观角度提出新时代提高党的执政能力、依法治国能力、国家履职能力和民自治能力以实现国家治理现代化切实可行的四维路径[335]。郑智航(2019)则以自底向上的角度,从提升资源汲取能力、基层渗透能力、民主巩固能力、制度治理能力和国家学习能力这五项国家能力的现代化方面提出助推国家治理能力现代化的方法[336]。郑言(2009)从治国方式以及国家治理法制化、制度化等方面着手,提出推进国家治理能力现代化的落实方法[337]。

目前,国内学者对股票市场超额收益的研究仍存在分歧,王翼(2007)通过对1994—2006年所有股票数据进行惯性交易策略绩效研究发现,相较于中小盘股,大盘股有明显的惯性效应并更适用惯性交易策略,而小盘股更适用反向策略[338]。朱战宇,吴冲锋和王承炜(2003)以及沈可挺和刘煜辉(2006)等采用周度周期数据的学者普遍认为我国股票市场存在4周以内的显著超额收益[339,340]。还有研究发现我国A股市场在短期内反转效应显著,在中长期则存在显著的惯性现象,惯性交易策略有效(Yang和Wang,2013)[341]。

此外,Sherif和Chen(2019)首次将国家治理能力与超额收益结合进行研究,在国家层面为资产价格异象提供了全新的解释[246]。这些研究为我国市场股价惯性与国家治理能力的相关性研究提供了理论依据和相关参考。综合而言，国家治理能力的提升，对股价异象有显著的抑制作用，具体表现在政府应对腐败的决心，施政有效性的显著提升，以及公民话语权的提升。

回顾国家治理理论的发展，治理社会化的兴和发展是政府代表国家和社会寻求价值正当性的一种自我求证。另一方面，治理社会化是社会全面发展和进步的自我革命。在与世界接轨合作的过程中，我国在国家治理领域并不一定与西方世界趋同，但一定要正视社会建构的内外价值，尤其要关注公民对国家和政府的价值。因此，在资本市场注入社会化的价值理念，有助于改良和超越传统的人治体系，推动治理体系的目标更加明确化，治理能力的效率化，并显著增强政府对外部条件变化的回应能力。国家治理能力在资本市场中的作用具体表现在以下五个方面。第一，进一步推行资本市场法治化建设。区分并划清政府与市场的边界，使市场在资源配置中起到决定性作用，进而更好地发挥政府的作用。从政府角度，政府应避免直接干预经济活动，减少对私人部门和个人道德挤出效应。第二，政府应推动财政的建设向公共财政方向转型，其核心是财政尽量不直接参与到经济建设和市场活动中，其功能向维护市场、提供必要的公共物品和公共服务方面转型。第三，我国治理需界定财政政策和货币政策各自的边界，加强财政政策与货币政策的协调，互相配合，进而形成政策合力。总体而言，货币政策侧重于对短期总需求调节，进而保持资产价格稳定和经济总量的平衡。相反的，财政政策则应更侧重于对经济结构调整。财政政策主要用于服务中长期的经济发展战略。第四，提高资本市场的治理还应理顺中央与地方的财税关系。其中，主要包括探索建立地方政府的破产机制。在现有机制框架下，投资者无法主动甄别地方政府的融资能力和信用等级。因此，探索地方政府的破产机制，将对市场产生正向激励，进而倒逼地方政府规范财政运行，提高市场透明度，切实发挥市场的约束作用，进而保护投资者权益。第五，对养老金体制进行改革和完善。资本市场具有期投融资功能，养老金可以通过引导养老储蓄投向长期投资，既能实现基金的长期受益，提升养老金的吸引力，又能促进资本市场发展和企业公司治理的改善。

在经济全球化以及国家开放程度不断扩大的大环境下,国家治理能力相对排名的提升,其竞争本质上是制度的竞争。在制度建设上维持资本和劳动力的流动性,进而更好地吸引资本和人才进入市场,实现各生产要素的积聚,进而把握竞争优势。金融制度的竞争力在相当大程度上决定了经济制度的竞争力。金融治理是国家治理体系的重要组成部分,从宏观到微观主要应当包括以下几个方面:市场化利率体系建设,投资融资渠道多元化体系的构建,金融调控体系和监管体系的建设,以及公司治理风险控制体系的建设。

从宏观角度,市场化的利率体系在资源配置中发挥决定性作用。在利率体系的构建中,汇率的稳定制度至关重要。由于汇率具有很强的弹性,对于维护国际收支平衡和货币政策起着重要作用,因此,对利率市场化的治理体系建设提出了新要求,第一是在充分发挥市场调节作用的前提下,使我国利率水平放得开、调得了。第二是建立多层次的金融市场体系。如前文所述,多层次的金融市场体系包括规则统一,信息透明,产品种类具有广度和深度,能够有效满足多元化的投资和融资需求,能够有效控制产品风险,维护金融体系的稳定。第三是建立强有效的市场调控体系,包括流动性的传导机制,信息的开放等。最后是金融监管体系的有效性,发展建设法治化的金融监管体系,有助于我国资本市场进一步适应综合的经营发展,规避系统性金融风险。

从微观而言,金融体系的建设重点在于进一步通过法律制度的完善,改进上市公司的公司章程、公司治理以及内部控制机制。只有宏观与微观体系相互配合,共同完善,才能使整个金融体系形成健康的良性互动。

金融治理在国家治理体系和治理能力现代化中的作用,从关系处理上,具体表现在:政府与市场的关系体系,财政与金融的关系体系,金融风险防范与治理机制完善的关系体系,以及养老金可持续发展与资产市场的关系体系四个方面。

9.4.1 政府与资本市场的关系治理

资本市场治理的关键是明晰政府与市场的关系。由于市场机制主要是市场在资源配置中起主导作用,主张优胜劣汰的良性自主出清机制。政府则在必要时候起到监督与良性干预作用。然而,一旦政府干预过度,就会影响到市场的生态环境。

近几年来,我国经济的发展进入新常态。新常态包括整体产能过剩、企业杠杆率高等结构性矛盾。这些现象的背后,究其原因,是因为我国在2007年美国金融危机以后寄希望于通过积极的宏观政策刺激经济的增长。在2007年美国金融危机之后,我国政府出台了"4万亿"的投资计划,我国经济在全球范围内率先复苏。为了消化存量,我国奉行了增量的扩张,用政府主导替代了市场资源配置,导致了一些结构化的矛盾出现固化与加剧。总的来说,由于市场机制的信息传递、资源配置、收入分配等基础被破坏,导致政府治理体系机制建设进展缓慢,体系与机制的建设缓慢更大程度上加剧了结构性矛盾的产生。结构性的矛盾,主要原因来自三个方面:各产业的高杠杆率,大量僵尸企业的存在,以及市场效率低下与社会贫富差距的扩大。

第一,市场整体杠杆率较高。由于美国金融危机的爆发,我国担心系统性金融风险的蔓延而率先出台了大规模投资刺激计划。这一短时期内的刺激,加上对GDP的过度追求,使得国有企业与地方政府大规模扩张资产而未及时补充资本金,进而导致杠杆率不断攀升。由前文可知,危机产生的重要原因就是杠杆率的迅速提高。因此,高杠杆导致的结构性矛盾亟待解决,这当中很重要的一环便是处理好政府与资本市场之间的关系,避免政府对市场的过度干预。

第二,由于2007年之后,我国奉行宽松的货币政策,导致大量僵尸企业得以维持生存。僵尸企业的概念起源于日本,高度低效且债务缠身的企业是日本经济出现长期停滞的主要原因[342]。认定一家企业是僵尸企业的标准有三种。第一种被称为CHK判别法,由Caballero,Hoshi和Kashaya(2008)提出,指的是为债务支付利率低于银行最优利率的企业[343]。第二种被称为FN-CHK法,是Fukuda和Nakamura(2011)在僵尸企业的一项研究中提出的。该研究认为僵尸企业应符合三个标准:即资产负债率超过50%,年度负债持续上升,且实际盈利为负值[344]。在我国,何帆和朱鹤(2016)的研究将僵尸企业定义为与结构调整方向不符合,且连续三年处于亏损状态的企业[345]。

僵尸企业的形成,归根结底在于宽松的货币政策和宏观刺激。在低利率的条件下,银行提供了更多的利率优惠条件,使负债率较高的企业得以掩盖经营状况恶化的事实。此外,金融监管宽松,银行参与僵尸借贷,都是僵尸企业得以生存的重要原因。银行参与僵尸借贷,主要是希望通过续贷,进而延迟不良资产的暴露。近年来,这一概念被引入到我国产能过剩行业的研究分析中。何帆和朱鹤(2016)指出,僵尸企业不清理是导致产能持续过剩,市场难以出清,以及经济活力大幅下降的直接原因。谭语嫣等(2017)的研究指出,僵尸企业对其他企业存在明显的挤出效应,削减了民间投资活力,减弱了金融产业对实体经济的正向支持[346]。

针对这一情况,2015 年我国中央经济工作会议提出对不符合国家标准和长期经营性亏损的产能过剩企业进行清理。自 2016 年以来,供给侧结构性改革成为中央实施经济体制改革和宏观调控的主要方向,其首要任务就是去产能。因此,对僵尸企业的处置成为核心要务。到 2018 年,国务院常务会议中再一次指出要认真处理僵尸企业问题,并坚决出清。

第三,结构性矛盾源自整体效率的下降和贫富差距的扩大。我国自 2008 年以来施行的宏观刺激政策对国有企业投资扩张起到了很强的作用力,带来的经济后果是民间投资被大量挤出。由此产生了投资回报率与投资增速的错配局面,进而降低了资源配置。另一方面,宽松的宏观刺激政策导致了资产价格的上涨,从而进一步扩大了贫富差距。北大中国社会科学调查中心发布的《中国民生发展报告 2015》显示,中国的财产不平等程度在近几年迅速升高。截至 2012 年,我国家庭净财产的基尼系数为 0.73,其中顶端 1% 的家庭占有全国三分之一以上的财产,与此同时,底端 25% 的家庭拥有的财产总量仅在 1% 左右。

总体而言,要治理好政府与市场的关系,必须坚持深化供给侧改革,对结构性矛盾的具体原因予以充分重视并坚持改革。

9.4.2 财政政策与货币政策的关系治理

平衡财政与货币的关系是现代经济体系的核心问题,是各国治理体系建设中的一大难题,财政与货币失衡的情况在我国市场普遍存在,具体表现为三个方面:政府在配置资源时职责不明,导致财政部门与中央银行责任转嫁;财政与货币政策长期冲突;代理问题。

第一,从资源配置的角度而言,地方政府通过财政手段过多干预了金融市场的资源配置。截至 2019 年年末,我国地方政府债务余额达到了 24.08万亿元(数据来源:Wind)。地方政府利用财政等手段,大量举债,进而干预金融资源的正常配置。此外,中央银行为维护金融体系的稳定,长期提供大量的再贷款,承担了本应由财政承担的责任。这种责任转嫁,分工不明,严重影响资源配置效率。

第二,从政策层面看,财政政策与货币政策之间的冲突长期存在。这种矛盾主要源于财政政策的长期缺失,迫使货币政策进行补位。事实上,货币政策主要侧重于对短期需求的调节,而非结构性的调整。在经济转型的结构性调整方面,应当坚持以财政政策为主,货币政策为辅的原则。但统计数字表明,我国财政在教育、医疗、社会保障、生态保护以及三农等问题方面的投入不足,资金缺口较大,迫使货币政策承担了部分结构调整职能,进而影响整体的宏观调控效果。

第三,从监管层面上看,存在严重的代理问题。一方面,财政作为国有金融资产的所有者,其身份是国有出资人。财政主要作为股东参与金融机构的治理进而实现国有资产的增值。另一方面,财政的另一重身份是公共管理者,在行政属性上体现为上下级关系,在身份定位上的冲突导致了严重的代理成本。

为解决以上三个问题,加强我国财政政策与货币政策关系的治理,破解财政与金融失衡的体制根源,应从以下三个方面着手。第一,从资源配置的角度,应重点划清政府和市场的边界,进而推动财政与货币政策的双归位问题,减少政府对私人部门的挤出效应。第二是明晰财政政策与货币政策各自的边界,进而加强财政政策与货币政策的协调以形成政策合力,主要体现在明晰财政部与中央银行之间的职能。职能的明晰,需要提高财政预算的精细化与准确性,进而减少财政存款的波动及国库现金管理对流动性的冲击。中央银行则应完善独立的财务预算和会计标准,建立完善的中央银行准备金提取、核销与资本补充的机制。中央财政应依法对中国人民银行的财务亏损进行弥补。第三是对财政部的职责进行明确的定位。财政的主体为国有出资人,行使的是股东身份和职责,而并非金融机构的管理部门。只有明确财政部的权力和责任,才能从客观上减少代理问题带来的效率损失。

9.4.3 金融风险的防范与治理机制的完善

金融风险的防范,归根结底,是金融治理机制的建设。金融治理机制的完善又包括地方政府债务问题完善和居民杠杆率的降低。

首先是我国的地方政府债务问题的治理。多年来,我国地方政府隐形债务突出,尤其是地方政府融资平台与国企存在隐形担保问题。表 9.3 描述了我国基于股权性质分类的公司资产负债率情况。截至 2019 年年末,我国地方国有企业平均资产负债率为 50.69%,高于民营企业的 42.11%,在很大程度上体现了民营企业去杠杆速度高于国有企业,反映了地方政府的隐形负债压力依然存在。因此,从治理机制而言,应尽快理顺我国中央与地方之间的财税关系,进而建立地方政府的融资市场约束机制。

表 9.3　基于股权性质的公司资产负债率(报告期:2019 年年报)

公司属性	数量	平均资产负债率
公众企业	223	53.96%
民营企业	2 344	42.11%
地方国有企业	731	50.69%
中央国有企业	384	49.86%
外资企业	140	38.12%
其他企业	38	54.51%
集体企业	20	46.59%

数据来源:Wind

　　理顺中央与地方财政的关系的关键,在于放松中央政府对债务额度的约束,进而发挥地方人大的约束力,打开地方政府规范融资的途径。只有地方政府的融资规范化,债务信息的透明程度才会加强,进而发挥金融市场的约束功能。此外,从制度建设而言,应当逐步探索建立地方政府的破产机制。从国际经验而言,施行分级财政体制的国家普遍有地方政府破产机制。地方政府破产是指财政破产,并非政府职能破产。即使地方政府破产了,仍可承担公共服务,不代表无政府状态[347]。在破产之后,地方政府必须增加收入,控制支出以偿还债务,恢复财政的功能。地方政府的破产要求中央政府不可以无条件救助,将责任模式回归到借款人负责制,从而倒逼各级政府量力举债,推动经济社会的可持续发展。其中,探索地方政府破产制度的核心是打破刚性兑付,由投资者承担地方政府破产的损失,从而能够形成投资者对地方政府信用等级及融资能力的正向作用,进而使地方政府能够规范财政运行的透明程度,并发挥市场的力量。由于我国体制的特殊性,还可以强化干部问责机制,将财政管理绩效纳入干部考核指标,落实地方政府债务的责任制度。温来成,彭羽和刘洪芳(2014)在对比了中美地方政府的差异之后指出,尽管地方政府持有较多优质资产,但在缺乏破产约束的情况下缺乏优质资产市场抵押融资的意愿,客观上造成了民营资本无法进入的障碍[348]。因此,我国应积极采取上述治理措施,改善地方政府债务问题。

　　其次是我国居民杠杆率普遍较高的问题。据统计,我国居民住户部门的杠杆率始终超过50%。随着互联网金融的兴起,诸如京东白条等产品借贷未被计入居民负债,因此,我国居民实际的杠杆率可能更高。与西方国家不同的是,我国居民部门负债的需求主要来自购房。房地产市场偿债周期较长,容易导致整体流动性的丧失。因此,要降低居民的杠杆率,应首先完善我国的房地产市场治理。目前,我国的房地产市场存在量缩价稳、价格失真等方面的问题。对于房地产市场的治理,应尽快鼓励各地探索适合本地市场的房地产长效机制。此外,目前我国正在尝试建立全国统一的土地当量市场,实现土地的市场化制度,进而推进弹性的供给需求市场。以上措施配合房地产税的试行,将为建立我国健全的房地产市场提供有力的保障,进而实现居民杠杆率的降低。

9.4.4 养老金可持续发展与资本市场的关系治理

人口老龄化是各个国家养老金面临的重大挑战,我国同样面对这样的问题。图 9.6 显示了自 2011 年至 2019 年我国 60 岁及以上年龄人口占总人口的比例。该比重从 2011 年的 13.7% 逐年上升,截至 2019 年,该比例达到了 18.1%。尽管我国放松了生育政策,但该政策的放松对新增人口的利好作用尚未达到预期。随着人民收入水平的提升,生育意愿和总生育率下降的趋势依然显著。基于以上背景,养老金的可持续发展成了我国社会保障体系稳健的关键。同时,养老金作为资本市场中的重要组成部分,对于有效引导养老储蓄金与长期投资对接起着重要作用。然而近年来,我国养老金体系不断暴露各种缺陷,对养老金与资本市场的治理提出了新的要求。

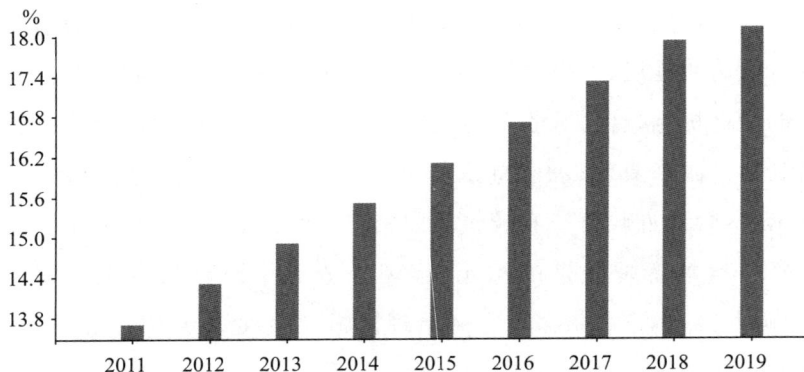

图 9.6 我国 60 岁及以上人口比例

数据来源:Wind

目前,我国养老金亟待解决以下几个问题。第一,我国养老金实际的运营是现收现付制度,当人口出现老龄化时,由于劳动人口的占比下降,容易导致账户持续出现亏空,养老金不可持续发展。第二,我国养老金体系中,过分依赖基本养老保险,企业年金和个人商业养老保险的占比极低,导致社保基金压力过重。第三,由于养老金的投资范围受到政策的限制,资本市场在引导养老金投向与资源配置中没有发挥应有的作用,导致养老金的投资政策过于追求安全性。养老金由于可投资的品种过少,大部分社保基金结

余都只购买国债以及基本储蓄,导致年化收益不足 3％。相比之下,从 2007
年至今,我国的房地产持续翻倍,各大股票指数收益率均远高于国债,导致
大量的储蓄不愿意投入养老金类基金产品,转而投向其他市场。第四,我国
养老金是全国统筹管理,以盈补缺,导致缴费正向激励不足。

　　由此可见,改革完善养老金体制,应当充分认识到养老金具有社会保障
和金融中介的双重属性,重视资本市场的长期投资与融资功能。一方面,养
老金通过引导养老储蓄进行长期价值投资,既实现基金的高收益,提升养老
金的吸引力,又能促进资本市场发展与企业公司治理的改善。另一方面,应
当真正落实实行个人养老账户,从而使现收现付的养老金制度转向基金累
积,进而推行多缴多得的正向激励,实现个人养老责任与养老收益的良性
互动。

　　从去杠杆的角度来说,我国个人投资者由于经验不足,缺乏引导,一直
以来偏好于短期储蓄。资本市场的良性发展,应当引导家庭部门放眼长期
的价值投资,从而有效支持资本市场去杠杆化。长线机制就是综合审慎地
配置股权融资,进而实现养老基金长线与企业股权融资进行期限上的匹配,
对于企业部门去杠杆是很重要的制度驱动。

　　养老金的可以持续发展与资本市场的关系治理还需要发展机构投资
者,进而提高资本市场的稳定性。长期以来,我国的个人投资者呈现出了波
动性大、对股票炒作的氛围,在一定程度上削弱了资本市场的吸引力。使得
资本市场无法很好地服务实体经济。相比之下,由前文实证研究可知,机构
投资者相比个人投资者,具有极强的信息优势与规模优势,对信息有较为专
业的判断,且能够形成科学的投资决策模式。从有效市场假说的角度,机构
投资者相比个人,在行为上更具备理性经济人的假设。因此,提高机构投资
者占比,提高机构的市场地位将有利于促进资本市场的健康与稳定发展,为
养老金的良性发展提供有利条件。

　　此外,在社保基金出现亏空时,应当划拨国有资本补充社保基金,偿还
社保制度转轨的历史问题,进而探索以基金所有的新型公有制形式,改善公
司治理问题。养老金作为独立运营的市场主体,能相对独立地行使股东职

责,避免行政部门的过多干预,避免政企不分、政资不分,进而有利于彻底改变行政管理替代公司治理的问题。养老金管理者以股东利益最大化为管理目标,有利于国有企业在运营方向上不偏离市场化,确保国有资本保值增值。此外,继续实行地方统筹,提高养老金的可携带性。从短期看,全国统筹虽然可以增强调剂基金余缺的能力,进而应对人口老龄化较为严重的地区的养老金收支的缺口。然而,从长期来看道德风险问题突出,不利于养老金体系的长期可持续发展。与此相反,实行地方统筹并提高养老金的可携带性是更优的改革方向。如果有同一个居民在多地就业后退休,其统筹账户养老金待遇可实行各省分段缴费、分段计算待遇,但集中发放养老金的制度。这样既可以提高劳动力市场跨地区就业的灵活性,又能提高人们参加社保体系的积极性,扩大社保覆盖面,从而完善社会安全网。在互联网大数据时代,我国的支付体系已经达到先进水平,已具备分段计算与归集发放的技术条件。最后,养老金的投资运营要落实监管职能。应当按照同类业务适用同等监管的原则,针对养老金投资运营机构建立统一的准入规则。养老金投资运营机构参与资本市场活动应由证监会负责监管,用以维护养老金投资运营的安全性。

9.5 总结

金融危机的产生,归根结底是高杠杆产生的流动性的缺失。由前文实证章节可知,流动性的突然枯竭是产生系统性金融风险的根本所在。因此,维护市场流动性就是保障市场的稳健与健康发展。

维护市场流动性,从我国的角度而言,分为两部分。第一,大力促进融资融券的发展。长期以来,我国资本市场处于稳步探索阶段,对融券的限制在一定程度上影响了市场的流动性。单边的交易对建立稳健的证券市场起到了遏制作用。因此,我国自 2010 年探索融资融券制度以来,不断完善制度,进而对资本市场的流动性起到了正向刺激。但是,目前我国市场上融资比例远高于融券比例,在后续制度发展上,还应精准定位,对融券业务进行支持,进而扩充市场流动性。第二,实证研究表明,投资者的异质性投资行为对市场流动性产生了不同的影响。总体而言,机构投资者对流动性起着正向推进作用。因此,大力扶持机构投资者有利于促进资本市场的健康与稳定发展。

本书实证研究表明,提高国家治理能力,对于扩充流动性,进而影响估价异象起到了关键性作用。因此,建立健全国家治理体系,提高国家治理能力,对于避免系统性金融风险的发生十分关键。其中,治理体系中最为重要的是金融体系的建设。建设现代金融市场体系对去杠杆起着至关重要的作用。资本市场体系的治理可以从源头上降低债务率,完善储蓄转化为股权投资的长效机制,进而通过大力发展股权融资补充实体经济资本金。

关于金融体系的建设与治理,需要宏观与微观相结合。从宏观层面,维护利率的稳定有助于维护资本市场的流动性,因此,我国在制度层面上应注重财政与货币政策的配合,进而引导利率的平稳性。此外,利率的稳定对于维持有弹性的人民币汇率同样起到了促进作用。有弹性的汇率是有效抵御外部冲击,从而保持本国货币政策自主性的重要保障,人民币国际地位的提升与资本市场稳健发展是双向促进。发达的资本市场能有效满足境外居民持有人民币资产的多元化需求,会极大地提升人民币的吸引力,进而促进人民币在贸易投资中的计价结算功能的发展。

在微观层面,提高公司治理,建立健全证券法规,对于金融体系的治理十分重要。金融体系的建设是实现高质量发展的必然要求。与银行间接融资相比,金融市场在完善公司治理,增强信息揭示和加强风险管理等方面具有显著的比较优势。首先,金融市场通过较高的信息披露要求和透明度建立有力的外在约束。其次,通过明确的所有权和经营权的分离构建更有效的内在激励。此外,发展金融市场还可通过资金要素的市场化配置有力地促进其他要素市场的市场化发展。

由此可见,建设现代金融体系应当建立规则统一、信息透明、兼具深度和广度的多层次现代资本市场体系。总体而言,金融的全面深化改革就是妥善处理政府与市场的关系,财政与金融的关系,去杠杆与完善公司治理的关系,金融风险防范与治理机制完善的关系,人口老龄化,养老金可持续与资本市场的关系治理问题。

参考文献

[1]Carhart M M. On persistence in mutual fund performance [J]. 1997，52(1)：57—82.

[2]Fama E F，French K R. Common risk factors in the returns on stocks and bonds [J]. Journal of Financial Economics，1993，33(1)：3—56.

[3]Sharpe W F. Capital asset prices：A theory of market equilibrium under conditions of risk [J]. Journal of Finance，1964，19(3)：425—442.

[4]Fama E F，French K R. A five-factor asset pricing model [J]. Journal of Financial Economics，2015，116(1)：1—22.

[5]Gissler S. Lockstep in liquidity：Common dealers and co-movement in bond liquidity [J]. Journal of Financial Markets，2017，33：1—21.

[6] Korajczyk R A，Sadka R. Pricing the commonality across alternative measures of liquidity [J]. Journal of Financial Economics，2008，87(1)：45—72.

[7]Mancini L，Ranaldo A，Wrampelmeyer J. Liquidity in the foreign exchange market：Measurement，commonality，and risk premiums [J]. Journal of Finance，2013，68(5)：1805—1841.

[8] Hasbrouck J. Trading costs and returns for U. S. equities：Estimating effective costs from daily data [J]. Journal of Finance，2009，64(3)：1445—1477.

[9]Goyenko R Y，Holden C W，Trzcinka C A. Do liquidity measures measure liquidity? [J]. Journal of Financial Economics，2009，92(2)：153—181.

［10］Amihud Y. Illiquidity and stock returns: cross-section and time-series effects ［J］. Journal of Financial Markets, 2002, 5(1): 31—56.

［11］Pastor U, Stambaugh R. Liquidity risk and expected stock returns ［J］. Journal of Political Economy, 2003, 111(3): 642—685.

［12］Jegadeesh N, Titman S. Returns to buying winners and selling losers: Implications for stock market efficiency ［J］. Journal of Finance, 1993, 48(1): 65—91.

［13］George T J, Hwang C Y. The 52-Week High and Momentum Investing ［J］. Journal of Finance, 2004, 59(5): 2145—2176.

［14］Lewellen J. Momentum and autocorrelation in stock returns ［J］. The Review of Financial Studies, 2002, 15(2): 533—564.

［15］Moskowitz T J, Grinblatt M. Do industries explain momentum? ［J］. Journal of Finance, 1999, 54(4): 1249—1290.

［16］Novy—Marx R. Is momentum really momentum? ［J］. Journal of Financial Economics, 2012, 103(3): 429—453.

［17］Avramov D, Chordia T. Asset Pricing Models and Financial Market Anomalies ［J］. The Review of Financial Studies, 2006, 19(3): 1001—1040.

［18］Bansal R, Dittmar R F, Lundblad C T. Consumption, Dividends, and the Cross Section of Equity Returns ［J］. Journal of Finance, 2005, 60(4): 1639—1672.

［19］Conrad J, Kaul G. An Anatomy of Trading Strategies ［J］. The Review of Financial Studies, 1998, 11(3): 489—519.

［20］Fama E F, French K R. Multifactor Explanations of Asset Pricing Anomalies ［J］. Journal of Finance, 1996, 51(1): 55—84.

［21］Griffin J M, Ji X, Martin J S. Momentum Investing and Business Cycle Risk: Evidence from Pole to Pole ［J］. Journal of Finance, 2003, 58(6): 2515—2547.

［22］Liu L X，Zhang L. Momentum profits，factor pricing，and macroeconomic risk［J］. The Review of Financial Studies，2008，21（6）：2417－2448.

［23］Avramov D，Cheng S，Schreiber A，et al. Scaling up Market Anomalies［J］. Journal of Investing，2017，26（3）：89－105.

［24］Baker M，Stein J C. Market liquidity as a sentiment indicator［J］. Journal of Financial Markets，2004，7（3）：271－299.

［25］Barberis N，Shleifer A，Vishny R. A model of investor sentiment［J］. Journal of Financial Economics，1998，49（3）：307－343.

［26］Hong H，Lim T，Stein J C. Bad news travels slowly：Size，analyst coverage，and the profitability of momentum strategies［J］. Journal of Finance，2，55（1）：265－295.

［27］Daniel K，Hirshleifer D. Overconfident Investors，Predictable Returns，and Excessive Trading［J］. Journal of Economic Perspectives，2015，29（4）：61－88.

［28］Barber B M，Odean T. All That Glitters：The Effect of Attention and News on the Buying Behavior of Individual and Institutional Investors［J］. The Review of Financial Studies，2008，21（2）：785－818.

［29］Statman M. The diversification puzzle.［J］. Financial Analysts Journal，2004，60（4）：44.

［30］De Bondt W F M. A portrait of the individual investor［J］. European Economic Review，1998，42（3）：831－844.

［31］Barber B M，Lee YT，Liu YJ，et al. Just How Much Do Individual Investors Lose by Trading？［J］. The Review of Financial Studies，2009，22（2）：609－632.

［32］Gao X，Lin TC. Do Individual Investors Treat Trading as a Fun and Exciting Gambling Activity？－ Evidence from Repeated Natural Experiments［J］. The Review of Financial Studies，2015，28（7）：2128

—2166.

[33]Li W, Rhee G, Wang S S. Differences in herding: Individual vs. institutional investors [J]. Pacific-Basin Finance Journal, 2017, 45: 174 —185.

[34] Tekçe B, Yılmaz N, Bildik R. What factors affect behavioral biases? Evidence from Turkish individual stock investors [J]. Research in International Business and Finance, 2016, 37(C): 515—526.

[35]Goetzmann W N, Kumar A. Equity Portfolio Diversification &ast [J]. Review of Finance, 2008, 12(3): 433—463.

[36]Opong K K, Mulholland G, Fox A F, et al. The behaviour of some UK equity indices: An application of Hurst and BDS tests [J]. Journal of Empirical Finance, 1999, 6(3): 267—282.

[37]Hon M, Tonks I. Momentum in the UK stock market [J]. Journal of multinational financial management, 2003, 13(1): 43—70.

[38]Barnes P. Stock market efficiency, insider dealing and market abuse [M]. Farnham, England: Gower, 2009.

[39]Hardie I, Maxfield S. Atlas constrained: the US external balance sheet and international monetary power [J]. Review of International Political Economy, 2016, 23(4): 583—613.

[40]莱因哈特，罗格夫，綦相，等. 这次不一样——八百年金融危机史 [J]. 中国城市金融，2014，（2）：85.

[41]Siganos A. Can small investors exploit the momentum effect? [J]. Financial Markets and Portfolio Management, 2010, 24(2): 171—192.

[42]Lesmond D A, Ogden J P, Trzcinka C A. A new estimate of transaction costs [J]. The Review of Financial Studies, 1999, 12(5): 1113 —1141.

[43]Liu W. A liquidity-augmented capital asset pricing model [J]. Journal of Financial Economics, 2006, 82(3): 631—671.

［44］Roll R. A simple implicit measure of the effective bid-ask spread in an efficient market ［J］. Journal of Finance，1984，39(4)：1127－1139.

［45］Corwin S A，Schultz P. A Simple Way to Estimate Bid-Ask Spreads from Daily High and Low Prices ［J］. Journal of Finance，2012，67 (2)：719－760.

［46］Foran J，Hutchinson M C，O'Sullivan N. The asset pricing effects of UK market liquidity shocks：Evidence from tick data ［J］. International Review of Financial Analysis，2014，32(C)：85－94.

［47］Huang R D，Stoll H R. Tick size，bid-ask spreads，and market structure ［J］. J Financ Quant Anal，2001，36(4)：503－522.

［48］Black F. Capital Market Equilibrium with Restricted Borrowing ［J］. The Journal of Business，1972，45(3)：444－455.

［49］Fama E F，Macbeth J D. Risk，Return，and Equilibrium：Empirical Tests ［J］. Journal of Political Economy，1973，81(3)：607－636.

［50］Gibbons M R. Multivariate tests of financial models：A new approach ［J］. Journal of Financial Economics，1982，10(1)：3－27.

［51］Hyde S，Sherif M. Consumption asset pricing models：Evidence from the UK ［J］. Manchester School，2005，73(3)：343－363.

［52］Stambaugh R F. On the exclusion of assets from tests of the two-parameter model：A sensitivity analysis ［J］. Journal of Financial Economics，1982，10(3)：237－268.

［53］Bekaert G，Harvey C R，Lundblad C. Liquidity and Expected Returns：Lessons from Emerging Markets ［J］. The Review of Financial Studies，2007，20(6)：1783－1831.

［54］Chan H W，Faff R W. Asset Pricing and the Illiquidity Premium ［J］. Financial Review，2005，40(4)：429－458.

［55］Chordia T，Roll R，Subrahmanyam A. Market Liquidity and Trading Activity ［J］. Journal of Finance，2001，56(2)：501－530.

[56] Lillo F, Mantegna R. Single curve collapse of the price impact function for the New York stock exchange [J]. arXivorg, 2002.

[57] Bouchaud JP, Kockelkoren J, Potters M. Random walks, liquidity molasses and critical response in financial markets [J]. Quantitative Finance, 2006, 6(2): 115—123.

[58] Acharya V V, Pedersen L H. Asset pricing with liquidity risk [J]. Journal of Financial Economics, 2005, 77(2): 375—410.

[59] Lee KH. The world price of liquidity risk [J]. Journal of Financial Economics, 2011, 99(1): 136—161.

[60] Lesmond D A, Schill M J, Zhou C. The illusory nature of momentum profits [J]. Journal of Financial Economics, 2004, 71(2): 349—380.

[61] Das S, Hanouna P. Run lengths and liquidity [J]. Annals of Operations Research, 2010, 176(1): 127—152.

[62] Liu W, Luo D, Zhao H. Transaction costs, liquidity risk, and the CCAPM [J]. Journal of Banking & Finance, 2016, 63: 126.

[63] Kim SH, Lee KH. Pricing of liquidity risks: Evidence from multiple liquidity measures [J]. Journal of Empirical Finance, 2014, 25: 112—133.

[64] Lesmond D A. Liquidity of emerging markets [J]. Journal of Financial Economics, 2005, 77(2): 411—452.

[65] Jolliffe I T. Principal component analysis [M]. 1st ed. 1986. ed. New York, NY : Springer, 1986.

[66] Cochrane J. A Rehabilitation of Stochastic Discount Factor Methodology [J]. NBER Working Paper Series, 2001: 8533.

[67] Pagan A. The econometrics of financial markets [J]. Journal of Empirical Finance, 1996, 3(1): 15—102.

[68] Hansen L P, Jagannathan R. Assessing Specification Errors in

Stochastic Discount Factor Models [J]. Journal of Finance，1997，52(2)：557—590.

[69]Cuthbertson K，Nitzsche D，O'Sullivan N. UK mutual fund performance：skill or luck? [J]. Journal of Empirical Finance，2008，15(4)：613—634.

[70]Florackis C，Gregoriou A，Kostakis A. Trading frequency and asset pricing on the London Stock Exchange：Evidence from a new price impact ratio [J]. Journal of Banking and Finance，2011，35(12)：3335—3350.

[71]Amihud Y，Mendelson H. Asset pricing and the bid-ask spread [J]. Journal of Financial Economics，1986，17(2)：223—249.

[72]Summers L，Gottfries N，Grodal B. The scientific illusion in empirical macroeconomics comments [J]. The Scandinavian Journal of Economics，1991，93(2)：129.

[73]Cochrane J H，Hansen L P. Asset Pricing Explorations for Macroeconomics [J]. NBER Macroeconomics Annual，1992，7：115—165.

[74]Malkiel B G，Fama E F. Efficient capital markets：A review of theory and empirical work [J]. Journal of Finance，1970，25(2)：383—417.

[75]Asness C S，Moskowitz T J，Pedersen L H. Value and Momentum Everywhere [J]. Journal of Finance，2013，68(3)：929—985.

[76]Chen HY，Chou PH，Hsieh CH. Persistency of the momentum effect.(Report) [J]. European Financial Management，2018，24(5)：856.

[77]Hirshleifer D. Behavioral finance [J]. Annu Rev Financ Econ，2015，7(1)：133—159.

[78]Vidal-García J. The persistence of European mutual fund performance [J]. Research in International Business and Finance，2013，28(1)：45—67.

[79]Avramov D，Chordia T，Jostova G，et al. Momentum and Credit

Rating [J]. Journal of Finance，2007，62(5)：2503—2520.

[80]Lee C M C，Swaminathan B. Price momentum and trading volume [J]. Journal of Finance，2，55(5)：2017—2069.

[81] Sadka R. Momentum and post-earnings-announcement drift anomalies：The role of liquidity risk [J]. Journal of Financial Economics，2006，80(2)：309—349.

[82]Avramov D，Cheng S，Hameed A. Time-Varying Liquidity and Momentum Profits [J]. 2016，51(6)：1897—1923.

[83]Callister W D. Materials science and engineering：an introduction [M]. 10th edition. ed.：Hoboken，NJ Wiley，2018.

[84]Cleary S，Inglis M. Momentum in Canadian stock returns [J]. Revue Canadienne des Sciences de l'Administration，1998，15(3)：279 —291.

[85]Foerster S. Back to the future，again：in defence of momentum-based trading strategies and "now you see them，then you don't" [J]. Canadian Investment Review，1996，9(2)：13.

[86] Rouwenhorst K G. International momentum strategies [J]. Journal of Finance，1998，53(1)：267—284.

[87]Chui A C W，Titman S，Wei K C J. Individualism and Momentum around the World [J]. Journal of Finance，2010，65(1)：361—392.

[88]Hameed A，Mian G M. Industries and Stock Return Reversals [J]. 2015，50(1—2)：89—117.

[89]Chordia T，Shivakumar L. Momentum，Business Cycle，and Time - varying Expected Returns [J]. Journal of Finance，2002，57(2)：985 —1019.

[90]Hameed A，Kusnadi Y. Momentum Strategies：Evidence from Pacific Basin Stock Markets [J]. Journal of Financial Research，2002，25 (3)：383—397.

［91］Demir I, Muthuswamy J, Walter T. Momentum returns in Australian equities: The influences of size, risk, liquidity and return computation ［J］. Pacific-Basin Finance Journal，2004，12(2)：143—158.

［92］Gunasekarage A，Wan Kot H. Return-based investment strategies in the New Zealand stock market: momentum wins ［J］. Pacific Accounting Review，2007，19(2)：108—124.

［93］Hutchinson M C，O'Brien J. Time series momentum and macroeconomic risk ［J］. International Review of Financial Analysis，2020：69.

［94］Brunnermeier M K，Sannikov Y. A Macroeconomic Model with a Financial Sector［J］. American Economic Review，2014，104(2)：379—421.

［95］Prusak B. Review of research into enterprise bankruptcy prediction in selected central and eastern european countries ［J］. International Journal of Financial Studies，2018，6(3).

［96］Perez-Quiros G，Timmermann A. Firm size and cyclical variations in stock returns ［J］. Journal of Finance，2，55(3)：1229—1262.

［97］Yao T. Dynamic factors and the source of momentum profits ［J］. Journal of Business & Economic Statistics，2008，26(2)：211—226.

［98］Berk J B，Green R C，Naik V. Optimal Investment，Growth Options，and Security Returns ［J］. Journal of Finance，1999，54(5)：1553—1607.

［99］Johnson T C. Rational momentum effects ［J］. Journal of Finance，2002，57(2)：585—608.

［100］Daniel K，Hirshleifer D，Subrahmanyam A. Investor Psychology and Security Market Under-and Overreactions ［J］. Journal of Finance，1998，53(6)：1839—1885.

［101］Grinblatt M，Han B. Prospect theory，mental accounting，and momentum ［J］. Journal of Financial Economics，2005，78(2)：311—339.

[102]Verardo M. Heterogeneous beliefs and momentum profits [J]. J Financ Quant Anal, 2009, 44(4): 795—822.

[103]Hou K, Peng L, Xiong W. R^2 and price inefficiency [J]. IDEAS Working Paper Series from RePEc, 2006.

[104]Daniel K, Titman S. Market Efficiency in an Irrational World. (Statistical Data Included) [J]. Financial Analysts Journal, 1999, 55 (6): 28.

[105]Cooper M J, Gutierrez R C, Hameed A. Market States and Momentum [J]. Journal of Finance, 2004, 59(3): 1345—1365.

[106]Wang K Q, Xu J. Market volatility and momentum [J]. Journal of Empirical Finance, 2015, 30(C): 79—91.

[107]Daniel K, Moskowitz T J. Momentum crashes [J]. Journal of Financial Economics, 2016, 122(2): 221—247.

[108]Chan K, Hameed A, Tong W. Profitability of Momentum Stragegies in the International Equity Markets [J]. J Financ Quant Anal, 2, 35(2): 153—172.

[109]Ibbotson R G, Chen Z, Kim D Y J, et al. Liquidity as an investment style [J]. Financial Analysts Journal, 2013, 69(3): 30—44.

[110]Zhang W, Lee SY, Song X. Local polynomial fitting in semivarying coefficient model [J]. Journal of Multivariate Analysis, 2002, 82(1): 166—188.

[111]Gregory A, Tharyan R, Christidis A. Constructing and Testing Alternative Versions of the Fama - French and Carhart Models in the UK [J]. Journal of Business Finance & Accounting, 2013, 40(1－2): 172 —214.

[112]Chen J, Sherif M. Illiquidity premium and expected stock returns in the UK: A new approach [J]. Physica A: Statistical Mechanics and its Applications, 2016, 458: 52—66.

［113］Fan J，Gijbels I. Variable Bandwidth and Local Linear Regression Smoothers ［J］. The Annals of Statistics，1992，20(4)：2008－2036.

［114］Wu C O，Chiang CT，Hoover D R. Asymptotic confidence regions for kernel smoothing of a varying-coefficient model with longitudinal data ［J］. Journal of the American Statistical Association，1998，93(444)：1388－1402.

［115］Næs R，Skjeltorp J A，Ødegaard B A. Stock Market Liquidity and the Business Cycle ［J］. Journal of Finance，2011，66(1)：139－176.

［116］Lo A W，Craig Mackinlay A. An econometric analysis of nonsynchronous trading ［J］. Journal of Econometrics，1990，45(1)：181－211.

［117］Ashenfelter O，Card D. Using the Longitudinal Structure of Earnings to Estimate the Effect of Training Programs ［J］. The Review of Economics and Statistics，1985，67(4)：648－660.

［118］Abadie A. Semiparametric difference-in-differences estimators. (Author Abstract) ［J］. Review of Economic Studies，2005，72(250)：1.

［119］Hameed A，Kang W，Viswanathan S. Stock Market Declines and Liquidity ［J］. Journal of Finance，2010，65(1)：257－293.

［120］White H. A reality check for data snooping ［J］. Econometrica，2，68(5)：1097－1126.

［121］Diebold F X，Rudebusch G D. Forecasting Output with the Composite Leading Index：A Real-Time Analysis ［J］. Journal of the American Statistical Association，1991，86(415)：603－610.

［122］Stock J H. Introduction to econometrics ［M］. Fourth edition. Global edition. ed.：Harlow，England：Pearson，2020.

［123］Timmermann A. Choice of sample split in out-of-sample forecast evaluation ［J］. IDEAS Working Paper Series from RePEc，2012.

［124］Rapach D E，Strauss J K，Zhou G. Out-of-sample equity

premium prediction: Combination forecasts and links to the real economy [J]. The Review of Financial Studies, 2010, 23(2): 821—862.

[125]Xie H, Wang S. Risk-return trade-off, information diffusion, and U.S. stock market predictability [J]. International Journal of Financial Engineering, 2015, 02(04): 1550038.

[126]Brock W, Lakonishok J, Lebaron B. Simple Technical Trading Rules and the Stochastic Properties of Stock Returns [J]. Journal of Finance, 1992, 47(5): 1731—1764.

[127]Han Y, Yang K, Zhou G. A New Anomaly: The Cross-Sectional Profitability of Technical Analysis [J]. 2013, 48(5): 1433—1461.

[128]Kim J H, Shamsuddin A. A closer look at return predictability of the US stock market: evidence from new panel variance ratio tests [J]. Quantitative Finance, 2015, 15(9): 1501—1514.

[129] Hvidkjaer S. A trade-based analysis of momentum [J]. The Review of Financial Studies, 2006, 19(2): 457—491.

[130] Burghof HP, Prothmann F. The 52-week high strategy and information uncertainty [J]. Financial Markets and Portfolio Management, 2011, 25(4): 345—378.

[131]Barber B, Lehavy R, McNichols M, et al. Can Investors Profit from the Prophets? Security Analyst Recommendations and Stock Returns [J]. Journal of Finance, 2001, 56(2): 531—563.

[132]Wieland M M. Identifying consensus analysts' earnings forecasts that correctly and incorrectly predict an earnings increase [J]. Journal of Business Finance and Accounting, 2011, 38(5—6): 574.

[133]Bradshaw M T. How Do Analysts Use Their Earnings Forecasts in Generating Stock Recommendations? [J]. The Accounting Review, 2004, 79(1): 25—50.

[134]Amihud Y, Li K. The Declining Information Content of Dividend

Announcements and the Effects of Institutional Holdings [J]. J Financ Quant Anal, 2006, 41(3): 637—660.

[135]Cohen R B, Gompers P A, Vuolteenaho T. Who underreacts to cash-flow news? evidence from trading between individuals and institutions [J]. Journal of Financial Economics, 2002, 66(2): 409—462.

[136]Gompers P, Ishii J, Metrick A. Corporate governance and equity prices [J]. Quarterly journal of economics, 2003, cxviii(1): 107—155.

[137] Sias R W, Starks L T, Titman S. Changes in institutional ownership and stock returns: assessment and methodology [J]. The Journal of Business, 2006, 79(6): 2869.

[138] Campbell S D, Sharpe S A. Anchoring Bias in Consensus Forecasts and Its Effect on Market Prices [J]. J Financ Quant Anal, 2009, 44(2): 369—390.

[139]Feng L, Seasholes M S. Do Investor Sophistication and Trading Experience Eliminate Behavioral Biases in Financial Markets? [J]. 2005, 9 (3): 305—351.

[140] Shleifer A. Inefficient markets an introduction to behavioral finance [M]. Oxford : Oxford University Press, 2.

[141] Lou D, Polk C, Skouras S. A tug of war: Overnight versus intraday expected returns [J]. Journal of Financial Economics, 2019, 134 (1): 192—213.

[142]Foltice B, Langer T. Profitable momentum trading strategies for individual investors [J]. Financial Markets and Portfolio Management, 2015, 29(2): 85—113.

[143] Stein J C. Presidential address: Sophisticated investors and market efficiency [J]. Journal of Finance, 2009, 64(4): 1517—1548.

[144]Liu M, Liu Q, Ma T. The 52-week high momentum strategy in international stock markets [J]. Journal of International Money and

Finance，2011，30(1)：180—204.

[145]Jegadeesh N，Kim J，Krische S D，et al. Analyzing the analysts：When do recommendations add value? [J]. Journal of Finance，2004，59(3)：1083—1124.

[146]Gleason C，Lee C. Analyst forecast revisions and market price discovery [J]. The Accounting Review，2003，78(1)：193—225.

[147] Hoppe E I，Kusterer D J. Behavioral biases and cognitive reflection [J]. Economics Letters，2011，110(2)：97—100.

[148]Hou T CT，Hung W，Gao S S. Investors' reactions to analysts' forecast revisions and information uncertainty：Evidence of stock price drift [J]. Journal of Accounting，Auditing & Finance，2014，29(3)：238—259.

[149]Noravesh I，Heidari M. Price bubbles of new technology IPOs [J]. Review of Accounting & Finance，2007，6(2)：176—194.

[150]Grundy B D，Martin J S M. Understanding the Nature of the Risks and the Source of the Rewards to Momentum Investing [J]. The Review of Financial Studies，2001，14(1)：29—78.

[151]Caginalp G，Porter D，Smith V L. Overreactions，Momentum，Liquidity，and Price Bubbles in Laboratory and Field Asset Markets [J]. Journal of Psychology and Financial Markets，2，1(1)：24—48.

[152] Low R K Y，Tan E. The role of analyst forecasts in the momentum effect [J]. International Review of Financial Analysis，2016，48(C)：67—84.

[153] Zhang Y. Analyst responsiveness and the post-earnings-announcement drift [J]. Journal of Accounting and Economics，2008，46(1)：201—215.

[154]Beck P J，Narayanamoorthy G S. Did the SEC impact banks' loan loss reserve policies and their informativeness? [J]. The Journal of Accounting and Economics，2013，56(2—3)：42.

［155］Kent D，Jagannathan R，Kim S. Tail risk in momentum strategy returns ［J］. NBER Working Paper Series，2012：18169.

［156］Cornell B，Hsu J，Nanigian D. Does past performance matter in investment manager selection? ［J］. Journal of Portfolio Management，2017，43（4）：33.

［157］Power D M，Lonie A A，Lonie R. The over-reaction effect-Some UK evidence ［J］. The British Accounting Review，1991，23（2）：149—170.

［158］Zaremba A. Price-based investment strategies：How research discoveries reinvented technical analysis ［M］. 1st ed. 2018. ed.：Cham：Springer International Publishing ：Imprint：Palgrave Macmillan，2018.

［159］ Antoniou C，Doukas J A，Subrahmanyam A. Cognitive dissonance，sentiment，and momentum.（Report）（Author abstract）［J］. Journal of Financial and Quantitative Analysis，2013，48（1）：245.

［160］Jegadeesh N，Titman S. Profitability of momentum strategies：An evaluation of alternative explanations ［J］. Journal of Finance，2001，56（2）：699—720.

［161］ Bhootra A，Hur J. The timing of 52-week high price and momentum ［J］. Journal of Banking and Finance，2013，37（10）：3773—3782.

［162］Chen AS，Yang W. Echo effects and the returns from 52-week high strategies ［J］. Finance Research Letters，2016，16：38—46.

［163］Chen YT，Vincent K. The Role of Momentum，Sentiment，and Economic Fundamentals in Forecasting Bear Stock Market：Bear Stock Market Forecasting ［J］. Journal of Forecasting，2016，35（6）：504—527.

［164］ Hong H，Stein J C. A unified theory of underreaction，momentum trading，and overreaction in asset markets ［J］. Journal of Finance，1999，54（6）：2143—2184.

［165］ Stambaugh R F，Yu J，Yuan Y. The short of it：Investor

sentiment and anomalies [J]. Journal of Financial Economics，2012，104
（2）：288－302.

[166]Fan J P H，Wei K C J，Xu X. Corporate finance and governance
in emerging markets：A selective review and an agenda for future research
[J]. Journal of Corporate Finance，2011，17(2)：207－214.

[167]Kaufmann D，Kraay A，Zoido-Lobatón P. Governance matters：
from measurement to action [J]. Finance & development，2，37(2)：10
－13.

[168] Hooper V，Sim A，Uppal A. Governance and stock market
performance [J]. Economic Systems，2009，33(2)：93－116.

[169]汪向阳，胡春阳. 治理：当代公共管理理论的新热点 [J]. 复旦学
报(社会科学版)，2，(4)：140－144.

[170] Ball R，Kothari S P，Robin A. The effect of international
institutional factors on properties of accounting earnings [J]. Journal of
Accounting and Economics，2，29(1)：1－51.

[171]Boța－Avram C. Is Ethical Behaviour of Companies Influenced by
Governance? [J]. International Advances in Economic Research，2013，19
（3）：325－326.

[172]Shleifer A，Vishny R. Corruption [J]. The Quarterly Journal of
Economics，1993，108(3)：599.

[173]Milyo J. Cost as a sentencing factor：a response [J]. Missouri
Law Review，2012，77(2)：411.

[174]Bechtel M M. The Political Sources of Systematic Investment
Risk：Lessons from a Consensus Democracy [J]. The Journal of Politics，
2009，71(2)：661－677.

[175]Jorion P，Goetzmann W N. Global stock markets in the twentieth
century [J]. Journal of Finance，1999，54(3)：953－980.

[176]Bailey B A，Heck J L，Wilkens K A. International Mutual Fund

Performance and Political Risk [J]. Review of Pacific Basin Financial Markets and Policies,2005,8(1):167—184.

[177]Frey B S,Waldenstrm D. Markets work in war: World War II reflected in the Zurich and Stockholm bond markets [J]. FIN HIST REV, 2004,11(1):51—67.

[178]Low SW,Kew SR,Tee LT. International evidence on the link between quality of governance and stock market performance [J]. Global Economic Review,2011,40(3):361—384.

[179]Munteanu A,Brezeanu P. Government effectiveness and value creation: the case of emerging European listed banks [J]. Transylvanian Review of Administrative Sciences,2014,(42):140.

[180]Hail L,Leuz C. Cost of capital effects and changes in growth expectations around U.S. cross-listings.(Report) [J]. Journal of Financial Economics,2009,93(3):428.

[181]Albuquerue R,Wang N. Agency Conflicts,Investment,and Asset Pricing [J]. Journal of Finance,2008,63(1):1—40.

[182]Giannetti M,Koskinen Y. Investor Protection,Equity Returns, and Financial Globalization [J]. J Financ Quant Anal,2010,45(1):135 —168.

[183]张卫国,马文霞,任九泉. 中国股价指数与宏观影响因素的协整关系研究 [J]. 当代经济科学,2002,024(006):7—11.

[184]Fama E F,French K R. Choosing factors [J]. Journal of Financial Economics,2018,128(2):234—252.

[185]Eroglu I,Kangal N. Can Social Capital Be the New Dynamics of Economic Development? [J]. Annales Ethics in Economic Life,2016,19 (4):51—66.

[186]Huang CJ,Ho YH. Governance and economic growth in Asia [J]. North American Journal of Economics and Finance,2017,39:260

—272.

[187]BoysenHogrefe J. Risk assessment on euro area government bond markets – The role of governance [J]. Journal of International Money and Finance，2017，73：104—117.

[188]王志强，王月盈，徐波，等. 中国股市动量效应的表现特征 [J]. 财经问题研究，2006，(011)：46—55.

[189]肖宇谷. 与投资策略有关的几个精算模型 [D]. 中国科学院数学与系统科学研究院，2004.

[190]张贺. 我国股票市场"惯性效应"与"反转效应"研究 [D].西安理工大学，2006.

[191]权延. 基于深市中小板块动量效应的实证研究 [D].南京航空航天大学，2011.

[192]陈立毅. 中国股票市场股价惯性现象的实证研究 [D].浙江大学，2004.

[193]王可梅. 中国 A 股股票市场惯性与反转效应研究 [D].对外经济贸易大学，2011.

[194]王珊珊. 机构投资者对中国创业板市场股价漂移的影响 [D].东北财经大学，2015.

[195]梁绎凡. 机构投资者持股偏好研究 [D].大连理工大学，2015.

[196]雷啸. 投资者情绪对 AB 股双重上市公司股价的影响 [D].重庆大学，2015.

[197]胡鞍钢. 建设中国特色新型智库:实践与总结 [J]. 上海行政学院学报，2014，15(2)：4—11.

[198]萧鸣政，张博. 中西方国家治理评价指标体系的分析与比较 [J]. 行政论坛，2017，024(1)：19—24.

[199]荆林波. 构建国家治理体系 提高国家治理能力 [J]. 财贸经济，2013，12：17—18.

[200]张长东. 国家治理能力现代化研究——基于国家能力理论视角

[J].法学评论，2014，（3）：25—33.

[201]李玉华，杜晓燕.全面剖析新加坡、中国公共治理现状：基于1996—2007年全球治理指数[J].华东经济管理，2009，（12）：36—41.

[202]徐澜波.宏观调控权的法律属性辨析[J].法学，2013，（6）：93—104.

[203]吴若冰，马念谊.政府度量：国家治理现代化评价的结构性替代指标[J].社会科学家，2015，（1）：35—41.

[204]Kaufmann D，Kraay A，Mastruzzi M. The worldwide governance indicators：Methodology and analytical issues [J]. Hague Journal on the Rule of Law，2011，3(2)：220—246.

[205]卢春龙，张华.国家治理指数的国际比较：发展、民主与文化——兼评世界银行"世界治理指数"[J].江苏行政学院学报，2017，（02）：92—99.

[206]黄清华.论中国治理现代化的衡量标准——以 WGIs 和 nWGIs 为参照[J].社会科学论坛，2017，（06）：186—205.

[207]Hansen J，Ericson P. A Note on the Performance of Simple Specification Tests for the Tobit Model [J]. Oxford Bulletin of Economics & Statistics，1999，61(1)：121—127.

[208]Ward H，Dorussen H. Public information and performance：The role of spatial dependence in the worldwide governance indicators among African countries [J]. World Development，2015，74：253.

[209]Jiang H，Habib A，Wang S. Real earnings management，institutional environment，and future operating performance：An international study [J]. International Journal of Accounting，2018，53(1)：33.

[210]Hao Y，Chou R K，Ko KC，et al. The 52-week high，momentum，and investor sentiment [J]. International Review of Financial Analysis，2018，57：167—183.

〔211〕Docherty P，Hurst G. Return dispersion and conditional momentum returns：International evidence〔J〕. Pacific-Basin Finance Journal，2018，50：263－278.

〔212〕Hanna J D，Ready M J. Profitable predictability in the cross section of stock returns〔J〕. Journal of Financial Economics，2005，78(3)：463－505.

〔213〕Tajaddini R，Crack T F，Roberts H. Price and earnings momentum，transaction costs，and an innovative practitioner technique〔J〕. International Review of Finance，2015，15(4)：555－597.

〔214〕Solnik B H. Global investments〔M〕. 6th ed. ed. Boston：Pearson Prentice Hall，2009.

〔215〕中国证券监督管理委员会. 中国资本市场发展报告〔M〕. 中国金融出版社，2008.

〔216〕陈邦强. 中国金融市场化进程的研究〔D〕；重庆大学，2008.

〔217〕Goldsmith R W. The determinants of financial structure〔M〕. Paris：Development Centre of the Organisation for Economic Co-operation and Development，1966.

〔218〕Bandiera O，Caprio G，Honohan P，et al. Does Financial Reform Raise or Reduce Saving?〔J〕. Review of Economics and Statistics，2，82(2)：239－263.

〔219〕Bekaert G，Harvey C R，Lundblad C. Does financial liberalization spur growth?〔J〕. Journal of Financial Economics，2005，77(1)：3－55.

〔220〕Dilip K D. (Sequences in Financial Liberalization in the Emerging-Market Economies：Growth，Volatility or Both?)〔J〕. Journal of Economic Integration，2004，19(4)：869.

〔221〕吴晓求. 关于当前我国金融改革和资本市场发展若干重要问题的看法〔J〕. 金融研究，2006，(6)：15－22.

[222]吴鑫.开放经济条件下的资本市场深化与资本市场国际化 [J].开放导报，1998，(z1)：59—61.

[223]孙建东.一体化还是分散化 [J].经济研究参考，1996，(ZA)：50—50.

[224]郑学勤.资本市场国际化的核心 [J].中国金融，2018，(002)：55—57.

[225]薛晓燕.人民币加入 SDR 后我国金融市场发展策略研究 [J].经济问题，2019，(003)：47—55.

[226]李奇霖，常娜."沪伦通"的新意 [J].中国金融，2019，(13).

[227]吴迪.资本市场与中国经济社会发展 [J].商，2013，(023)：245.

[228]王国忠.完善上市公司法人治理结构促进上市公司良性发展 [J].甘肃理论学刊，2004，(11).

[229]邵鸥.借助资本市场深化混合所有制改革的探索 [D].上海交通大学，2014.

[230]Bachelier L. Théorie de la Spéculation [J]. Annales Scientifiques De L École Normale Supérieure，1900，3.

[231]王永宏，赵学军.中国股市惯性策略和反转策略的实证分析 [J].证券市场导报，2001，(6).

[232]吴世农，吴超鹏.我国股票市场"价格惯性策略"和"盈余惯性策略"的实证研究 [J].经济科学，2003，(04)：43—52.

[233]鲁臻，邹恒甫.中国股市的惯性与反转效应研究 [J].经济研究，2007，(9)：146—156.

[234]梁秋霞，程豪，姚乔,等.基于行为金融创业板动量效应与反转效应研究 [J].鸡西大学学报(综合版)，2016，v.16(3)：75—77.

[235]王浩，李晓帆，陈伟忠.反转还是动量,何种趋势效应在中国市场更有效? [J].经济问题探索，2018，(009)：1—12.

[236]代瑞鹏.基于不同市场周期的股市动量效应与反转效应实证研究 [J].时代金融，2018，(15)：147,152.

［237］李萌.异质信念与中国股市反转效应［D］.山西大学，2018.

［238］李江平.纳入明晟指数究竟会带给 A 股什么——基于深港通制度的反事实评估方法研究［J］.金融经济学研究，2018，33（4）：79－88.

［239］许年行，江轩宇，伊志宏，等.分析师利益冲突、乐观偏差与股价崩盘风险［J］.经济研究，2012，（7）：128－141.

［240］田昆儒，孙瑜.效率投资、审计监督与股价崩盘风险［J］.审计与经济研究，2015，030（2）：43－51.

［241］林川.过度投资、市场情绪与股价崩盘——来自创业板上市公司的经验证据［J］.中央财经大学学报，2016，（12）：55－66.

［242］Kim J B，Wang Z，Zhang L. CEO overconfidence and stock price crash risk［J］. Contemporary Accounting Research，2016，33（4）：1720－1749.

［243］江轩宇，许年行.企业过度投资与股价崩盘风险［J］.金融研究，2015，No.422（8）：145－162.

［244］Jin L，Myers S C. R2 around the world：New theory and new tests［J］. Journal of Financial Economics，2006，79（2）：257－292.

［245］Hutton A P，Marcus A J，Tehranian H. Opaque financial reports，R2，and crash risk［J］. Journal of Financial Economics，2009，94（1）：67－86.

［246］Sherif M，Chen J. The quality of governance and momentum profits：International evidence［J］. The British Accounting Review，2019，51（5）.

［247］Scott W R. Institutional environments and organizations：structural complexity and individualism［M］. Thousand Oaks，Calif.：SAGE Publications，1994.

［248］王小鲁，樊纲，胡李鹏.中国市场化指数.各省区市场化相对进程2018 年度报告［M］.社会科学文献出版社，2018.

［249］杨兴全，张丽平，吴昊旻.市场化进程、管理层权力与公司现金持

有 [J]. 南开管理评论，2014，017(002)：34—45.

[250]杨继伟. 制度环境、治理结构与投资效率 [J]. 山西财经大学学报，2016，(8)：77—89.

[251]姚靠华，唐家财，李斐. 制度环境、机构投资者异质性与企业真实盈余管理行为 [J]. 系统工程，2015，033(005)：40—47.

[252]江媛，王治. 董事会报告可读性、制度环境与分析师预测——来自我国上市公司的经验证据 [J]. 财经理论与实践，2019，40(03)：91—96.

[253]王化成，曹丰，叶康涛. 监督还是掏空：大股东持股比例与股价崩盘风险 [J]. 管理世界，2015，(002)：45—57.

[254]周兰，张玥. 管理者能力与股价崩盘风险 [J]. 系统工程，2019，(4).

[255]郑珊珊. 管理层权力强度、内外部监督与股价崩盘风险 [J]. 广东财经大学学报，2019，034(004)：72—86.

[256]Kim C，Wang K，Zhang L. Readability of 10 - K reports and stock price crash risk [J]. Contemporary Accounting Research，2019，36(2)：1184—1216.

[257]杨棉之，张园园. 会计稳健性、机构投资者异质性与股价崩盘风险——来自中国 A 股上市公司的经验证据 [J]. 审计与经济研究，2016，031(5)：61—71.

[258]Francis B，Hasan I，Li L. Abnormal real operations，real earnings management，and subsequent crashes in stock prices [J]. Review of Quantitative Finance and Accounting，2016，46(2)：217—260.

[259]Chen C，Kim JB，Yao L. Earnings smoothing：Does it exacerbate or constrain stock price crash risk? [J]. Journal of Corporate Finance，2017，42：36—54.

[260]Da Silva P P. Corporate governance，earnings quality and idiosyncratic crash risk during the 2007—2008 financial crisis [J]. Journal of multinational financial management，2019，51：61—79.

［261］许年行，于上尧，伊志宏. 机构投资者羊群行为与股价崩盘风险［J］. 管理世界，2013，(007)：31－43.

［262］曹丰，鲁冰，李争光，等. 机构投资者降低了股价崩盘风险吗？［J］. 会计研究，2015，(11)：55－61.

［263］Piotroski J D. The influence of analysts, institutional investors, and insiders on the incorporation of market, industry, and firm－specific information into stock prices［J］. The Accounting Review，2004，79(4)：1119－1151.

［264］褚剑，方军雄. 客户集中度与股价崩盘风险：火上浇油还是扬汤止沸［J］. 经济理论与经济管理，2016，(007)：44－57.

［265］李江辉. 制度环境对股价崩盘风险的影响研究［J］. 宏观经济研究，2018，241(12)：135－146.

［266］Li Y. Multifractal view on China's stock market crashes［J］. Physica A：Statistical Mechanics and its Applications，2019，536.

［267］Luo Y，Zhang C. Economic policy uncertainty and stock price crash risk［J］. Research in International Business and Finance，2020，51.

［268］Chen X，Sun Y，Xu X. Free cash flow, over-investment and corporate governance in China［J］. Pacific-Basin Finance Journal，2016，37：81－103.

［269］Bhuiyan M B U，Hooks J. Cash holding and over-investment behavior in firms with problem directors［J］. International Review of Economics and Finance，2019，61：35－51.

［270］李云鹤. 公司过度投资源于管理者代理还是过度自信［J］. 世界经济，2014，037(012)：95－117.

［271］田昆儒，孙瑜. 非效率投资、审计监督与股价崩盘风险［J］. 审计与经济研究，2015，30(02)：43－51.

［272］Hu J，Jiang H，Holmes M. Government subsidies and corporate investment efficiency：Evidence from China［J］. Emerging Markets

Review，2019，41.

[273]詹雷，王瑶瑶. 管理层激励、过度投资与企业价值 [J]. 南开管理评论，2013，016(3)：36－46.

[274]李世刚. 女性高管、过度投资与企业价值——来自中国资本市场的经验证据 [J]. 经济管理，2013，(7)：74－84.

[275]金宇超，靳庆鲁，宣扬."不作为"或"急于表现"：企业投资中的政治动机 [J]. 经济研究，2016，(10)：126－139.

[276]Naeem K，Li M C. Corporate investment efficiency：The role of financial development in firms with financing constraints and agency issues in OECD non-financial firms [J]. International Review of Financial Analysis，2019，62：53－68.

[277]罗进辉，杜兴强. 媒体报道、制度环境与股价崩盘风险 [J]. 会计研究，2014，(009)：53－59.

[278]李延喜，曾伟强，马壮，等. 外部治理环境、产权性质与上市公司投资效率 [J]. 南开管理评论，2015，18(1)：25－36.

[279]赵健梅，刘晨倩，邢颖，等. 薪酬差距、市场化进程与公司业绩 [J]. 经济问题，2017，(005)：104－109.

[280]陈克兢. 媒体监督、法治水平与上市公司盈余管理 [J]. 管理评论，2017，029(007)：3－18.

[281]Richardson S. Over-investment of free cash flow [J]. Review of Accounting Studies，2006，11(2－3)：159－189.

[282]Chen S，Sun Z，Tang S，et al. Government intervention and investment efficiency：Evidence from China [J]. Journal of Corporate Finance，2011，17(2)：259－271.

[283]刘光彦，郝芳静，罗阁一. 融资融券对我国 A 股波动性的影响研究——基于转融通前后的比较 [J]. 湖南科技大学学报(社会科学版)，2017，(2).

[284]耿娜. 融资融券交易对沪深 300 指数效应的影响分析 [D]；上海

师范大学，2018.

[285]李志生，陈晨，林秉旋. 卖空机制提高了中国股票市场的定价效率吗？——基于自然实验的证据 [J]. 经济研究，2015，(04)：167－179.

[286]José A S，Wei X. Overconfidence and speculative bubbles [J]. Journal of Political Economy，2003，111(6)：1183－1220.

[287]杨德勇，吴琼. 融资融券对上海证券市场影响的实证分析——基于流动性和波动性的视角 [J]. 中央财经大学学报，2011，(5)：28－34.

[288]孔翔宇，毕秀春，张曙光. 融资融券对流动性的影响——基于我国股市交易数据的实证研究 [J]. 企业经济，2014，(6)：167－172.

[289]吴佳薇. 融资融券与股市流动性的影响分析 [D]；上海师范大学，2017.

[290]张博，李艳萍. 融资融券对股票市场流动性影响的实证研究 [J]. 西安理工大学学报，2017，(1).

[291]钟永红，李书璇. 两融标的股票扩容与股票流动性的变化 [J]. 经济经纬，2018.

[292]黄巍巍. 融资融券交易对股市流动性的影响研究——基于沪深 A 股市场的实证分析 [J]. 中国物价，2018，(010)：34－37.

[293]王宜浓. 融资融券对上证 50 的波动性和流动性影响 [D]；哈尔滨工业大学，2018.

[294]谷文林，孔祥忠. 融资融券业务对市场资本流动性的短期影响 [J]. 证券市场导报，2010，(7)：50－52.

[295]顾海峰，孙赞赞. 融资融券对中国证券市场运行绩效的影响研究——基于沪深股市的经验证据 [J]. 南京审计学院学报，2013，010(1)：22－30.

[296]孙倩. 融资融券对我国股市波动性和流动性的影响 [D]；西北大学，2014.

[297]佟孟华，孟照康. 融资融券交易对我国股市波动性影响的实证研究 [J]. 数学的实践与认识，2015，45(24)：98－109.

[298]Sharif S，Anderson H D，Marshall B R，et al. Against the tide：the commencement of short selling and margin trading in Mainland China [J]. Accounting & Finance，2014，54(4)：1319－1355.

[299]Diamond D W，Verrecchia R E. Constraints on short-selling and asset price adjustment to private information [J]. Journal of Financial Economics，1987，18(2)：277－311.

[300]Woolridge J R，Amy D. Short selling and common stock prices [J]. Financial Analysts Journal，1994，50(1)：20－28.

[301]Eric C C，Joseph W C，Yinghui Y. Short-Sales Constraints and Price Discovery：Evidence from the Hong Kong Market [J]. The Journal of Finance，2007，62(5)：2097－2121.

[302]Fellner G，Theissen E. Short sale constraints，divergence of opinion and asset prices：Evidence from the laboratory [J]. Journal of Economic Behavior and Organization，2014，101：113－127.

[303]Jain A，Jain P K，McInish T H，et al. Worldwide reach of short selling regulations [J]. Journal of Financial Economics，2013，109(1)：177－197.

[304]Alessandro B，Marco P. Short-Selling Bans Around the World：Evidence from the 2007—09 Crisis [J]. The Journal of Finance，2013，68(1)：343－381.

[305]Chuang WI，Lee HC. The Impact of Short—Sales Constraints on Liquidity and the Liquidity － Return Relations [J]. Pacific-Basin Finance Journal，2010，18(5)：521－535.

[306]Long J B D，Andrei S，Lawrence H S，et al. Positive feedback investment strategies and destabilizing rational speculation [J]. The Journal of Finance，1990，45(2)：379－395.

[307]王永平，孟卫东，杨秀苔. 非理性交易行为、股价波动与中国股市 [J]. 重庆大学学报，2005，28(10)：143－146.

［308］尹海员，王盼盼.资金流冲击、投资者情绪与股票流动性的异质性变化［J］.大连理工大学学报（社会科学版），2019，（3）.

［309］Mark G，Matti K. Sensation seeking，overconfidence，and trading activity［J］. The Journal of Finance，2009，64(2)：549－578.

［310］杨竹清.证券投资基金持股与股价同步性研究［J］.贵州财经大学学报，2012，30(6)：49.

［311］尹海员.投资者情绪对股票流动性影响效应与机理研究［J］.厦门大学学报（哲学社会科学版），2017，（4）.

［312］Sarin A，Shastri K，Shastri K. Ownership structure and stock market liquidity［J］. Bmi，1996，104(1)：42－52.

［313］王灵芝，杨朝军.基于流动性风险调整的基金业绩评估探讨［J］.证券市场导报，2009，（010）：40－44.

［314］姚颐，刘志远，相二卫.基金投资对股市价格压力效应的量化分析［J］.上海金融，2012，（6）：56－62.

［315］晏艳阳，蒋恒波，杨光.我国投资者情绪与股票收益实证研究［J］.财经理论与实践，2010，（4）：29－33.

［316］李合龙，冯春娥.基于 EEMD 的投资者情绪与股指波动的关系研究［J］.系统工程理论与实践，2014，（10）：33－41.

［317］王春.投资者情绪对股票市场收益和波动的影响——基于开放式股票型基金资金净流入的实证研究［J］.中国管理科学，2014，V22(9)：49－56.

［318］Díaz V，Huang Y. The role of governance on bank liquidity creation［J］. Journal of Banking and Finance，2017，77：137－156.

［319］黄小军.推进国家治理体系与治理能力现代化［J］.社会主义论坛，2014，（7）.

［320］Denhardt，Kathryn G. Character ethics and the transformation of governance［J］. International Journal of Public Administration，1994，17(12)：2165－2193.

［321］Moore M. Revenues，state formation，and the quality of governance in developing countries ［J］. International Political Science Review，2004，25(3)：297－319.

［322］Kalinowski T，Park M J. South Korean development cooperation in Africa：The legacy of a developmental state ［J］. Africa Spectrum，2016，51(3)：61－75.

［323］Smets L，Knack S. World bank policy lending and the quality of public-sector governance ［J］. Economic Development and Cultural Change，2018，67(1)：29－54.

［324］Johnson R A，Greening D W. The effects of corporate governance and institutional ownership types on corporate social performance ［J］. The Academy of Management Journal，1999，42(5)：564－576.

［325］Tirole J. From pigou to extended liability：On the optimal taxation of externalities under imperfect financial markets ［J］. Review of Economic Studies，2010，77(2)：697－729.

［326］Ali S，Liu B，Su J J. Does corporate governance quality affect default risk? The role of growth opportunities and stock liquidity ［J］. International Review of Economics and Finance，2018，58：422－448.

［327］卢洪友. 从建立现代财政制度入手推进国家治理体系和治理能力现代化 ［J］. 地方财政研究，2014，(001)：6－11.

［328］海力思. 新时代国家治理体系与治理能力现代化的内涵、特征与路径 ［J］. 党史博采(理论版)，2019，(003)：33－34,58.

［329］杨琛，王宾，李群. 国家治理体系和治理能力现代化的指标体系构建 ［J］. 长白学刊，2016，(2 期)：94－99.

［330］黄科. 政治生态视域中的国家治理能力建构 ［J］. 湖北行政学院学报，2017，No.96(6)：48－54.

［331］邱昌情. 全球治理与中国国家治理能力建设研究 ［J］. 广西社会科

学，2019，(003)：30—37.

[332]魏小羊.转型期我国政府与 NGO 合作维稳的治理路径探析 [J].
法制与社会，2017，(031)：119—120.

[333]辛向阳.推进国家治理体系和治理能力现代化的三个基本问题
[J].理论探讨，2014，(2)：27—31.

[334]申建林，秦舒展.实现国家治理能力现代化的四维路径 [J].中州
学刊，2018，No.256(4)：12—18.

[335]郑智航.当代中国国家治理能力现代化的提升路径 [J].甘肃社会
科学，2019，(3)：36—44.

[336]郑言.回顾与思考:新中国政治建设与政治发展 60 年 [J].政治学
研究，2009，(005)：3—19.

[337]王翼.动量交易策略和反向交易策略绩效研究 [J].统计与咨询，
2007，(01)：62—63.

[338]朱战宇，吴冲锋，王承炜.不同检验周期下中国股市价格动量的
盈利性研究 [J].世界经济，2003，026(8)：62—67.

[339]沈可挺，刘煜辉.中国股市中惯性与反向投资策略的获利模式
[J].管理科学学报，2006，(6)：47—56.

[340]Yang D Y, Wang J Q. An empirical study of momentum effect
and reversal effect in China's A-share market [J]. Journal of Jiangxi
University of Finance & Economics，2013.

[341]Hoshi T, Kashyap A K. Japan's financial crisis and economic
stagnation [J]. The Journal of Economic Perspectives，2004，18(1)：3—26.

[342]Ricardo J C, Takeo H, Anil K K. Zombie lending and depressed
restructuring in Japan [J]. The American Economic Review，2008，98(5)：
1943—1977.

[343]Fukuda S, Nakamura J . Why Did Zombie Firms Recover in
Japan? [J]. The World Economy，2011，34(7)：1124—1137.

[344]何帆，朱鹤.僵尸企业的识别与应对 [J].中国金融，2016，(5)：

20－22.

　　[345]谭语嫣，谭之博，黄益平，等. 僵尸企业的投资挤出效应：基于中国工业企业的证据 [J]. 经济研究，2017，(05)：177－190.

　　[346]Conti-Brown P，Skeel D. When States Go Broke：The Origins，Context，and Solutions for the American States in Fiscal Crisis [M/OL]. 2012.

　　[347]温来成，彭羽，刘洪芳. 强化我国地方政府举债融资约束机制研究——以美国地方政府破产机制为例 [J]. 中央财经大学学报，2014，(9)：21－26.